时间序列非线性协整的非参数检验估计方法及实证研究

杜军岗 梁新◎著

中国财经出版传媒集团
中国财政经济出版社
·北京·

图书在版编目（CIP）数据
时间序列非线性协整的非参数检验估计方法及实证研究 / 杜军岗，梁新著. -- 北京 : 中国财政经济出版社，2025. 3. -- ISBN 978-7-5223-3807-1
Ⅰ. O211.61
中国国家版本馆CIP数据核字第2025MX0901号

责任编辑：董小烨　　责任校对：胡永立
封面设计：孙俪铭　　责任印制：张　健

时间序列非线性协整的非参数检验估计方法及实证研究
SHIJIAN XULIE FEIXIANXING XIEZHENG DE FEICANSHU JIANYAN GUJI FANGFA JI SHIZHENG YANJIU

中国财政经济出版社 出版
URL：http：//www. cfeph. cn
E－mail：cfeph@ cfeph. cn

社址：北京市海淀区阜成路甲 28 号　邮政编码：100142
营销中心电话：010－88191522
天猫网店：中国财政经济出版社旗舰店
网址：https：//zgczjjcbs. tmall. com
涿州汇美亿浓印刷有限公司印刷　各地新华书店经销
成品尺寸：170mm×240mm　16 开　15. 25 印张　160 000 字
2025 年 3 月第 1 版　2025 年 3 月河北第 1 次印刷
定价：76. 00 元
ISBN 978－7－5223－3807－1
（图书出现印装问题，本社负责调换，电话：010－88190548）
本社质量投诉电话：010－88190744
打击盗版举报热线：010－88191661　QQ：2242791300

前　　言

经济学理论以及大量的实证研究表明，许多经济和金融变量的时间序列都是非平稳的，并且不少变量之间存在着非线性的长期均衡关系。近年来，非线性分析理论引入时间序列分析，取得了众多的研究成果，得到了广泛的应用，并进一步相互融合，形成时间序列分析的新的研究领域。基于非线性非平稳的时间序列分析以及在其基础上建立起来的非线性协整理论研究，成为当前研究的热点问题。特别是非参数检验与估计的方法研究，成为非线性协整研究的重要方向。

本书对时间序列非线性协整的非参数检验估计方法进行了系统研究，在详细梳理非线性协整的非参数检验和估计理论有关研究成果的基础上，建立了非线性协整的非参数检验和估计的理论与实证研究的基本框架，丰富和发展非线性协整的非参数检验和估计方法和技术，研究了小样本条件下的非参数检验、估计方法的样本性质和小样本条件下的非线性协整模型构建与参数估计方法。本书的主要内容包括：

第一，时间序列的非线性检验。主要介绍了时间序列的非线性的非参数检测方法，包括 BDS 检验方法、平方残差的 Q 检验方法以及双谱检验方法，对检验方法的原理与计算步骤进行了分析。在此基础上，利用以上方法，以我国上证综合指数和深证成份指数作为研究对象，进行了非线性检验的实证分析。实证结果表明，上证综合指数和深证成份指数均存在明显的非线性特征，对其进行分析须采用非线性理论。

第二，非线性时间序列的平稳性检验。针对非线性特征的时间序列平稳性检验方法中，传统单位根检验方法的检验水平与功效不佳的情况，本书引入了基于长记忆性的非平稳性检验方法和推广的单位根检验方法。在此基础上，以我国人民币汇率、金融股价格指数作为研究对象，进行平稳性检验实证分析。实证结果表明，我国人民币汇率、金融股价格指数具有非平稳性特征，并且具有典型的长记忆特点，对开展人民币汇率与资本市场传导机制具有重要的意义。

第三，时间序列线性协整的检验与建模。线性协整是协整理论的起源和发展的基础，主要介绍了协整的定义、表现形式和线性协整系统的估计、检验，以及基于 VAR 模型的协整系统动态分析方法。在此基础上，考虑季节性因素影响和年内价格传导已完成等因素，基于季节性调整后的月度环比价格指数，本书利用 VAR 模型对我国的价格传导机制进行了研究。通过对我国工业原材料、燃料、动力购进价格指数（MPI）、工业品出厂价格指数（PPI）、居民消费价格指数（CPI）月度指数实证分析，得出以下结论：我国价格传导具有成本推动的特点，MPI 向 PPI 传导、PPI 向 CPI 传导的效应显著，但传导都有一定的时滞。结论表明，目前我国市场价格受上游原材料市场影响较大，生产领域价格的波动会对整个社会产业链价格产生冲击和影响，应该重视上游市场价格波动带来的社会价格波动风险。

第四，非线性时间序列阈值协整的非参数检验与建模。阈值协整是非线性协整的一种特殊情形，主要讨论了阈值协整模型的检验和估计方法，并在协整向量和阈值参数未知的条件下，提出了基于残差 Bootstrap 的阈值协整检验方法，构建了 SupLM 统计量，并通过 Monte Carlo 模拟得到了该检验统计量的检验水平与功效，实现了小样本情况下的阈值协整模型的检验和估计。以此为基础，对我国居民可支配收入与 CPI 的非对称调整关系进行实证研究。实证研究发现，居民可支配收入与 CPI 构成了一种非线性的两机制阈值协整系统，在不同调整机制下，居民可支配收入与 CPI 的短期调整是非对称的，并且只有当对均衡态的偏离值超过阈值后，系统才开始调整。在不同调整机制下，居民可支配收入与 CPI 存在不同的单向传导关系。在第一调整机制处于较高的通胀水平时，CPI 是居民可支配收入变化的 Granger 原因，较高的物价水平会推高居民可支配收入，以抵消高物价对居民消费能力所带来的负面影响，以维持居民生活水平；在第二调整机制处于较低的通胀水平时，居民可支配收入是 CPI 变化的 Granger 原因，不断提高的居民可支配收入会提高居民消费能力，进而影响物价水平，即较高的可支配收入水平，通过消费等活动拉动 CPI 温和回调。

第五，非线性非平稳时间序列的非线性协整检验与建模。对更为一般的非线性的长期均衡关系，本书在非线性协整关系估计与检验理论分析的基础上，针对小样本情况，提出了基于 PSO 优化 LS－SVM 的非线性协整关系检验方法，设计了非线性协整检验流程及步骤。以此为基础，对我国舰船维修费指数与物价指数的非线性协整关系进行实证研究。受 CPI、PPI、MPI 等物价指数的交织影响，舰船维修费指数呈现出复杂性、非线性的变化特点，从而与各物价指数形成了一个非线性的、复杂的经济系统。在舰船维修费指数与各类物价指数非线性协整关系检验的基础上，采用滚动优化的预测方法，建立了舰船维修费指数的动态 NECM 预测模型，并通过与线性协整假设下的 VAR 模型预测效果比较，表明本研究所提预测模型具有更好的效果。

目　　录

第1章　绪论 ……………………………………………… (1)

1.1　选题依据 ……………………………………………… (3)

1.2　研究目标 ……………………………………………… (6)

1.3　协整理论及应用研究现状 ……………………………… (7)

1.4　研究内容与章节安排 …………………………………… (12)

1.5　研究思路与方法 ………………………………………… (14)

第2章　时间序列的非线性检验 ……………………………… (17)

2.1　非线性的非参数检验方法 ……………………………… (19)

2.2　证券市场时间序列的非线性检验分析 ………………… (23)

2.3　本章小结 ……………………………………………… (80)

第3章　非线性时间序列的平稳性检验 ……………………… (81)

3.1　时间序列的平稳性与单位根检验 ……………………… (83)

3.2　基于长记忆性的平稳性检验方法 ……………………… (87)

3.3　推广的单位根检验方法 ………………………………… (91)

3.4　人民币汇率、金融股价格指数的平稳性检验分析
……………………………………………………………… (93)

3.5　本章小结 …………………………………………（123）

第 4 章　时间序列线性协整的检验与建模 ……………………（125）
4.1　协整及其表现形式 …………………………………（127）
4.2　线性协整系统的估计与检验 …………………………（129）
4.3　基于 VAR 模型的协整系统动态分析 ……………………（132）
4.4　基于 VAR 与季节调整数据的我国价格传导机制实证分析 …………………………………………（136）
4.5　本章小结 …………………………………………（158）

第 5 章　非线性时间序列阈值协整的非参数检验与建模 …（159）
5.1　阈值协整的提出与模型表示 …………………………（161）
5.2　阈值协整的检验和估计 ……………………………（164）
5.3　SupLM 统计量的渐进分布、检验水平与功效 …（169）
5.4　居民可支配收入与 CPI 的阈值协整关系实证分析 ………………………………………………（173）
5.5　本章小结 …………………………………………（186）

第 6 章　非线性非平稳时间序列的非线性协整检验与建模 ………………………………………………（187）
6.1　非线性协整关系的估计与检验 ………………………（189）
6.2　基于 PSO 优化 LS－SVM 的非线性协整关系检验方法 ………………………………………………（193）

6.3　舰船维修费指数与物价指数的非线性协整关系的估计和检验 …………………………………… (202)
6.4　基于 NECM 模型的 SMPI 的预测 ……………… (208)
6.5　本章小结 ………………………………………… (212)

第7章　总结与展望 ………………………………………… (213)
7.1　研究的主要内容及创新点 ………………………… (215)
7.2　研究不足及后续研究展望 ………………………… (220)

参考文献 ………………………………………………… (222)

第1章

绪　　论

1.1 选题依据

经济学理论以及大量的实证研究表明，许多经济和金融变量的时间序列都是非平稳的，并且不少变量之间存在着非线性的长期均衡关系。例如，由于市场摩擦的存在，长期均衡的调整不是连续机制和常速收敛的。PIET 等[1]的研究表明，由于商品交易的交易成本，名义汇率在名义购买力平价（Purchasing Parity Power，PPP）值附近的一个区间内变动，解释了不同通胀水平下，汇率与购买力平价回归测试中斜率系数的不同；Suah[2]考察了名义汇率冲击的不同劳动部门层面影响，认为在不同的金融环境下劳动力市场对汇率变动的反应不同，不同类型的劳动部门的市场流动在应对汇率冲击时，表现出了异质性特点。Baqaee 等[3]研究表明，家庭的通胀预期对通胀消息的反应比对反通胀消息的反应更灵敏，这种预期的不对称可能导致工资刚性下降，不对称预期意味着货币政策可能对就业和工资产生不对称影响，当工资水平向下预期比较高时，货币政策不必偏向于利用通货膨胀来刺激劳动力市场。Colombo 等[4]调查了 1973—2018 年美国整个商业周期信贷供应冲击所起的作用，估计了一个包括名义、实际、货币和金融变量的非线性 VAR，研究发现信贷供应冲击会对宏观经济变量产生不对称和负面影响，在衰退时期，由于冲击而导致的工业生产、就业和通货膨胀的状态相关预测误差方差分解比正常时期大 6—8 倍。Karatas[5]以及 Chugunov 等[6]则证实了资本市场存在分形和非线性特征。赵春艳[7]则对计量经济学在时间序列的非线性分析理论与方法的发展和发展方向进行了总结。

由于不完全信息、不对称的调整成本以及市场分割或不同制度等原因，使不确定下的优化模型向其目标的调整机制是不对称的。其结果是模型往往同时具有非线性和非平稳的特征。因此，很多学者认为，许多宏观经济变量序列以及金融经济变量序列间的关系用非线性非平稳来刻画更合适。

对于时间序列分析，目前成熟的研究主要集中在线性领域，从将自回归模型用于太阳黑子数据分析[8]，到 ARIMA 模型建模方法的成熟[9]。然而 Hendry 与 Mizon[10]认为，这种建模技术通过对变量差分的方法使变量变平稳，会导致损失许多有价值的信息。Granger 等[11~12]提出的协整理论则为矛盾解决提供了新思路，虽然单个变量是非平稳的，但系统变量的某种组合却是平稳的，从而反映了水平变量间的关系，协整理论很好地将分析基础由平稳性延展到非平稳性，是非平稳时间序列研究的重大突破。Abadir 和 Taylor 进一步将协整理论推广到分数阶，即将传统的 $I(1)$ 与 $I(0)$ 分析框架拓展至 $I(d)$ 与 $I(d_1)(d>d_1)$ 分析框架[13]。

上述时间序列分析理论仍然基于线性结构，直到 Tong[14~15]创建门限自回归模型（Threshold Autoregressive Model，TAR），Balk 与 Fomby 则提出了两变量的非线性调整的门限协整模型[16]，从而将非线性引入时间序列分析，Seo[17]、Yang[18]、欧阳志刚[19]等对门限协整的检验、估计方法及其应用进行了研究。Engle[20]在对时间序列波动的持续性研究中，开创性地提出了自回归条件异方差模型（Autoregressive Conditional Heteroscedasticity Model，ARCH）。其后，大量的 ARCH 模型的各种变化形式和应用成果不断涌现[21~22]，成为现代计量的一个重要领域；Stutzer将混沌与分形理论引入非线性时间序列分析[23]，其后大量的学者研究经济时间序列是否存在混沌与分形特征，掀起另一个对非线性时间序列分析领域的研究热潮[24~27]。另外，由于非线性函数的未知性，非参数方法在该领域的研究中具有重要的地位。彭海伟[28]、陈耀辉[29]研究了非参数回归方法，分析认为金融市场时间序列的非线性及其波动特征，采用非参数方法能够克服先验信息不足的影响，对非线性模型的拟合具有重要提升作用，为进一步的参数拟合提供了有用的感性认识，而且对于时间分布过长的大的实际集合，参数模型的有效性值得怀疑，利用计算机手段来识别复杂数据结构从而得以迅速发展。此后，关于非参数方法在协整研究领域的理论与应用逐渐成为一个重要方向[30~37]。

21世纪，随着计算机及统计、计量软件的飞速发展，上述非线性时间序列分析方法都取得了众多的研究成果，得到了广泛的应用，并进一步相互融合，形成时间序列分析的新的研究领域。但是，对于非线性非平稳时间序列理论，目前国际上并没有一个完整的理论分析框架，基于非线性非平稳的时间序列分析以及在其基础上建立起来的非线性协整理论研究也正在起步，成为当前研究的热点问题。特别是非参数检验与估计的方法研究，成为非线性协整研究的重要方向。通过本项目的研究能够进一步填补相关不足，厘清理论的脉络，提供一个较为完整的非线性协整的非参数分析框架，并进一步丰富和完善非线性协整的非参数检验和估计的方法、技术。

许多经济现象的长期均衡具有非线性特征，由于我国市场经济体制的发育还不完善，经济发展和金融市场中的非线性和非对称性波动特征更加明显，更需要用非线性协整关系模型进行分析研究。通过对非线性协整关系模型的研究，进一步对其在经济发展和金融市场中的应用进行研究，一方面可以更清楚地揭示经济发展和金融市场中各种变量之间的长期相互依赖关系和相互作用机制，另一方面则可以更清楚地揭示由于随机冲击导致的失衡出现时各种经济与金融变量的短期动态调整机制。这不仅可以丰富和完善协整关系模型的理论和方法，而且有助于政府更准确地把握经济和金融变量之间的相互作用和演化关系，更好地制定经济政策和进行宏观调控。因此，本研究具有重要的应用价值。特别是目前在全球经济不稳定的情形下，进行相应实证研究和对策分析更具有重要的现实意义。

1.2 研究目标

开展非线性协整的非参数检验、估计方法与应用研究，希望实现以下目标：

第一，建立非线性协整的非参数检验和估计的理论与实证研究的基本框架。在详细梳理非线性协整的非参数检验和估计理论有关研究成果的基础上，本项目从经济时间序列的非线性、非平稳性检验，到非线性协整的非参数检验、非线性协整模型结构的估计，进行系统的研究，在不同样本容量条件下，考察非参数检验、估计方法的样本性质，并结合国内外大量金融经济数据，开展大量实证分析，建立非线性协整的非参数检验和估计的理论与实证研究的基本框架。

第二，丰富和发展非线性协整的非参数检验和估计方法和技术。非参数检验和估计方法是非线性协整研究领域的重要方向和研究热点，对非参数检验和估计方法，从理论到实际应用还有大量的工作和问题需要完善和解决。在对已有研究成果及其应用分析的基础上，发现时间序列非线性存在性检验、非平稳性检验以及非线性协整检验和非线性协整结构估计等中存在一些方法和技术问题，通过本书的研究予以解决，并进一步探讨不同样本容量，特别是中、小样本情形下的非参数检验、估计方法的样本性质，是对非线性协整的非参数检验、估计方法和技术的丰富和发展。

第三，通过实证发现我国经济发展过程中的一些新规律。将本项目理论方法与技术研究成果，应用到大量的实证研究中，能够更清楚地揭示经济发展和市场中各种变量之间的长期相互依赖关系和相互作用机制，揭示由于随机冲击导致的失衡出现时各种经济变量的短期动态调整机制，发现一些新的规律。

1.3　协整理论及应用研究现状

1.3.1　协整理论概述

协整（cointegration）的概念最早由 Granger（1981）[11]表述为：某两个（或几个）经济变量的时间轨迹在长期中以大致相同

的速率作同向运动，在短期他们有可能偏离，但不至于偏离太远，且经过若干期调整后他们回到原有的轨迹。Granger 和 Weiss[12]提出了多变量时间序列的误差校正机制，建立了非平稳向量误差校正模型，既反映了经济变量之间的长期均衡关系，也反映了经济变量之间的短期动态关系。在这一思想的基础上，1987 年，Engle 和 Granger 正式提出了协整理论[20]，指出了协整系统具有三种主要的表现形式，即向量自回归模型（VAR）、向量移动平均模型（VMA）和误差修正模型（ECM），并且这三种表现形式是等价的。

根据所研究变量的统计特性以及变量之间函数关系的形式，协整分为线性协整和非线性协整。协整理论的研究主要分两部分，分别是协整关系的存在性检验和协整关系估计。

1.3.2 线性协整理论研究概况

线性协整是指系统变量间函数属于线性形式的协整关系[13]。线性协整是协整理论研究的起点，经过多年的发展，其理论发展和协整关系的检验及估计都已经比较成熟。

协整关系检验中常用的单位根检验方法有 DF（Dickey – Fuller）检验、ADF（Augmented Dickey – Fuller test）检验、PP（Phillips – Perron）检验、KPSS（Kwiathawski，Phillips，Schmidt，and Shin test）检验等[7]。协整关系的估计方面，Engle 和 Granger（1987）提出的 E – G 两步检验法[11]和 Johansen 和 Juselius（1990）提出的迹检验和最大特征根检验应用都非常广泛[42]。

由于线性协整关系检验和估计方法成熟，使用方便，在简单的经济现象分析中应用较广。国内研究者引入线性协整理论后，将其应用到社会经济系统的分析中，取得了不少成果。

1.3.3 阈值协整理论研究现状

协整反映了经济系统内部各变量之间的长期均衡关系，当系统受到外部冲击时，系统进行自我修复以趋向原有的均衡态。线性协整对这种修复暗含了三个重要假定[43]：一是短期偏离向长期均衡的调整是连续的；二是每个时期都以相同的速度向长期均衡调整；三是短期偏离向长期均衡的调整是对称的。显然，这种假定显得过于苛刻。

研究表明，由于体制障碍、交易费用、政府干预等因素的影响，宏观经济系统的调整往往表现为非对称行为[7]。只有当外部冲击达到一定程度时，系统才会产生一定的调整以重新达到均衡状态。例如工资水平的调整及下降时的刚性现象，许多价格传导现象也具有这种调整机制。基于此，为了描述这种非线性的特殊调整行为，Balke 和 Fomby（1997）[16]将局部非线性引入协整系统中，提出了阈值协整（Threshold Cointegration）的概念（也称为门限协整），构建了两变量的非线性连续调整的阈值协整模型，该模型认为误差修正项的调整不仅会受到协整向量的影响，还要受到阈值的影响，因而模型的设定必须同时考虑到协整和阈值这两方面因素。

Balke 和 Fomby 根据来自协整回归方程的长期均衡误差的形式，将阈值自回归形式分为三种：一是均衡阈值自回归（Equilibrium－TAR，EQ－TAR）形式；二是带通阈值自回归（Band－

TAR）形式；三是趋回漂移阈值自回归（Returning drift threshold，RD-TAR）形式。根据阈值个数多少，又分为二机制阈值协整和三机制阈值协整。

阈值协整研究也分为阈值协整的存在性检验和协整关系估计两部分。阈值协整的关系检验和估计，是在线性协整的基础上发展起来的，但和线性协整有所不同。不同类型的阈值形式，会有不同的检验方法和估计方法。对于存在性检验，不同备选假设也有不同的检验过程。对此，阈值协整的关系检验和估计方法现在是研究的热点。由于 ADF 检验统计量在阈值检验中的局限性，Balke 和 Fomby 构建了结构变化的检验统计量 SUPW（极大 wald 统计量）。对于阈值模型形式的选择，有利用信息准则和基于嵌套模型进行序贯检验两种确定模型的方式。

近年来，有学者将两变量的阈值协整模型扩展到多变量的情况，提出了专门为检验阈值协整而设计的均衡误差阈值单位根检验方法，Hansen 和 Seo[69] 提出了利用极大似然估计方法来估计两机制阈值协整模型的参数，并提出利用拉格朗日乘子（LM）检验来检验阈值影响的存在性。此外，Seo M[17]、Yang Z[18] 等也从不同角度、不同方面对阈值协整的检验问题进行了研究。

由于和许多经济现象相符，阈值协整模型在实证应用中更能说明问题，也涌现出大量的研究成果，研究范围也越来越广泛。在实证研究方面，阈值协整最初主要集中在不同国家的汇率间的非线性调整和利率期限结构方面。

国内关于阈值协整的研究和应用都还刚起步，这方面的研究主要有：

刘印旭[93] 主要研究基于阈值协整系统和变结构非线性协整

系统的预测问题。胡进[94]通过 Monte Carlo 模拟来计算各种阈值检验的功效，对各种检验方法进行了评价和对比。李美洲[95]提出了一种利用 GLS 方法的阈值协整检验方法，改善传统阈值协整检验的检验功效。刘汉中[96,97]以阈值自回归理论和非对称单位根检验方法为基础，对阈值协整的检验进行了研究。王少平、欧阳志刚[98]使用非线性阈值协整模型揭示了我国改革开放以来城乡收入差距与实际经济增长的长期非线性关系。欧阳志刚[99]基于 Kapetanios 等的模型设定，将阈值协整向量由已知扩展为未知，并借鉴 Hansen 和 Seo 的方法估计阈值协整向量和构造 F · NEC 统计量检验非线性阈值协整。张洁[74]进行实证研究，考察了我国价格机制中的一些问题。

1.3.4 非线性协整理论研究现状

非线性协整理论主要是研究具有长记忆性时间序列之间的非线性协整关系。长记忆时间序列一般是分整过程，这与线性协整所研究的单整序列有较大的差别。对于非线性协整，我国的一些学者做了一些开创性的工作。张喜彬、孙青华和张世英(1999)[80]提出了向量时间序列非线性协整的概念，并运用神经网络方法对非线性协整关系存在性进行检验。

在非线性协整理论研究中，非线性协整函数的估计是协整建模研究中的重点和难点。张喜彬、孙青华和张世英（1999)[80]提出了运用神经网络估计非线性协整函数的算法。樊智、张世英(2005)[81]则提出了利用小波神经网络逼近非线性协整函数的方法。

相比线性协整来说，非线性协整理论比较复杂，特别是非线性协整关系的估计、检验及协整建模问题。这方面的国内外研究都刚刚起步，但对于许多具有长记忆性特征的时间序列的研究却非常有意义。

协整理论的研究大多数都是建立在大样本基础上的，模型的建立普遍基于月度、季度或者年份较多的数据，特别是协整关系的检验也是基于大样本的情形。小样本下经济变量间协整关系的检验，尤其是涉及数据量较少的年度数据时就很薄弱了。特别是在阈值协整及非线性协整研究领域，小样本情况很少涉及。而舰船维修费属于典型的小样本年度数据，基于协整理论研究舰船维修费与物价指数之间的关系，需要根据样本实际，采用具体的方法及技术才能进行有效的分析。

1.4 研究内容与章节安排

第 1 章，绪论。主要阐述项目研究的选题依据、研究目标、研究现状、主要研究内容和章节安排，提出项目研究的基本思路和研究方法。

第 2 章，时间序列的非线性检验。主要介绍了时间序列的非线性的非参数检测方法，对检验方法的原理与计算步骤进行了分析。在此基础上，利用以上方法，以我国上证综合指数和深证成份指数作为研究对象，进行了非线性检验的实证分析。

第 3 章，非线性时间序列的平稳性检验。针对具有非线性特征的时间序列平稳性检验方法中，传统单位根检验方法检验水平与功效不佳的情况，本章引入了基于长记忆性的非平稳性检验方法和推广的单位根检验方法。在此基础上，以我国人民币汇率、金融股价格指数作为研究对象，进行平稳性检验实证分析。

第4章，时间序列线性协整的检验与建模。线性协整是协整理论的起源和发展的基础，主要介绍协整的定义、表现形式和线性协整系统的估计、检验，以及基于VAR模型的协整系统动态分析方法。在此基础上，考虑季节性因素影响和年内价格传导已完成等因素，基于季节性调整后的月度环比价格指数，利用VAR模型对我国的价格传导机制进行了研究。

第5章，非线性时间序列阈值协整的非参数检验与建模。阈值协整是非线性协整的一种特殊情形，本章主要讨论了阈值协整模型的检验和估计方法，并在协整向量和阈值参数未知的条件下，提出了基于残差Bootstrap的阈值协整检验方法，构建了SupLM统计量，并通过Monte Carlo模拟得到了该检验统计量的检验水平与功效，实现了小样本情况下的阈值协整模型的检验和估计。以此为基础，对我国居民可支配收入与CPI的非对称调整关系进行实证研究，得出了不同通胀水平下两者的不同影响关系。

第6章，非线性非平稳时间序列的非线性协整检验与建模。对更为一般的非线性的长期均衡关系，本章在非线性协整关系估计与检验理论分析的基础上，针对小样本情况，提出了基于PSO优化LS－SVM的非线性协整关系检验方法，设计了非线性协整检验流程及步骤。以此为基础，对我国舰船维修费指数与物价指数的非线性协整关系进行实证研究。

第7章，总结与展望。总结项目研究的主要工作、创新点以及展望下一步的研究方向。

1.5 研究思路与方法

1.5.1 基本思路

本书研究的基本思路是在详细梳理非线性协整的非参数检验和估计理论有关研究成果的基础上，对时间序列的非线性存在性、非线性非平稳检验以及非线性协整检验与模型结构估计方法进行系统的研究。基本梳理清楚研究脉络，建立非线性协整的非参数检验和估计的理论与实证研究的基本框架。同时，解决非参数检验和估计的一些方法与技术问题，并进一步通过 MC 仿真探讨不同样本容量，特别是中、小样本情形下的非参数检验、估计方法的样本性质，进一步丰富和发展了非线性协整的非参数检验和估计方法和技术。在随后的实证研究中，对我国主要价格指数序列应用所给出的非线性协整理论的非参数方法进行了非线性存在性检验、非线性的非平稳检验以及非线性协整检验与估计，发现了我国经济发展过程中价格波动及其传导的一些新规律。

1.5.2 研究方法

根据研究工作的需要，本书在系统科学方法论的指导下，采用文献调研归纳、数学模型、比较研究、仿真模拟、实证研究等方法对本项目的主要内容进行研究。

（1）文献调研归纳法

搜集国内外非线性协整检验、估计的相关研究文献，分析总结非线性协整非参数检验与估计方法的研究方向及其在实证分析中的应用，寻找时间序列非线性、非平稳以及时间序列非线性协整检验、估计的非参数方法需解决的一些问题，并通过项目研究力图找出解决的技术和方法。

（2）仿真模拟法

在本书中，对时间序列非线性存在性检验、非线性时间序列混沌与分形特征检验、非线性时间序列非平稳性检验以及非线性协整的非参数检验、估计，运用了MC仿真模拟，为实现本书研究目标提供了重要的方法和技术手段。

（3）比较研究法

目前，能够应用于时间序列非线性存在性检验、非线性时间序列非平稳性检验以及非线性协整的非参数检验的方法有很多。本书通过仿真模拟，对各类检验方法的检验功效进行了比较研究。同时，也比较分析了不同样本容量下一些检验方法的样本性质。通过这种比较研究法，对各种检验方法有了较为深刻的认识。

（4）实证研究法

在理论和方法研究的基础上，对我国重要的经济时间序列进行了相关实证分析，进行相应的宏观经济领域与市场应用研究，探讨这些方法在实际应用中的科学合理性，力争发现一些新颖的统计规律。

第2章 时间序列的非线性检验

当时间序列是非平稳的，该时间序列可能是随机的过程，也可能存在非线性特征。在现实经济系统中，宏观经济变量，特别是金融领域有关变量之间存在着广泛的非线性的关系，线性模型并不能描述它。近年来，随着大量对金融时间序列非线性特征研究的不断深入，学者们发现采用非线性动力系统理论和方法来处理它们之间的复杂关系，往往会取得较好的效果，非线性建模成为研究金融时间序列内在关系的重要方向。而对时间序列进行非线性检验是进行建模的一个必要前提，因此产生了用于非线性检验的方法和技术，如BDS检验、双谱检验等方法。

2.1　非线性的非参数检验方法

2.1.1　BDS 非线性检验原理

BDS 检验是一种非参数的非线性检验方法，在 1987 年由 Brook、Dechert、Scheinkman 提出。该检验方法对于时间序列的非线性检验有较强的功效，主要是检验该时间序列是否独立同分布，以及时间序列的非随机混沌性。

BDS 检验基于关联积分法，但只能证明时间序列是否存在非线性特征，但对非线性的种类无法判别。其检验的核心思想是时间序列的残差如果是相同的独立同分布的，则其平均分布的区间在有限大小的范围，而非线性特征将会使残差在扩大区间范围的时候，与独立同分布的随机过程相比，更加容易发生积聚结构的效应。因此，BDS 检验主要判别时间序列是否是随机过程或者具有确定性的非线性特征。所以在实践检验过程中，需要首先对待检验时间序列的线性部分进行剔除。

BDS 检验统计量为：$BDS(n,N,\varepsilon) = \sqrt{N}[C(n,N,\varepsilon) - C(1,N,\varepsilon)]/V(n,\varepsilon)$；

关联积分 $C(n,N,\varepsilon) = \frac{1}{N}\sum_{i,j,i>j} H(\varepsilon - \|x_i^n - x_j^r\|)$，$n$ 为嵌入维数。

其中，$N=N-(n-1)\tau$，$H(z)=\begin{cases}0,z<0\\1,z\geqslant 0\end{cases}$，$\|x\|=\max\limits_{0<i<n-1}|x_{t+i\tau}|$。

若待检验的时间序列是独立同分布的序列，那么检验统计量为 $BDS(n,N,\varepsilon)$ 服从正态分布，可以表示为：

$$\lim_{n\to\infty}BDS(n,N,\varepsilon)\sim N(0,1)$$

BDS 检验的原假设 H_0 为时间序列是独立同分布过程；备择假设 H_1 为时间序列是非独立同分布。如果原假设 H_0 被检验结果拒绝，则表示该时间序列在一定的显著性水平下是非线性的。

如前所述，BDS 检验在实践检验过程中，需要首先对待检验时间序列的线性部分进行剔除。很多时候时间序列本身会存在一定的线性自相关性，因此进行非线性检验之前，需要消除该影响。通常的做法是对待检验的时间序列拟合 AR(p) 模型，用合适的阶数 p 计算 AR(p) 的残差序列，并对该残差序列进行 BDS 检验。

2.1.2 平方残差的 Q 检验

1983 年 Mcleod 与 Li 对 ARMA(p,q) 模型的平方残差应用 Ljung－Box Q 统计量进行非线性的检验。检验统计量为：

$$Q(m)=T(T+2)\sum_{i=1}^{m}\frac{\hat{\rho}_i^2(r_t^2)}{T-i}$$

其中 T 为样本容量，m 为选取的检验自相关的数目，$\{r_i\}$ 为残差序列，$\hat{\rho}_i^2(r_t^2)$ 为该残差序列的 i 阶自相关函数。

若模型为线性的，则统计量 $Q(m)$ 服从 $\chi^2(m-p-q)$ 分布。具体做法是：首先对待检验的时间序列拟合 AR(p) 模型，用合

适的阶数 p 计算 AR(p) 的残差序列，并对该残差序列进行平方残差的 Q 检验。

2.1.3　双谱检验

利用双谱图可以对时间序列进行非线性检验，基本思想是可以通过三维图画出时间序列的双谱图，如果双谱图呈现平坦特征，则该时间序列是线性的；如果双谱图呈现不平坦的特征，则该时间序列是非线性的。因此，对时间序列进行双谱检验是较直观的。具体思路如下：

设 $\{x_t\}$ 为一个均值为 0 的平稳序列，可以表示为 $x_t = \sum_{i=0}^{\infty} a_i \varepsilon_{t-i}$，其中 $\{\varepsilon_t\}$ 是随机序列，且权数 a 是固定的。该时间序列的二阶和三阶自协方差为：

$$c(h) = E[x_t x_{t+h}],\ c(h,k) = E[x_t x_{t+h} x_{t+k}]$$

该序列的功率谱和功率双谱为：

$$S(\omega) = \sum_{h=-\infty}^{\infty} c(h)\exp(-2\pi i\omega h)$$

$$B(\omega_1,\omega_2) = \sum_{h=-\infty}^{\infty}\sum_{k=-\infty}^{\infty} c(h,k)\exp[-2\pi i(\omega_1 h + \omega_2 k)]$$

对双谱进行如下变换：

$b(\omega_1,\omega_2) = \dfrac{|B(\omega_1,\omega_2)|^2}{S(\omega_1)S(\omega_2)S(\omega_1+\omega_2)} = \dfrac{\mu_3^2}{\sigma_\varepsilon^6}$，对所有的 (ω_1,ω_2)。

其中，$\sigma_\varepsilon^2 = E\varepsilon_t^2$ 以及 $\mu_3 = E\varepsilon_t^3$。

变换后的双谱的平方根为该时间序列的偏度，并对频率

(ω_1,ω_2) 保持独立。当该序列为线性平稳的，偏度的值恒定不变，特别是对于高斯线性序列，其值恒为 0。

本书借鉴张贤达[38]提出的一种双谱估计的间接方法来计算 $b(\omega_1,\omega_2)$，步骤如下：

第一，将时间序列 $\{x_t, t=1,2,\cdots,N\}$ 分为 m 段，每段含有 b 个样本，在各数据段中，各数据都减去该段的均值；

第二，$\{x_t^{(i)}, t=1,2,\cdots,b\}$ 为第 i 段数据，计算各数据段的二阶累积量和三阶累积量：

$$c^{(i)}(h) = \frac{1}{b}\sum_{t=s1}^{s2} x_t^{(i)} x_{t+h}^{(i)} \qquad i = 1,2,\cdots,m$$

$$c^{(i)}(h,k) = \frac{1}{b}\sum_{t=ss1}^{ss2} x_t^{(i)} x_{t+h}^{(i)} x_{t+k}^{(i)} \qquad i = 1,2,\cdots,m$$

其中，$s1=\max(0,-h)$，$s2=\min(b-1,b-1-h)$；$ss1=\max(0,-h,-k)$，$ss2=\min(b-1,b-1-h,b-1-k)$。

第三，分别取所有数据段的二段和三段累积量的平均值作为整个数据组的二阶和三阶累积量的估计：

$$\hat{c}(h) = \frac{1}{m}\sum_{i=1}^{m} c^{(i)}(h)$$

$$\hat{c}(h,k) = \frac{1}{m}\sum_{i=1}^{m} c^{(i)}(h,k)$$

第四，计算功率谱和双谱估计：

$$\hat{S}(\omega) = \sum_{h=-L}^{L} \hat{c}(h)\exp(-2\pi i\omega h) \qquad \omega = \omega_1,\omega_2,\omega_1+\omega_2$$

$$\hat{B}(\omega_1,\omega_2) = \sum_{h=-L}^{L}\sum_{k=-L}^{L} \hat{c}(h,k)\exp[-2\pi i(\omega_1 h+\omega_2 k)]$$

其中，$L<b-1$。

第五，计算偏度估计：

$$\hat{b}^{1/2}(\omega_1,\omega_2)=\sqrt{\frac{|\hat{B}(\omega_1,\omega_2)|^2}{\hat{S}(\omega_1)\hat{S}(\omega_2)\hat{S}(\omega_1+\omega_2)}}$$

2.2　证券市场时间序列的非线性检验分析

从已有文献来看，对于证券市场时间序列的研究都是基于有效市场假说理论的。但是有效市场假说理论的分析框架是基于线性的，大量研究已经证明证券市场，特别是股指变化都是非线性的，并且股指变化的异常现象都表明开展非线性分析研究是十分必要的。针对此问题，出现了对于金融市场的非线性分析理论，如分形市场假说，较好地解释了金融市场的异常现象。证券市场特别是股指是否具有非线性特征？很多学者对美国等国家的股指进行了分析，实证检验了其非线性特征。本章将对我国上证指数或深证指数的非线性特征进行检验。

2.2.1　数据来源及处理

本研究选取上证综合指数和深证成份指数作为研究对象，分别记为 SZ 和 SC。数据选取从 2011 年 1 月 2 日至 2021 年 12 月 31 日的交易日收盘数据，样本容量为 2675。详情如表 2 - 1 所示。

表 2－1　　上证综合指数和深证成份指数

（2011 年 1 月 4 日至 2021 年 12 月 31 日）

日期	上证综指	深证成指	日期	上证综指	深证成指
2011 年 1 月 4 日	2852.65	12714.51	2011 年 2 月 15 日	2899.24	12711.58
2011 年 1 月 5 日	2838.59	12647.63	2011 年 2 月 16 日	2923.90	12884.87
2011 年 1 月 6 日	2824.20	12599.66	2011 年 2 月 17 日	2926.96	12788.34
2011 年 1 月 7 日	2838.80	12573.94	2011 年 2 月 18 日	2899.79	12613.11
2011 年 1 月 10 日	2791.81	12331.16	2011 年 2 月 21 日	2932.25	12872.47
2011 年 1 月 11 日	2804.05	12385.17	2011 年 2 月 22 日	2855.52	12473.33
2011 年 1 月 12 日	2821.31	12409.98	2011 年 2 月 23 日	2862.63	12492.71
2011 年 1 月 13 日	2827.71	12423.34	2011 年 2 月 24 日	2878.60	12578.43
2011 年 1 月 14 日	2791.34	12294.17	2011 年 2 月 25 日	2878.57	12633.88
2011 年 1 月 17 日	2706.66	11734.62	2011 年 2 月 28 日	2905.05	12902.44
2011 年 1 月 18 日	2708.98	11771.59	2011 年 3 月 1 日	2918.92	12948.72
2011 年 1 月 19 日	2758.10	12066.55	2011 年 3 月 2 日	2913.81	12880.27
2011 年 1 月 20 日	2677.65	11566.74	2011 年 3 月 3 日	2902.98	12698.16
2011 年 1 月 21 日	2715.29	11639.96	2011 年 3 月 4 日	2942.31	12893.84
2011 年 1 月 24 日	2695.72	11488.92	2011 年 3 月 7 日	2996.21	13140.88
2011 年 1 月 25 日	2677.43	11446.37	2011 年 3 月 8 日	2999.94	13144.18
2011 年 1 月 26 日	2708.81	11599.67	2011 年 3 月 9 日	3002.15	13158.22
2011 年 1 月 27 日	2749.15	11795.33	2011 年 3 月 10 日	2957.14	13004.86
2011 年 1 月 28 日	2752.75	11894.23	2011 年 3 月 11 日	2933.80	12848.02
2011 年 1 月 31 日	2790.69	11994.68	2011 年 3 月 14 日	2937.63	12958.29
2011 年 2 月 1 日	2798.96	11991.51	2011 年 3 月 15 日	2896.26	12705.32
2011 年 2 月 9 日	2774.07	11807.93	2011 年 3 月 16 日	2930.80	12865.75
2011 年 2 月 10 日	2818.16	12170.51	2011 年 3 月 17 日	2897.30	12650.67
2011 年 2 月 11 日	2827.33	12292.49	2011 年 3 月 18 日	2906.89	12721.99
2011 年 2 月 14 日	2899.13	12737.80	2011 年 3 月 21 日	2909.14	12643.73

续表

日期	上证综指	深证成指	日期	上证综指	深证成指
2011 年 3 月 22 日	2919.14	12667.26	2011 年 4 月 29 日	2911.51	12312.99
2011 年 3 月 23 日	2943.48	12845.53	2011 年 5 月 3 日	2932.19	12423.46
2011 年 3 月 24 日	2946.71	12771.46	2011 年 5 月 4 日	2866.02	12070.41
2011 年 3 月 25 日	2977.81	12942.07	2011 年 5 月 5 日	2872.40	12085.99
2011 年 3 月 28 日	2984.01	12875.52	2011 年 5 月 6 日	2863.89	12067.61
2011 年 3 月 29 日	2958.08	12677.61	2011 年 5 月 9 日	2872.46	12125.01
2011 年 3 月 30 日	2955.77	12661.22	2011 年 5 月 10 日	2890.63	12216.94
2011 年 3 月 31 日	2928.11	12562.90	2011 年 5 月 11 日	2883.42	12202.62
2011 年 4 月 1 日	2967.41	12699.42	2011 年 5 月 12 日	2844.08	12072.21
2011 年 4 月 6 日	3001.36	12740.87	2011 年 5 月 13 日	2871.03	12156.61
2011 年 4 月 7 日	3007.91	12890.66	2011 年 5 月 16 日	2849.07	12051.24
2011 年 4 月 8 日	3030.02	13036.23	2011 年 5 月 17 日	2852.77	12128.50
2011 年 4 月 11 日	3022.75	12925.05	2011 年 5 月 18 日	2872.77	12230.69
2011 年 4 月 12 日	3021.37	12902.22	2011 年 5 月 19 日	2859.57	12158.11
2011 年 4 月 13 日	3050.40	13102.08	2011 年 5 月 20 日	2858.46	12161.03
2011 年 4 月 14 日	3042.64	12991.93	2011 年 5 月 23 日	2774.57	11742.19
2011 年 4 月 15 日	3050.53	12965.75	2011 年 5 月 24 日	2767.06	11749.92
2011 年 4 月 18 日	3057.33	13001.33	2011 年 5 月 25 日	2741.74	11615.42
2011 年 4 月 19 日	2999.04	12799.24	2011 年 5 月 26 日	2736.53	11530.70
2011 年 4 月 20 日	3007.04	12753.85	2011 年 5 月 27 日	2709.95	11492.71
2011 年 4 月 21 日	3026.67	12798.75	2011 年 5 月 30 日	2706.36	11478.21
2011 年 4 月 22 日	3010.52	12708.42	2011 年 5 月 31 日	2743.47	11665.14
2011 年 4 月 25 日	2964.95	12508.01	2011 年 6 月 1 日	2743.57	11699.83
2011 年 4 月 26 日	2938.98	12448.48	2011 年 6 月 2 日	2705.18	11506.52
2011 年 4 月 27 日	2925.41	12358.88	2011 年 6 月 3 日	2728.02	11642.40
2011 年 4 月 28 日	2887.04	12149.25	2011 年 6 月 7 日	2744.30	11741.26

续表

日期	上证综指	深证成指	日期	上证综指	深证成指
2011 年 6 月 8 日	2750. 29	11761. 10	2011 年 7 月 14 日	2810. 44	12440. 83
2011 年 6 月 9 日	2703. 35	11513. 20	2011 年 7 月 15 日	2820. 17	12506. 94
2011 年 6 月 10 日	2705. 14	11593. 38	2011 年 7 月 18 日	2816. 69	12490. 55
2011 年 6 月 13 日	2700. 38	11521. 98	2011 年 7 月 19 日	2796. 98	12381. 46
2011 年 6 月 14 日	2730. 04	11732. 04	2011 年 7 月 20 日	2794. 21	12393. 99
2011 年 6 月 15 日	2705. 43	11615. 97	2011 年 7 月 21 日	2765. 89	12301. 41
2011 年 6 月 16 日	2664. 28	11435. 99	2011 年 7 月 22 日	2770. 79	12352. 50
2011 年 6 月 17 日	2642. 82	11409. 16	2011 年 7 月 25 日	2688. 75	11966. 24
2011 年 6 月 20 日	2621. 25	11328. 67	2011 年 7 月 26 日	2703. 03	12008. 53
2011 年 6 月 21 日	2646. 48	11509. 98	2011 年 7 月 27 日	2723. 49	12116. 86
2011 年 6 月 22 日	2649. 32	11543. 65	2011 年 7 月 28 日	2708. 78	12085. 92
2011 年 6 月 23 日	2688. 25	11775. 32	2011 年 7 月 29 日	2701. 73	11990. 43
2011 年 6 月 24 日	2746. 21	11996. 08	2011 年 8 月 1 日	2703. 78	12002. 42
2011 年 6 月 27 日	2758. 23	12026. 29	2011 年 8 月 2 日	2679. 26	11932. 04
2011 年 6 月 28 日	2759. 20	12047. 09	2011 年 8 月 3 日	2678. 49	11922. 37
2011 年 6 月 29 日	2728. 48	11913. 20	2011 年 8 月 4 日	2684. 04	11934. 41
2011 年 6 月 30 日	2762. 08	12110. 93	2011 年 8 月 5 日	2626. 42	11701. 76
2011 年 7 月 1 日	2759. 36	12178. 08	2011 年 8 月 8 日	2526. 82	11312. 63
2011 年 7 月 4 日	2812. 82	12441. 17	2011 年 8 月 9 日	2526. 07	11315. 08
2011 年 7 月 5 日	2816. 36	12440. 37	2011 年 8 月 10 日	2549. 18	11449. 58
2011 年 7 月 6 日	2810. 48	12425. 68	2011 年 8 月 11 日	2581. 51	11627. 49
2011 年 7 月 7 日	2794. 27	12392. 93	2011 年 8 月 12 日	2593. 17	11651. 29
2011 年 7 月 8 日	2797. 77	12404. 34	2011 年 8 月 15 日	2626. 77	11767. 74
2011 年 7 月 11 日	2802. 69	12438. 56	2011 年 8 月 16 日	2608. 17	11665. 41
2011 年 7 月 12 日	2754. 58	12268. 19	2011 年 8 月 17 日	2601. 26	11598. 28
2011 年 7 月 13 日	2795. 48	12479. 15	2011 年 8 月 18 日	2559. 47	11414. 16

续表

日期	上证综指	深证成指	日期	上证综指	深证成指
2011 年 8 月 19 日	2534.36	11301.53	2011 年 9 月 27 日	2415.05	10448.66
2011 年 8 月 22 日	2515.86	11112.64	2011 年 9 月 28 日	2392.06	10369.93
2011 年 8 月 23 日	2554.02	11243.42	2011 年 9 月 29 日	2365.34	10287.90
2011 年 8 月 24 日	2541.09	11238.95	2011 年 9 月 30 日	2359.22	10292.33
2011 年 8 月 25 日	2615.26	11598.93	2011 年 10 月 10 日	2344.79	10170.75
2011 年 8 月 26 日	2612.19	11568.17	2011 年 10 月 11 日	2348.52	10065.47
2011 年 8 月 29 日	2576.41	11372.38	2011 年 10 月 12 日	2420.00	10425.93
2011 年 8 月 30 日	2566.60	11344.45	2011 年 10 月 13 日	2438.79	10481.84
2011 年 8 月 31 日	2567.34	11397.48	2011 年 10 月 14 日	2431.38	10438.26
2011 年 9 月 1 日	2556.04	11352.86	2011 年 10 月 17 日	2440.40	10513.49
2011 年 9 月 2 日	2528.28	11228.30	2011 年 10 月 18 日	2383.49	10226.93
2011 年 9 月 5 日	2478.74	10954.90	2011 年 10 月 19 日	2377.51	10105.74
2011 年 9 月 6 日	2470.52	10778.43	2011 年 10 月 20 日	2331.37	9796.23
2011 年 9 月 7 日	2516.09	11011.18	2011 年 10 月 21 日	2317.28	9697.21
2011 年 9 月 8 日	2498.94	10933.31	2011 年 10 月 24 日	2370.33	9957.62
2011 年 9 月 9 日	2497.75	10892.39	2011 年 10 月 25 日	2409.67	10203.40
2011 年 9 月 13 日	2471.31	10775.30	2011 年 10 月 26 日	2427.48	10315.75
2011 年 9 月 14 日	2484.83	10822.40	2011 年 10 月 27 日	2435.61	10323.29
2011 年 9 月 15 日	2479.06	10848.02	2011 年 10 月 28 日	2473.41	10561.99
2011 年 9 月 16 日	2482.34	10878.23	2011 年 10 月 31 日	2468.25	10480.91
2011 年 9 月 19 日	2437.80	10657.63	2011 年 11 月 1 日	2470.02	10441.70
2011 年 9 月 20 日	2447.76	10679.30	2011 年 11 月 2 日	2504.11	10581.75
2011 年 9 月 21 日	2512.96	10991.85	2011 年 11 月 3 日	2508.09	10624.12
2011 年 9 月 22 日	2443.06	10660.47	2011 年 11 月 4 日	2528.29	10699.49
2011 年 9 月 23 日	2433.16	10538.40	2011 年 11 月 7 日	2509.80	10591.66
2011 年 9 月 26 日	2393.18	10328.47	2011 年 11 月 8 日	2503.84	10541.10

续表

日期	上证综指	深证成指	日期	上证综指	深证成指
2011 年 11 月 9 日	2524. 92	10625. 88	2011 年 12 月 15 日	2180. 90	8871. 09
2011 年 11 月 10 日	2479. 54	10477. 55	2011 年 12 月 16 日	2224. 84	9081. 94
2011 年 11 月 11 日	2481. 08	10418. 93	2011 年 12 月 19 日	2218. 24	9054. 08
2011 年 11 月 14 日	2528. 71	10645. 68	2011 年 12 月 20 日	2215. 93	9031. 67
2011 年 11 月 15 日	2529. 76	10583. 00	2011 年 12 月 21 日	2191. 15	8884. 25
2011 年 11 月 16 日	2466. 96	10313. 33	2011 年 12 月 22 日	2186. 30	8909. 35
2011 年 11 月 17 日	2463. 05	10303. 16	2011 年 12 月 23 日	2204. 78	8976. 52
2011 年 11 月 18 日	2416. 56	10025. 17	2011 年 12 月 26 日	2190. 11	8876. 19
2011 年 11 月 21 日	2415. 13	10033. 79	2011 年 12 月 27 日	2166. 21	8711. 55
2011 年 11 月 22 日	2412. 63	10028. 20	2011 年 12 月 28 日	2170. 01	8739. 73
2011 年 11 月 23 日	2395. 07	9957. 32	2011 年 12 月 29 日	2173. 56	8781. 32
2011 年 11 月 24 日	2397. 55	9966. 74	2011 年 12 月 30 日	2199. 42	8918. 82
2011 年 11 月 25 日	2380. 22	9886. 25	2012 年 1 月 4 日	2169. 39	8695. 99
2011 年 11 月 28 日	2383. 03	9884. 70	2012 年 1 月 5 日	2148. 45	8600. 26
2011 年 11 月 29 日	2412. 39	10012. 94	2012 年 1 月 6 日	2163. 40	8634. 42
2011 年 11 月 30 日	2333. 41	9693. 39	2012 年 1 月 9 日	2225. 89	8946. 09
2011 年 12 月 1 日	2386. 86	9917. 86	2012 年 1 月 10 日	2285. 74	9281. 25
2011 年 12 月 2 日	2360. 66	9808. 23	2012 年 1 月 11 日	2276. 05	9239. 21
2011 年 12 月 5 日	2333. 23	9586. 08	2012 年 1 月 12 日	2275. 01	9200. 93
2011 年 12 月 6 日	2325. 91	9586. 94	2012 年 1 月 13 日	2244. 58	9030. 59
2011 年 12 月 7 日	2332. 73	9606. 25	2012 年 1 月 16 日	2206. 19	8827. 47
2011 年 12 月 8 日	2329. 82	9580. 52	2012 年 1 月 17 日	2298. 38	9264. 09
2011 年 12 月 9 日	2315. 27	9480. 27	2012 年 1 月 18 日	2266. 38	9115. 27
2011 年 12 月 12 日	2291. 55	9376. 28	2012 年 1 月 19 日	2296. 08	9300. 22
2011 年 12 月 13 日	2248. 59	9190. 88	2012 年 1 月 20 日	2319. 12	9466. 14
2011 年 12 月 14 日	2228. 53	9093. 03	2012 年 1 月 30 日	2285. 04	9274. 85

续表

日期	上证综指	深证成指	日期	上证综指	深证成指
2012 年 1 月 31 日	2292.61	9303.65	2012 年 3 月 7 日	2394.79	10054.87
2012 年 2 月 1 日	2268.08	9193.39	2012 年 3 月 8 日	2420.28	10171.13
2012 年 2 月 2 日	2312.56	9382.13	2012 年 3 月 9 日	2439.46	10334.38
2012 年 2 月 3 日	2330.41	9436.99	2012 年 3 月 12 日	2434.86	10300.50
2012 年 2 月 6 日	2331.14	9448.64	2012 年 3 月 13 日	2455.80	10427.24
2012 年 2 月 7 日	2291.90	9266.71	2012 年 3 月 14 日	2391.23	10094.89
2012 年 2 月 8 日	2347.53	9557.58	2012 年 3 月 15 日	2373.77	10086.56
2012 年 2 月 9 日	2349.59	9560.73	2012 年 3 月 16 日	2404.74	10279.30
2012 年 2 月 10 日	2351.98	9590.95	2012 年 3 月 19 日	2410.18	10296.17
2012 年 2 月 13 日	2351.86	9585.08	2012 年 3 月 20 日	2376.84	10116.39
2012 年 2 月 14 日	2344.77	9543.78	2012 年 3 月 21 日	2378.20	10090.44
2012 年 2 月 15 日	2366.70	9673.44	2012 年 3 月 22 日	2375.77	10038.95
2012 年 2 月 16 日	2356.86	9622.83	2012 年 3 月 23 日	2349.54	9885.25
2012 年 2 月 17 日	2357.18	9615.34	2012 年 3 月 26 日	2350.60	9946.14
2012 年 2 月 20 日	2363.60	9616.65	2012 年 3 月 27 日	2347.18	9841.38
2012 年 2 月 21 日	2381.43	9695.87	2012 年 3 月 28 日	2284.88	9531.15
2012 年 2 月 22 日	2403.59	9862.54	2012 年 3 月 29 日	2252.16	9418.23
2012 年 2 月 23 日	2409.55	9918.94	2012 年 3 月 30 日	2262.79	9410.26
2012 年 2 月 24 日	2439.63	10124.15	2012 年 4 月 5 日	2302.24	9709.03
2012 年 2 月 27 日	2447.06	10177.33	2012 年 4 月 6 日	2306.55	9786.19
2012 年 2 月 28 日	2451.86	10161.86	2012 年 4 月 9 日	2285.78	9710.91
2012 年 2 月 29 日	2428.49	10054.85	2012 年 4 月 10 日	2305.86	9795.97
2012 年 3 月 1 日	2426.12	10060.96	2012 年 4 月 11 日	2308.93	9802.32
2012 年 3 月 2 日	2460.69	10299.94	2012 年 4 月 12 日	2350.86	10007.65
2012 年 3 月 5 日	2445.00	10226.44	2012 年 4 月 13 日	2359.16	10043.72
2012 年 3 月 6 日	2410.45	10093.81	2012 年 4 月 16 日	2357.03	10000.31

续表

日期	上证综指	深证成指	日期	上证综指	深证成指
2012 年 4 月 17 日	2334.99	9839.92	2012 年 5 月 25 日	2333.55	9884.96
2012 年 4 月 18 日	2380.85	10069.53	2012 年 5 月 28 日	2361.37	10104.10
2012 年 4 月 19 日	2378.63	10015.41	2012 年 5 月 29 日	2389.64	10214.74
2012 年 4 月 20 日	2406.86	10131.04	2012 年 5 月 30 日	2384.67	10162.34
2012 年 4 月 23 日	2388.59	10076.05	2012 年 5 月 31 日	2372.23	10141.41
2012 年 4 月 24 日	2388.83	10041.89	2012 年 6 月 1 日	2373.44	10145.80
2012 年 4 月 25 日	2406.81	10162.01	2012 年 6 月 4 日	2308.55	9874.52
2012 年 4 月 26 日	2404.70	10201.65	2012 年 6 月 5 日	2311.92	9847.12
2012 年 4 月 27 日	2396.32	10180.39	2012 年 6 月 6 日	2309.56	9812.98
2012 年 5 月 2 日	2438.44	10424.94	2012 年 6 月 7 日	2293.13	9755.64
2012 年 5 月 3 日	2440.08	10468.38	2012 年 6 月 8 日	2281.45	9707.18
2012 年 5 月 4 日	2452.01	10573.60	2012 年 6 月 11 日	2305.86	9849.77
2012 年 5 月 7 日	2451.95	10612.89	2012 年 6 月 12 日	2289.79	9790.20
2012 年 5 月 8 日	2448.88	10524.68	2012 年 6 月 13 日	2318.92	9950.05
2012 年 5 月 9 日	2408.59	10294.58	2012 年 6 月 14 日	2295.95	9885.29
2012 年 5 月 10 日	2410.23	10277.62	2012 年 6 月 15 日	2306.85	9885.65
2012 年 5 月 11 日	2394.98	10211.41	2012 年 6 月 18 日	2316.05	9979.06
2012 年 5 月 14 日	2380.73	10093.38	2012 年 6 月 19 日	2300.80	9848.16
2012 年 5 月 15 日	2374.84	10131.81	2012 年 6 月 20 日	2292.88	9821.79
2012 年 5 月 16 日	2346.19	9916.47	2012 年 6 月 21 日	2260.88	9682.69
2012 年 5 月 17 日	2378.89	10079.48	2012 年 6 月 25 日	2224.11	9414.21
2012 年 5 月 18 日	2344.52	9903.09	2012 年 6 月 26 日	2222.07	9446.59
2012 年 5 月 21 日	2348.30	9977.56	2012 年 6 月 27 日	2216.93	9416.50
2012 年 5 月 22 日	2373.31	10180.27	2012 年 6 月 28 日	2195.84	9383.27
2012 年 5 月 23 日	2363.44	10143.20	2012 年 6 月 29 日	2225.43	9500.32
2012 年 5 月 24 日	2350.97	9984.58	2012 年 7 月 2 日	2226.11	9566.45

续表

日期	上证综指	深证成指	日期	上证综指	深证成指
2012 年 7 月 3 日	2229.19	9607.33	2012 年 8 月 8 日	2160.99	9210.67
2012 年 7 月 4 日	2227.32	9569.16	2012 年 8 月 9 日	2174.10	9337.54
2012 年 7 月 5 日	2201.35	9412.64	2012 年 8 月 10 日	2168.81	9238.20
2012 年 7 月 6 日	2223.58	9690.16	2012 年 8 月 13 日	2136.08	9039.22
2012 年 7 月 9 日	2170.81	9496.68	2012 年 8 月 14 日	2142.53	9089.62
2012 年 7 月 10 日	2164.44	9476.72	2012 年 8 月 15 日	2118.95	9048.61
2012 年 7 月 11 日	2175.38	9588.29	2012 年 8 月 16 日	2112.20	8973.38
2012 年 7 月 12 日	2185.49	9753.49	2012 年 8 月 17 日	2114.89	8883.61
2012 年 7 月 13 日	2185.90	9792.49	2012 年 8 月 20 日	2106.96	8838.63
2012 年 7 月 16 日	2147.96	9540.89	2012 年 8 月 21 日	2118.27	8849.49
2012 年 7 月 17 日	2161.19	9560.03	2012 年 8 月 22 日	2107.71	8726.02
2012 年 7 月 18 日	2169.10	9514.17	2012 年 8 月 23 日	2113.07	8730.55
2012 年 7 月 19 日	2184.84	9509.49	2012 年 8 月 24 日	2092.10	8579.28
2012 年 7 月 20 日	2168.64	9333.21	2012 年 8 月 27 日	2055.71	8402.15
2012 年 7 月 23 日	2141.40	9186.02	2012 年 8 月 28 日	2073.15	8400.36
2012 年 7 月 24 日	2146.59	9262.77	2012 年 8 月 29 日	2053.24	8270.91
2012 年 7 月 25 日	2136.15	9155.34	2012 年 8 月 30 日	2052.59	8220.08
2012 年 7 月 26 日	2126.00	9081.90	2012 年 8 月 31 日	2047.52	8210.99
2012 年 7 月 27 日	2128.77	9087.13	2012 年 9 月 3 日	2059.15	8361.67
2012 年 7 月 30 日	2109.91	9071.06	2012 年 9 月 4 日	2043.65	8243.83
2012 年 7 月 31 日	2103.63	9059.22	2012 年 9 月 5 日	2037.68	8242.59
2012 年 8 月 1 日	2123.36	9165.97	2012 年 9 月 6 日	2051.92	8288.27
2012 年 8 月 2 日	2111.18	8995.62	2012 年 9 月 7 日	2127.76	8709.07
2012 年 8 月 3 日	2132.80	9076.62	2012 年 9 月 10 日	2134.89	8769.54
2012 年 8 月 6 日	2154.92	9212.21	2012 年 9 月 11 日	2120.55	8739.47
2012 年 8 月 7 日	2157.62	9229.27	2012 年 9 月 12 日	2126.55	8786.73

续表

日期	上证综指	深证成指	日期	上证综指	深证成指
2012 年 9 月 13 日	2110.38	8691.00	2012 年 10 月 26 日	2066.21	8414.85
2012 年 9 月 14 日	2123.85	8740.05	2012 年 10 月 29 日	2058.94	8376.56
2012 年 9 月 17 日	2078.50	8483.69	2012 年 10 月 30 日	2062.35	8394.24
2012 年 9 月 18 日	2059.54	8390.15	2012 年 10 月 31 日	2068.88	8469.80
2012 年 9 月 19 日	2067.83	8431.74	2012 年 11 月 1 日	2104.43	8663.15
2012 年 9 月 20 日	2024.84	8202.20	2012 年 11 月 2 日	2117.05	8679.69
2012 年 9 月 21 日	2026.69	8201.53	2012 年 11 月 5 日	2114.03	8654.74
2012 年 9 月 24 日	2033.19	8310.94	2012 年 11 月 6 日	2106.00	8589.87
2012 年 9 月 25 日	2029.29	8284.25	2012 年 11 月 7 日	2105.73	8561.20
2012 年 9 月 26 日	2004.17	8193.37	2012 年 11 月 8 日	2071.51	8399.38
2012 年 9 月 27 日	2056.32	8486.27	2012 年 11 月 9 日	2069.07	8356.67
2012 年 9 月 28 日	2086.17	8679.22	2012 年 11 月 12 日	2079.27	8391.90
2012 年 10 月 8 日	2074.42	8540.08	2012 年 11 月 13 日	2047.89	8234.60
2012 年 10 月 9 日	2115.23	8743.86	2012 年 11 月 14 日	2055.42	8283.56
2012 年 10 月 10 日	2119.94	8773.68	2012 年 11 月 15 日	2030.29	8186.06
2012 年 10 月 11 日	2102.87	8665.09	2012 年 11 月 16 日	2014.73	8118.15
2012 年 10 月 12 日	2104.93	8650.19	2012 年 11 月 19 日	2016.98	8060.54
2012 年 10 月 15 日	2098.70	8621.97	2012 年 11 月 20 日	2008.92	8052.79
2012 年 10 月 16 日	2098.81	8645.54	2012 年 11 月 21 日	2030.32	8150.84
2012 年 10 月 17 日	2105.62	8641.18	2012 年 11 月 22 日	2015.61	8047.52
2012 年 10 月 18 日	2131.69	8798.20	2012 年 11 月 23 日	2027.38	8114.74
2012 年 10 月 19 日	2128.30	8796.42	2012 年 11 月 26 日	2017.46	8016.07
2012 年 10 月 22 日	2132.76	8829.44	2012 年 11 月 27 日	1991.17	7936.74
2012 年 10 月 23 日	2114.45	8686.48	2012 年 11 月 28 日	1973.52	7854.06
2012 年 10 月 24 日	2115.99	8653.91	2012 年 11 月 29 日	1963.49	7808.96
2012 年 10 月 25 日	2101.58	8602.81	2012 年 11 月 30 日	1980.12	7903.25

续表

日期	上证综指	深证成指	日期	上证综指	深证成指
2012 年 12 月 3 日	1959.77	7710.88	2013 年 1 月 11 日	2243.00	9017.73
2012 年 12 月 4 日	1975.14	7801.75	2013 年 1 月 14 日	2311.74	9316.27
2012 年 12 月 5 日	2031.91	8091.68	2013 年 1 月 15 日	2325.68	9381.69
2012 年 12 月 6 日	2029.24	8071.49	2013 年 1 月 16 日	2309.50	9355.48
2012 年 12 月 7 日	2061.79	8189.68	2013 年 1 月 17 日	2284.91	9309.23
2012 年 12 月 10 日	2083.77	8265.79	2013 年 1 月 18 日	2317.07	9432.30
2012 年 12 月 11 日	2074.70	8220.54	2013 年 1 月 21 日	2328.22	9562.85
2012 年 12 月 12 日	2082.73	8246.06	2013 年 1 月 22 日	2315.14	9536.36
2012 年 12 月 13 日	2061.48	8171.35	2013 年 1 月 23 日	2320.91	9548.31
2012 年 12 月 14 日	2150.63	8530.90	2013 年 1 月 24 日	2302.60	9444.08
2012 年 12 月 17 日	2160.34	8600.33	2013 年 1 月 25 日	2291.30	9357.13
2012 年 12 月 18 日	2162.46	8592.63	2013 年 1 月 28 日	2346.51	9618.92
2012 年 12 月 19 日	2162.24	8639.56	2013 年 1 月 29 日	2358.98	9704.66
2012 年 12 月 20 日	2168.35	8693.23	2013 年 1 月 30 日	2382.48	9783.84
2012 年 12 月 21 日	2153.31	8658.35	2013 年 1 月 31 日	2385.42	9667.67
2012 年 12 月 24 日	2159.05	8631.37	2013 年 2 月 1 日	2419.02	9820.29
2012 年 12 月 25 日	2213.61	8891.57	2013 年 2 月 4 日	2428.15	9760.83
2012 年 12 月 26 日	2219.13	8940.68	2013 年 2 月 5 日	2433.13	9945.98
2012 年 12 月 27 日	2205.90	8939.85	2013 年 2 月 6 日	2434.48	9922.72
2012 年 12 月 28 日	2233.25	9026.99	2013 年 2 月 7 日	2418.53	9904.78
2012 年 12 月 31 日	2269.13	9116.48	2013 年 2 月 8 日	2432.40	9989.09
2013 年 1 月 4 日	2276.99	9096.07	2013 年 2 月 18 日	2421.56	9795.91
2013 年 1 月 7 日	2285.36	9108.47	2013 年 2 月 19 日	2382.91	9550.93
2013 年 1 月 8 日	2276.07	9110.45	2013 年 2 月 20 日	2397.18	9645.87
2013 年 1 月 9 日	2275.34	9154.87	2013 年 2 月 21 日	2325.95	9396.11
2013 年 1 月 10 日	2283.66	9170.06	2013 年 2 月 22 日	2314.16	9364.54

续表

日期	上证综指	深证成指	日期	上证综指	深证成指
2013 年 2 月 25 日	2325.82	9342.37	2013 年 4 月 2 日	2227.74	8960.46
2013 年 2 月 26 日	2293.34	9208.03	2013 年 4 月 3 日	2225.30	8964.47
2013 年 2 月 27 日	2313.22	9333.24	2013 年 4 月 8 日	2211.59	8953.84
2013 年 2 月 28 日	2365.59	9641.44	2013 年 4 月 9 日	2225.78	8993.11
2013 年 3 月 1 日	2359.51	9650.14	2013 年 4 月 10 日	2226.13	8962.30
2013 年 3 月 4 日	2273.40	9139.75	2013 年 4 月 11 日	2219.55	8920.71
2013 年 3 月 5 日	2326.31	9341.35	2013 年 4 月 12 日	2206.78	8835.15
2013 年 3 月 6 日	2347.18	9431.17	2013 年 4 月 15 日	2181.94	8733.44
2013 年 3 月 7 日	2324.29	9393.69	2013 年 4 月 16 日	2194.85	8852.42
2013 年 3 月 8 日	2318.61	9285.83	2013 年 4 月 17 日	2193.80	8894.37
2013 年 3 月 11 日	2310.59	9277.16	2013 年 4 月 18 日	2197.60	8888.02
2013 年 3 月 12 日	2286.61	9163.64	2013 年 4 月 19 日	2244.64	9111.19
2013 年 3 月 13 日	2263.97	9073.22	2013 年 4 月 22 日	2242.17	9057.62
2013 年 3 月 14 日	2270.28	9087.25	2013 年 4 月 23 日	2184.54	8793.13
2013 年 3 月 15 日	2278.40	9099.29	2013 年 4 月 24 日	2218.32	8911.65
2013 年 3 月 18 日	2240.02	8999.02	2013 年 4 月 25 日	2199.31	8772.58
2013 年 3 月 19 日	2257.43	9034.04	2013 年 4 月 26 日	2177.91	8691.39
2013 年 3 月 20 日	2317.37	9317.97	2013 年 5 月 2 日	2174.12	8718.20
2013 年 3 月 21 日	2324.24	9326.29	2013 年 5 月 3 日	2205.50	8847.68
2013 年 3 月 22 日	2328.28	9343.41	2013 年 5 月 6 日	2231.17	8997.08
2013 年 3 月 25 日	2326.72	9313.13	2013 年 5 月 7 日	2235.58	9022.90
2013 年 3 月 26 日	2297.67	9226.64	2013 年 5 月 8 日	2246.30	9074.84
2013 年 3 月 27 日	2301.26	9225.13	2013 年 5 月 9 日	2232.97	9050.08
2013 年 3 月 28 日	2236.30	8959.26	2013 年 5 月 10 日	2246.83	9071.16
2013 年 3 月 29 日	2236.62	8889.77	2013 年 5 月 13 日	2241.92	9014.28
2013 年 4 月 1 日	2234.40	8937.76	2013 年 5 月 14 日	2217.01	8809.09

续表

日期	上证综指	深证成指	日期	上证综指	深证成指
2013 年 5 月 15 日	2224.80	8869.85	2013 年 6 月 25 日	1959.51	7495.10
2013 年 5 月 16 日	2251.81	9061.33	2013 年 6 月 26 日	1951.50	7566.40
2013 年 5 月 17 日	2282.87	9246.28	2013 年 6 月 27 日	1950.01	7544.33
2013 年 5 月 20 日	2299.99	9307.15	2013 年 6 月 28 日	1979.21	7694.47
2013 年 5 月 21 日	2305.11	9403.54	2013 年 7 月 1 日	1995.24	7718.48
2013 年 5 月 22 日	2302.40	9405.06	2013 年 7 月 2 日	2006.56	7768.84
2013 年 5 月 23 日	2275.67	9265.68	2013 年 7 月 3 日	1994.27	7703.74
2013 年 5 月 24 日	2288.53	9304.86	2013 年 7 月 4 日	2006.10	7804.11
2013 年 5 月 27 日	2293.08	9260.63	2013 年 7 月 5 日	2007.20	7856.59
2013 年 5 月 28 日	2321.32	9441.69	2013 年 7 月 8 日	1958.27	7637.63
2013 年 5 月 29 日	2324.02	9404.40	2013 年 7 月 9 日	1965.45	7600.47
2013 年 5 月 30 日	2317.75	9379.19	2013 年 7 月 10 日	2008.13	7851.25
2013 年 5 月 31 日	2300.60	9257.95	2013 年 7 月 11 日	2072.99	8184.77
2013 年 6 月 3 日	2299.25	9251.24	2013 年 7 月 12 日	2039.49	8012.84
2013 年 6 月 4 日	2272.42	9124.27	2013 年 7 月 15 日	2059.39	8137.77
2013 年 6 月 5 日	2270.93	9143.44	2013 年 7 月 16 日	2065.72	8186.68
2013 年 6 月 6 日	2242.11	9001.09	2013 年 7 月 17 日	2044.92	8063.80
2013 年 6 月 7 日	2210.90	8763.61	2013 年 7 月 18 日	2023.40	7904.27
2013 年 6 月 13 日	2148.36	8432.43	2013 年 7 月 19 日	1992.65	7663.99
2013 年 6 月 14 日	2162.04	8479.46	2013 年 7 月 22 日	2004.76	7684.23
2013 年 6 月 17 日	2156.22	8404.50	2013 年 7 月 23 日	2043.88	7963.70
2013 年 6 月 18 日	2159.29	8470.87	2013 年 7 月 24 日	2033.33	7935.85
2013 年 6 月 19 日	2143.45	8421.24	2013 年 7 月 25 日	2021.17	7894.60
2013 年 6 月 20 日	2084.02	8147.48	2013 年 7 月 26 日	2010.85	7843.36
2013 年 6 月 21 日	2073.10	8136.05	2013 年 7 月 29 日	1976.31	7668.54
2013 年 6 月 24 日	1963.24	7588.52	2013 年 7 月 30 日	1990.06	7730.17

续表

日期	上证综指	深证成指	日期	上证综指	深证成指
2013 年 7 月 31 日	1993. 80	7765. 40	2013 年 9 月 5 日	2122. 43	8286. 06
2013 年 8 月 1 日	2029. 07	7931. 79	2013 年 9 月 6 日	2139. 99	8280. 33
2013 年 8 月 2 日	2029. 42	7961. 47	2013 年 9 月 9 日	2212. 52	8504. 74
2013 年 8 月 5 日	2050. 48	8060. 39	2013 年 9 月 10 日	2237. 98	8636. 63
2013 年 8 月 6 日	2060. 50	8143. 13	2013 年 9 月 11 日	2241. 27	8675. 63
2013 年 8 月 7 日	2046. 78	8096. 09	2013 年 9 月 12 日	2255. 61	8714. 88
2013 年 8 月 8 日	2044. 90	8114. 87	2013 年 9 月 13 日	2236. 22	8687. 54
2013 年 8 月 9 日	2052. 24	8145. 97	2013 年 9 月 16 日	2231. 40	8659. 00
2013 年 8 月 12 日	2101. 28	8356. 73	2013 年 9 月 17 日	2185. 56	8493. 78
2013 年 8 月 13 日	2106. 16	8362. 65	2013 年 9 月 18 日	2191. 85	8480. 74
2013 年 8 月 14 日	2100. 14	8336. 81	2013 年 9 月 23 日	2221. 04	8719. 29
2013 年 8 月 15 日	2081. 88	8228. 87	2013 年 9 月 24 日	2207. 53	8664. 80
2013 年 8 月 16 日	2068. 45	8168. 09	2013 年 9 月 25 日	2198. 52	8613. 71
2013 年 8 月 19 日	2085. 60	8285. 72	2013 年 9 月 26 日	2155. 81	8439. 47
2013 年 8 月 20 日	2072. 60	8234. 56	2013 年 9 月 27 日	2160. 03	8472. 29
2013 年 8 月 21 日	2072. 96	8236. 09	2013 年 9 月 30 日	2174. 67	8514. 57
2013 年 8 月 22 日	2067. 12	8245. 04	2013 年 10 月 8 日	2198. 20	8681. 53
2013 年 8 月 23 日	2057. 46	8166. 28	2013 年 10 月 9 日	2211. 77	8667. 77
2013 年 8 月 26 日	2096. 47	8334. 57	2013 年 10 月 10 日	2190. 93	8685. 79
2013 年 8 月 27 日	2103. 57	8341. 77	2013 年 10 月 11 日	2228. 15	8737. 97
2013 年 8 月 28 日	2101. 30	8259. 38	2013 年 10 月 14 日	2237. 77	8760. 10
2013 年 8 月 29 日	2097. 23	8214. 49	2013 年 10 月 15 日	2233. 41	8700. 35
2013 年 8 月 30 日	2098. 38	8202. 48	2013 年 10 月 16 日	2193. 07	8542. 87
2013 年 9 月 2 日	2098. 45	8243. 58	2013 年 10 月 17 日	2188. 54	8521. 20
2013 年 9 月 3 日	2123. 11	8368. 04	2013 年 10 月 18 日	2193. 78	8584. 87
2013 年 9 月 4 日	2127. 62	8344. 96	2013 年 10 月 21 日	2229. 24	8739. 52

续表

日期	上证综指	深证成指	日期	上证综指	深证成指
2013 年 10 月 22 日	2210.65	8619.64	2013 年 11 月 27 日	2201.07	8447.46
2013 年 10 月 23 日	2183.11	8512.96	2013 年 11 月 28 日	2219.37	8548.37
2013 年 10 月 24 日	2164.32	8486.52	2013 年 11 月 29 日	2220.50	8542.61
2013 年 10 月 25 日	2132.96	8379.61	2013 年 12 月 2 日	2207.37	8376.64
2013 年 10 月 28 日	2133.87	8336.68	2013 年 12 月 3 日	2222.67	8492.52
2013 年 10 月 29 日	2128.86	8398.92	2013 年 12 月 4 日	2251.76	8600.82
2013 年 10 月 30 日	2160.46	8553.37	2013 年 12 月 5 日	2247.06	8560.79
2013 年 10 月 31 日	2141.61	8444.41	2013 年 12 月 6 日	2237.11	8526.68
2013 年 11 月 1 日	2149.56	8451.72	2013 年 12 月 9 日	2238.20	8519.68
2013 年 11 月 4 日	2149.63	8416.93	2013 年 12 月 10 日	2237.49	8554.17
2013 年 11 月 5 日	2157.24	8451.73	2013 年 12 月 11 日	2204.17	8409.80
2013 年 11 月 6 日	2139.61	8287.86	2013 年 12 月 12 日	2202.80	8400.65
2013 年 11 月 7 日	2129.40	8240.25	2013 年 12 月 13 日	2196.08	8429.82
2013 年 11 月 8 日	2106.13	8155.40	2013 年 12 月 16 日	2160.86	8272.67
2013 年 11 月 11 日	2109.47	8168.67	2013 年 12 月 17 日	2151.08	8213.43
2013 年 11 月 12 日	2126.77	8279.31	2013 年 12 月 18 日	2148.29	8236.95
2013 年 11 月 13 日	2087.94	8111.00	2013 年 12 月 19 日	2127.79	8147.71
2013 年 11 月 14 日	2100.51	8156.54	2013 年 12 月 20 日	2084.79	7966.72
2013 年 11 月 15 日	2135.83	8305.91	2013 年 12 月 23 日	2089.71	7989.51
2013 年 11 月 18 日	2197.22	8523.75	2013 年 12 月 24 日	2092.91	8027.43
2013 年 11 月 19 日	2193.13	8461.21	2013 年 12 月 25 日	2106.35	8096.37
2013 年 11 月 20 日	2206.61	8510.68	2013 年 12 月 26 日	2073.10	7897.33
2013 年 11 月 21 日	2205.77	8472.02	2013 年 12 月 27 日	2101.25	8048.85
2013 年 11 月 22 日	2196.38	8413.34	2013 年 12 月 30 日	2097.53	7999.30
2013 年 11 月 25 日	2186.12	8379.55	2013 年 12 月 31 日	2115.98	8121.79
2013 年 11 月 26 日	2183.07	8365.35	2014 年 1 月 2 日	2109.39	8114.39

续表

日期	上证综指	深证成指	日期	上证综指	深证成指
2014 年 1 月 3 日	2083.14	8028.33	2014 年 2 月 17 日	2135.42	7943.96
2014 年 1 月 6 日	2045.71	7818.46	2014 年 2 月 18 日	2119.07	7832.47
2014 年 1 月 7 日	2047.32	7806.31	2014 年 2 月 19 日	2142.55	7953.94
2014 年 1 月 8 日	2044.34	7802.14	2014 年 2 月 20 日	2138.78	7842.12
2014 年 1 月 9 日	2027.62	7746.74	2014 年 2 月 21 日	2113.69	7750.56
2014 年 1 月 10 日	2013.30	7648.04	2014 年 2 月 24 日	2076.69	7542.53
2014 年 1 月 13 日	2009.56	7572.56	2014 年 2 月 25 日	2034.22	7303.95
2014 年 1 月 14 日	2026.84	7665.77	2014 年 2 月 26 日	2041.25	7319.61
2014 年 1 月 15 日	2023.35	7668.80	2014 年 2 月 27 日	2047.35	7188.74
2014 年 1 月 16 日	2023.70	7667.22	2014 年 2 月 28 日	2056.30	7365.93
2014 年 1 月 17 日	2004.95	7544.57	2014 年 3 月 3 日	2075.24	7391.91
2014 年 1 月 20 日	1991.25	7524.33	2014 年 3 月 4 日	2071.47	7347.11
2014 年 1 月 21 日	2008.31	7593.43	2014 年 3 月 5 日	2053.08	7298.13
2014 年 1 月 22 日	2051.75	7820.45	2014 年 3 月 6 日	2059.58	7352.03
2014 年 1 月 23 日	2042.18	7788.47	2014 年 3 月 7 日	2057.91	7328.48
2014 年 1 月 24 日	2054.39	7855.14	2014 年 3 月 10 日	1999.07	7118.44
2014 年 1 月 27 日	2033.30	7752.54	2014 年 3 月 11 日	2001.16	7212.57
2014 年 1 月 28 日	2038.51	7740.75	2014 年 3 月 12 日	1997.69	7217.02
2014 年 1 月 29 日	2049.91	7707.59	2014 年 3 月 13 日	2019.11	7319.29
2014 年 1 月 30 日	2033.08	7572.63	2014 年 3 月 14 日	2004.34	7239.06
2014 年 2 月 7 日	2044.50	7616.57	2014 年 3 月 17 日	2023.67	7340.62
2014 年 2 月 10 日	2086.07	7812.16	2014 年 3 月 18 日	2025.20	7273.95
2014 年 2 月 11 日	2103.67	7838.12	2014 年 3 月 19 日	2021.73	7150.12
2014 年 2 月 12 日	2109.96	7902.08	2014 年 3 月 20 日	1993.48	6998.19
2014 年 2 月 13 日	2098.40	7857.11	2014 年 3 月 21 日	2047.62	7241.57
2014 年 2 月 14 日	2115.85	7883.75	2014 年 3 月 24 日	2066.28	7273.76

续表

日期	上证综指	深证成指	日期	上证综指	深证成指
2014 年 3 月 25 日	2067.31	7252.35	2014 年 5 月 5 日	2027.35	7309.56
2014 年 3 月 26 日	2063.67	7244.19	2014 年 5 月 6 日	2028.04	7311.89
2014 年 3 月 27 日	2046.59	7173.02	2014 年 5 月 7 日	2010.08	7234.69
2014 年 3 月 28 日	2041.71	7165.57	2014 年 5 月 8 日	2015.27	7169.98
2014 年 3 月 31 日	2033.31	7189.58	2014 年 5 月 9 日	2011.14	7162.44
2014 年 4 月 1 日	2047.46	7281.11	2014 年 5 月 12 日	2052.87	7318.14
2014 年 4 月 2 日	2058.99	7333.59	2014 年 5 月 13 日	2050.73	7310.31
2014 年 4 月 3 日	2043.70	7298.00	2014 年 5 月 14 日	2047.91	7325.52
2014 年 4 月 4 日	2058.83	7367.80	2014 年 5 月 15 日	2024.97	7213.77
2014 年 4 月 8 日	2098.28	7508.66	2014 年 5 月 16 日	2026.50	7242.17
2014 年 4 月 9 日	2105.24	7511.25	2014 年 5 月 19 日	2005.18	7151.49
2014 年 4 月 10 日	2134.30	7563.20	2014 年 5 月 20 日	2008.12	7151.18
2014 年 4 月 11 日	2130.54	7586.83	2014 年 5 月 21 日	2024.95	7204.65
2014 年 4 月 14 日	2131.54	7583.28	2014 年 5 月 22 日	2021.29	7183.68
2014 年 4 月 15 日	2101.60	7449.71	2014 年 5 月 23 日	2034.57	7240.92
2014 年 4 月 16 日	2105.12	7468.46	2014 年 5 月 26 日	2041.48	7275.11
2014 年 4 月 17 日	2098.89	7451.04	2014 年 5 月 27 日	2034.57	7260.12
2014 年 4 月 18 日	2097.75	7455.74	2014 年 5 月 28 日	2050.23	7380.69
2014 年 4 月 21 日	2065.83	7353.60	2014 年 5 月 29 日	2040.60	7341.56
2014 年 4 月 22 日	2072.83	7391.22	2014 年 5 月 30 日	2039.21	7364.83
2014 年 4 月 23 日	2067.38	7434.73	2014 年 6 月 3 日	2038.31	7321.52
2014 年 4 月 24 日	2057.03	7419.44	2014 年 6 月 4 日	2024.83	7223.13
2014 年 4 月 25 日	2036.52	7323.65	2014 年 6 月 5 日	2040.88	7303.64
2014 年 4 月 28 日	2003.49	7240.46	2014 年 6 月 6 日	2029.96	7235.39
2014 年 4 月 29 日	2020.34	7339.86	2014 年 6 月 9 日	2030.50	7227.24
2014 年 4 月 30 日	2026.36	7312.86	2014 年 6 月 10 日	2052.53	7341.66

续表

日期	上证综指	深证成指	日期	上证综指	深证成指
2014 年 6 月 11 日	2054.95	7340.69	2014 年 7 月 17 日	2055.59	7194.74
2014 年 6 月 12 日	2051.71	7299.81	2014 年 7 月 18 日	2059.07	7259.45
2014 年 6 月 13 日	2070.72	7401.35	2014 年 7 月 21 日	2054.48	7274.51
2014 年 6 月 16 日	2085.98	7416.99	2014 年 7 月 22 日	2075.48	7372.65
2014 年 6 月 17 日	2066.70	7331.37	2014 年 7 月 23 日	2078.49	7375.31
2014 年 6 月 18 日	2055.52	7297.40	2014 年 7 月 24 日	2105.06	7503.40
2014 年 6 月 19 日	2023.74	7180.32	2014 年 7 月 25 日	2126.61	7578.12
2014 年 6 月 20 日	2026.67	7195.69	2014 年 7 月 28 日	2177.95	7808.66
2014 年 6 月 23 日	2024.37	7192.87	2014 年 7 月 29 日	2183.19	7867.04
2014 年 6 月 24 日	2033.93	7240.85	2014 年 7 月 30 日	2181.24	7853.23
2014 年 6 月 25 日	2025.50	7217.65	2014 年 7 月 31 日	2201.56	7956.91
2014 年 6 月 26 日	2038.68	7291.88	2014 年 8 月 1 日	2185.30	7880.98
2014 年 6 月 27 日	2036.51	7312.62	2014 年 8 月 4 日	2223.33	8006.91
2014 年 6 月 30 日	2048.33	7343.28	2014 年 8 月 5 日	2219.95	8007.76
2014 年 7 月 1 日	2050.38	7297.50	2014 年 8 月 6 日	2217.47	7995.50
2014 年 7 月 2 日	2059.42	7310.38	2014 年 8 月 7 日	2187.67	7872.95
2014 年 7 月 3 日	2063.23	7335.54	2014 年 8 月 8 日	2194.43	7885.33
2014 年 7 月 4 日	2059.38	7333.91	2014 年 8 月 11 日	2224.65	8009.74
2014 年 7 月 7 日	2059.93	7321.52	2014 年 8 月 12 日	2221.60	7966.89
2014 年 7 月 8 日	2064.02	7358.33	2014 年 8 月 13 日	2222.88	7980.49
2014 年 7 月 9 日	2038.61	7192.71	2014 年 8 月 14 日	2206.47	7893.90
2014 年 7 月 10 日	2038.34	7159.63	2014 年 8 月 15 日	2226.73	7982.07
2014 年 7 月 11 日	2046.96	7206.97	2014 年 8 月 18 日	2239.47	8045.86
2014 年 7 月 14 日	2066.65	7278.86	2014 年 8 月 19 日	2245.33	8043.25
2014 年 7 月 15 日	2070.36	7304.41	2014 年 8 月 20 日	2240.21	8023.07
2014 年 7 月 16 日	2067.28	7261.91	2014 年 8 月 21 日	2230.46	8010.71

续表

日期	上证综指	深证成指	日期	上证综指	深证成指
2014 年 8 月 22 日	2240.81	8059.40	2014 年 9 月 30 日	2363.87	8080.35
2014 年 8 月 25 日	2229.27	7934.81	2014 年 10 月 8 日	2382.79	8183.65
2014 年 8 月 26 日	2207.11	7813.98	2014 年 10 月 9 日	2389.37	8204.01
2014 年 8 月 27 日	2209.47	7841.07	2014 年 10 月 10 日	2374.54	8211.54
2014 年 8 月 28 日	2195.82	7743.54	2014 年 10 月 13 日	2366.01	8164.07
2014 年 8 月 29 日	2217.20	7841.70	2014 年 10 月 14 日	2359.48	8139.96
2014 年 9 月 1 日	2235.51	7941.16	2014 年 10 月 15 日	2373.67	8198.12
2014 年 9 月 2 日	2266.05	8043.31	2014 年 10 月 16 日	2356.50	8110.69
2014 年 9 月 3 日	2288.63	8115.87	2014 年 10 月 17 日	2341.18	8151.52
2014 年 9 月 4 日	2306.86	8176.57	2014 年 10 月 20 日	2356.73	8204.20
2014 年 9 月 5 日	2326.43	8214.53	2014 年 10 月 21 日	2339.66	8106.92
2014 年 9 月 9 日	2326.53	8201.51	2014 年 10 月 22 日	2326.55	8063.20
2014 年 9 月 10 日	2318.31	8158.60	2014 年 10 月 23 日	2302.42	7969.16
2014 年 9 月 11 日	2311.68	8117.92	2014 年 10 月 24 日	2302.28	7921.13
2014 年 9 月 12 日	2331.95	8146.99	2014 年 10 月 27 日	2290.44	7829.33
2014 年 9 月 15 日	2339.14	8112.65	2014 年 10 月 28 日	2337.87	7988.34
2014 年 9 月 16 日	2296.56	7921.07	2014 年 10 月 29 日	2373.03	8090.68
2014 年 9 月 17 日	2307.89	7981.82	2014 年 10 月 30 日	2391.08	8090.55
2014 年 9 月 18 日	2315.93	8004.57	2014 年 10 月 31 日	2420.18	8225.61
2014 年 9 月 19 日	2329.45	8047.25	2014 年 11 月 3 日	2430.03	8240.15
2014 年 9 月 22 日	2289.87	7895.87	2014 年 11 月 4 日	2430.68	8206.79
2014 年 9 月 23 日	2309.72	7965.89	2014 年 11 月 5 日	2419.25	8198.57
2014 年 9 月 24 日	2343.58	8100.22	2014 年 11 月 6 日	2425.86	8211.96
2014 年 9 月 25 日	2345.10	8076.51	2014 年 11 月 7 日	2418.17	8234.87
2014 年 9 月 26 日	2347.72	8072.88	2014 年 11 月 10 日	2473.67	8410.22
2014 年 9 月 29 日	2357.71	8082.85	2014 年 11 月 11 日	2469.67	8312.89

续表

日期	上证综指	深证成指	日期	上证综指	深证成指
2014 年 11 月 12 日	2494.48	8410.29	2014 年 12 月 18 日	3057.52	10665.18
2014 年 11 月 13 日	2485.61	8305.08	2014 年 12 月 19 日	3108.60	10627.11
2014 年 11 月 14 日	2478.82	8326.90	2014 年 12 月 22 日	3127.45	10608.52
2014 年 11 月 17 日	2474.01	8283.80	2014 年 12 月 23 日	3032.61	10570.79
2014 年 11 月 18 日	2456.37	8196.59	2014 年 12 月 24 日	2972.53	10292.52
2014 年 11 月 19 日	2450.99	8225.07	2014 年 12 月 25 日	3072.54	10493.78
2014 年 11 月 20 日	2452.66	8205.38	2014 年 12 月 26 日	3157.60	10802.64
2014 年 11 月 21 日	2486.79	8332.30	2014 年 12 月 29 日	3168.02	10780.40
2014 年 11 月 24 日	2532.88	8577.91	2014 年 12 月 30 日	3165.82	10722.26
2014 年 11 月 25 日	2567.60	8693.43	2014 年 12 月 31 日	3234.68	11014.62
2014 年 11 月 26 日	2604.35	8763.78	2015 年 1 月 5 日	3350.52	11520.59
2014 年 11 月 27 日	2630.49	8860.43	2015 年 1 月 6 日	3351.45	11667.97
2014 年 11 月 28 日	2682.84	9002.23	2015 年 1 月 7 日	3373.95	11613.36
2014 年 12 月 1 日	2680.16	9095.76	2015 年 1 月 8 日	3293.46	11465.14
2014 年 12 月 2 日	2763.55	9366.95	2015 年 1 月 9 日	3285.41	11324.76
2014 年 12 月 3 日	2779.53	9643.92	2015 年 1 月 12 日	3229.32	11285.18
2014 年 12 月 4 日	2899.46	10029.83	2015 年 1 月 13 日	3235.30	11355.81
2014 年 12 月 5 日	2937.65	10067.28	2015 年 1 月 14 日	3222.44	11237.78
2014 年 12 月 8 日	3020.26	10554.57	2015 年 1 月 15 日	3336.46	11483.68
2014 年 12 月 9 日	2856.27	10116.49	2015 年 1 月 16 日	3376.50	11532.80
2014 年 12 月 10 日	2940.01	10545.52	2015 年 1 月 19 日	3116.35	10770.93
2014 年 12 月 11 日	2925.74	10478.88	2015 年 1 月 20 日	3173.05	10996.48
2014 年 12 月 12 日	2938.17	10462.31	2015 年 1 月 21 日	3323.61	11372.18
2014 年 12 月 15 日	2953.42	10504.23	2015 年 1 月 22 日	3343.34	11471.21
2014 年 12 月 16 日	3021.52	10668.62	2015 年 1 月 23 日	3351.76	11436.29
2014 年 12 月 17 日	3061.02	10786.72	2015 年 1 月 26 日	3383.18	11686.97

续表

日期	上证综指	深证成指	日期	上证综指	深证成指
2015 年 1 月 27 日	3352.96	11551.87	2015 年 3 月 11 日	3290.90	11525.09
2015 年 1 月 28 日	3305.74	11354.20	2015 年 3 月 12 日	3349.32	11635.59
2015 年 1 月 29 日	3262.31	11249.04	2015 年 3 月 13 日	3372.91	11713.61
2015 年 1 月 30 日	3210.36	11150.69	2015 年 3 月 16 日	3449.31	12017.77
2015 年 2 月 2 日	3128.30	10963.14	2015 年 3 月 17 日	3502.85	12169.52
2015 年 2 月 3 日	3204.91	11209.19	2015 年 3 月 18 日	3577.30	12496.24
2015 年 2 月 4 日	3174.13	11116.55	2015 年 3 月 19 日	3582.27	12429.11
2015 年 2 月 5 日	3136.53	11065.58	2015 年 3 月 20 日	3617.32	12544.45
2015 年 2 月 6 日	3075.91	10791.10	2015 年 3 月 23 日	3687.73	12780.32
2015 年 2 月 9 日	3095.12	10868.14	2015 年 3 月 24 日	3691.41	12801.20
2015 年 2 月 10 日	3141.59	11136.62	2015 年 3 月 25 日	3660.73	12757.10
2015 年 2 月 11 日	3157.70	11265.63	2015 年 3 月 26 日	3682.10	12712.98
2015 年 2 月 12 日	3173.42	11302.73	2015 年 3 月 27 日	3691.10	12874.42
2015 年 2 月 13 日	3203.83	11443.05	2015 年 3 月 30 日	3786.57	13193.32
2015 年 2 月 16 日	3222.36	11595.25	2015 年 3 月 31 日	3747.90	13160.66
2015 年 2 月 17 日	3246.91	11718.56	2015 年 4 月 1 日	3810.29	13394.73
2015 年 2 月 25 日	3228.84	11539.70	2015 年 4 月 2 日	3825.78	13426.10
2015 年 2 月 26 日	3298.36	11750.78	2015 年 4 月 3 日	3863.93	13494.64
2015 年 2 月 27 日	3310.30	11757.68	2015 年 4 月 7 日	3961.38	13768.73
2015 年 3 月 2 日	3336.29	11884.02	2015 年 4 月 8 日	3994.81	13841.72
2015 年 3 月 3 日	3263.05	11526.22	2015 年 4 月 9 日	3957.53	13796.73
2015 年 3 月 4 日	3279.53	11655.08	2015 年 4 月 10 日	4034.31	14013.34
2015 年 3 月 5 日	3248.48	11566.39	2015 年 4 月 13 日	4121.72	14149.51
2015 年 3 月 6 日	3241.19	11392.40	2015 年 4 月 14 日	4135.57	14042.46
2015 年 3 月 9 日	3302.41	11533.23	2015 年 4 月 15 日	4084.16	13646.61
2015 年 3 月 10 日	3286.07	11556.65	2015 年 4 月 16 日	4194.82	13967.80

续表

日期	上证综指	深证成指	日期	上证综指	深证成指
2015 年 4 月 17 日	4287.30	14149.34	2015 年 5 月 26 日	4910.90	16903.47
2015 年 4 月 20 日	4217.08	13871.60	2015 年 5 月 27 日	4941.71	16963.52
2015 年 4 月 21 日	4293.62	14439.00	2015 年 5 月 28 日	4620.27	15912.95
2015 年 4 月 22 日	4398.49	14749.13	2015 年 5 月 29 日	4611.74	16100.45
2015 年 4 月 23 日	4414.51	14743.22	2015 年 6 月 1 日	4828.74	16917.53
2015 年 4 月 24 日	4393.69	14598.70	2015 年 6 月 2 日	4910.53	17485.58
2015 年 4 月 27 日	4527.40	14809.42	2015 年 6 月 3 日	4909.98	17538.50
2015 年 4 月 28 日	4476.22	14707.25	2015 年 6 月 4 日	4947.10	17501.05
2015 年 4 月 29 日	4476.62	14871.95	2015 年 6 月 5 日	5023.10	17649.09
2015 年 4 月 30 日	4441.66	14818.64	2015 年 6 月 8 日	5131.88	17452.31
2015 年 5 月 4 日	4480.46	14860.53	2015 年 6 月 9 日	5113.53	17399.00
2015 年 5 月 5 日	4298.71	14233.10	2015 年 6 月 10 日	5106.04	17677.57
2015 年 5 月 6 日	4229.27	14136.17	2015 年 6 月 11 日	5121.59	17889.69
2015 年 5 月 7 日	4112.21	14114.73	2015 年 6 月 12 日	5166.35	18098.27
2015 年 5 月 8 日	4205.92	14481.25	2015 年 6 月 15 日	5062.99	17702.55
2015 年 5 月 11 日	4333.58	14944.88	2015 年 6 月 16 日	4887.43	17075.93
2015 年 5 月 12 日	4401.22	15066.29	2015 年 6 月 17 日	4967.90	17405.57
2015 年 5 月 13 日	4375.76	15173.09	2015 年 6 月 18 日	4785.36	16734.84
2015 年 5 月 14 日	4378.31	15024.47	2015 年 6 月 19 日	4478.36	15725.47
2015 年 5 月 15 日	4308.69	14694.95	2015 年 6 月 23 日	4576.49	16045.99
2015 年 5 月 18 日	4283.49	14672.63	2015 年 6 月 24 日	4690.15	16312.31
2015 年 5 月 19 日	4417.55	15127.38	2015 年 6 月 25 日	4527.78	15692.44
2015 年 5 月 20 日	4446.29	15337.08	2015 年 6 月 26 日	4192.87	14398.79
2015 年 5 月 21 日	4529.42	15872.53	2015 年 6 月 29 日	4053.03	13566.27
2015 年 5 月 22 日	4657.60	16045.80	2015 年 6 月 30 日	4277.22	14337.97
2015 年 5 月 25 日	4813.80	16351.06	2015 年 7 月 1 日	4053.70	13650.82

续表

日期	上证综指	深证成指	日期	上证综指	深证成指
2015 年 7 月 2 日	3912.77	12924.19	2015 年 8 月 7 日	3744.21	12753.05
2015 年 7 月 3 日	3686.92	12246.06	2015 年 8 月 10 日	3928.42	13302.96
2015 年 7 月 6 日	3775.91	12075.77	2015 年 8 月 11 日	3927.91	13323.09
2015 年 7 月 7 日	3727.13	11375.60	2015 年 8 月 12 日	3886.32	13117.10
2015 年 7 月 8 日	3507.19	11040.89	2015 年 8 月 13 日	3954.56	13395.18
2015 年 7 月 9 日	3709.33	11510.34	2015 年 8 月 14 日	3965.34	13445.87
2015 年 7 月 10 日	3877.80	12038.15	2015 年 8 月 17 日	3993.67	13573.90
2015 年 7 月 13 日	3970.39	12614.16	2015 年 8 月 18 日	3748.16	12683.86
2015 年 7 月 14 日	3924.49	12728.51	2015 年 8 月 19 日	3794.11	12960.66
2015 年 7 月 15 日	3805.70	12132.42	2015 年 8 月 20 日	3664.29	12584.58
2015 年 7 月 16 日	3823.18	12357.61	2015 年 8 月 21 日	3507.74	11902.05
2015 年 7 月 17 日	3957.35	13004.96	2015 年 8 月 24 日	3209.91	10970.29
2015 年 7 月 20 日	3992.11	13202.40	2015 年 8 月 25 日	2964.97	10197.94
2015 年 7 月 21 日	4017.68	13315.56	2015 年 8 月 26 日	2927.29	9899.72
2015 年 7 月 22 日	4026.05	13416.54	2015 年 8 月 27 日	3083.59	10254.35
2015 年 7 月 23 日	4123.92	13754.53	2015 年 8 月 28 日	3232.35	10800.00
2015 年 7 月 24 日	4070.91	13518.52	2015 年 8 月 31 日	3205.99	10549.16
2015 年 7 月 27 日	3725.56	12493.05	2015 年 9 月 1 日	3166.62	10162.52
2015 年 7 月 28 日	3663.00	12316.78	2015 年 9 月 2 日	3160.17	10054.80
2015 年 7 月 29 日	3789.17	12823.07	2015 年 9 月 7 日	3080.42	9991.76
2015 年 7 月 30 日	3705.77	12395.92	2015 年 9 月 8 日	3170.45	10320.23
2015 年 7 月 31 日	3663.73	12374.25	2015 年 9 月 9 日	3243.09	10620.13
2015 年 8 月 3 日	3622.91	12161.58	2015 年 9 月 10 日	3197.89	10424.65
2015 年 8 月 4 日	3756.55	12711.56	2015 年 9 月 11 日	3200.23	10463.69
2015 年 8 月 5 日	3694.57	12524.69	2015 年 9 月 14 日	3114.80	9778.23
2015 年 8 月 6 日	3661.54	12421.85	2015 年 9 月 15 日	3005.17	9290.81

续表

日期	上证综指	深证成指	日期	上证综指	深证成指
2015 年 9 月 16 日	3152.26	9890.43	2015 年 10 月 29 日	3387.32	11566.66
2015 年 9 月 17 日	3086.06	9739.89	2015 年 10 月 30 日	3382.56	11546.05
2015 年 9 月 18 日	3097.92	9850.77	2015 年 11 月 2 日	3325.09	11304.88
2015 年 9 月 21 日	3156.54	10176.73	2015 年 11 月 3 日	3316.70	11288.14
2015 年 9 月 22 日	3185.62	10238.69	2015 年 11 月 4 日	3459.64	11884.90
2015 年 9 月 23 日	3115.89	10132.30	2015 年 11 月 5 日	3522.82	11939.81
2015 年 9 月 24 日	3142.69	10238.04	2015 年 11 月 6 日	3590.03	12273.35
2015 年 9 月 25 日	3092.35	9904.76	2015 年 11 月 9 日	3646.88	12453.24
2015 年 9 月 28 日	3100.76	10115.55	2015 年 11 月 10 日	3640.49	12500.53
2015 年 9 月 29 日	3038.14	9949.92	2015 年 11 月 11 日	3650.25	12677.54
2015 年 9 月 30 日	3052.78	9988.25	2015 年 11 月 12 日	3632.90	12635.39
2015 年 10 月 8 日	3143.36	10394.73	2015 年 11 月 13 日	3580.84	12402.04
2015 年 10 月 9 日	3183.15	10540.19	2015 年 11 月 16 日	3606.96	12620.38
2015 年 10 月 12 日	3287.66	10961.36	2015 年 11 月 17 日	3604.80	12511.55
2015 年 10 月 13 日	3293.23	11042.13	2015 年 11 月 18 日	3568.47	12283.76
2015 年 10 月 14 日	3262.44	10901.48	2015 年 11 月 19 日	3617.06	12609.84
2015 年 10 月 15 日	3338.07	11229.38	2015 年 11 月 20 日	3630.50	12702.03
2015 年 10 月 16 日	3391.35	11374.83	2015 年 11 月 23 日	3610.32	12586.69
2015 年 10 月 19 日	3386.70	11391.01	2015 年 11 月 24 日	3616.11	12694.86
2015 年 10 月 20 日	3425.33	11597.08	2015 年 11 月 25 日	3647.93	12893.23
2015 年 10 月 21 日	3320.68	10915.99	2015 年 11 月 26 日	3635.55	12767.50
2015 年 10 月 22 日	3368.74	11305.10	2015 年 11 月 27 日	3436.30	11961.70
2015 年 10 月 23 日	3412.43	11603.46	2015 年 11 月 30 日	3445.41	12037.86
2015 年 10 月 26 日	3429.58	11687.77	2015 年 12 月 1 日	3456.31	12081.17
2015 年 10 月 27 日	3434.34	11758.41	2015 年 12 月 2 日	3536.91	12186.27
2015 年 10 月 28 日	3375.20	11494.35	2015 年 12 月 3 日	3584.82	12447.38

续表

日期	上证综指	深证成指	日期	上证综指	深证成指
2015 年 12 月 4 日	3524.99	12329.18	2016 年 1 月 12 日	3022.86	10293.70
2015 年 12 月 7 日	3536.93	12443.05	2016 年 1 月 13 日	2949.60	9978.82
2015 年 12 月 8 日	3470.07	12164.97	2016 年 1 月 14 日	3007.65	10344.94
2015 年 12 月 9 日	3472.44	12179.83	2016 年 1 月 15 日	2900.97	9997.93
2015 年 12 月 10 日	3455.50	12181.03	2016 年 1 月 18 日	2913.84	10155.96
2015 年 12 月 11 日	3434.58	12134.02	2016 年 1 月 19 日	3007.74	10501.79
2015 年 12 月 14 日	3520.67	12400.59	2016 年 1 月 20 日	2976.69	10366.85
2015 年 12 月 15 日	3510.35	12495.25	2016 年 1 月 21 日	2880.48	9975.97
2015 年 12 月 16 日	3516.19	12511.03	2016 年 1 月 22 日	2916.56	10111.57
2015 年 12 月 17 日	3580.00	12825.48	2016 年 1 月 25 日	2938.51	10192.53
2015 年 12 月 18 日	3578.96	12830.25	2016 年 1 月 26 日	2749.79	9483.55
2015 年 12 月 21 日	3642.47	13028.31	2016 年 1 月 27 日	2735.56	9422.43
2015 年 12 月 22 日	3651.77	13139.13	2016 年 1 月 28 日	2655.66	9082.59
2015 年 12 月 23 日	3636.09	13007.87	2016 年 1 月 29 日	2737.60	9418.20
2015 年 12 月 24 日	3612.49	12932.37	2016 年 2 月 1 日	2688.85	9322.01
2015 年 12 月 25 日	3627.91	12980.57	2016 年 2 月 2 日	2749.57	9610.93
2015 年 12 月 28 日	3533.78	12686.34	2016 年 2 月 3 日	2739.25	9638.87
2015 年 12 月 29 日	3563.74	12806.16	2016 年 2 月 4 日	2781.02	9793.07
2015 年 12 月 30 日	3572.88	12889.83	2016 年 2 月 5 日	2763.49	9673.48
2015 年 12 月 31 日	3539.18	12664.89	2016 年 2 月 15 日	2746.20	9668.85
2016 年 1 月 4 日	3296.26	11626.04	2016 年 2 月 16 日	2836.57	10045.37
2016 年 1 月 5 日	3287.71	11468.06	2016 年 2 月 17 日	2867.34	10161.77
2016 年 1 月 6 日	3361.84	11724.88	2016 年 2 月 18 日	2862.89	10116.40
2016 年 1 月 7 日	3125.00	10760.27	2016 年 2 月 19 日	2860.02	10162.32
2016 年 1 月 8 日	3186.41	10888.91	2016 年 2 月 22 日	2927.18	10370.99
2016 年 1 月 11 日	3016.70	10212.46	2016 年 2 月 23 日	2903.33	10299.67

续表

日期	上证综指	深证成指	日期	上证综指	深证成指
2016 年 2 月 24 日	2928. 90	10307. 63	2016 年 3 月 31 日	3003. 92	10455. 37
2016 年 2 月 25 日	2741. 25	9551. 08	2016 年 4 月 1 日	3009. 53	10379. 65
2016 年 2 月 26 日	2767. 21	9573. 70	2016 年 4 月 5 日	3053. 07	10640. 27
2016 年 2 月 29 日	2687. 98	9097. 36	2016 年 4 月 6 日	3050. 59	10683. 86
2016 年 3 月 1 日	2733. 17	9322. 00	2016 年 4 月 7 日	3008. 42	10504. 88
2016 年 3 月 2 日	2849. 68	9766. 37	2016 年 4 月 8 日	2984. 96	10413. 54
2016 年 3 月 3 日	2859. 76	9762. 01	2016 年 4 月 11 日	3033. 96	10609. 60
2016 年 3 月 4 日	2874. 15	9536. 71	2016 年 4 月 12 日	3023. 65	10533. 41
2016 年 3 月 7 日	2897. 34	9703. 83	2016 年 4 月 13 日	3066. 64	10684. 92
2016 年 3 月 8 日	2901. 39	9732. 73	2016 年 4 月 14 日	3082. 36	10771. 61
2016 年 3 月 9 日	2862. 56	9523. 14	2016 年 4 月 15 日	3078. 12	10733. 64
2016 年 3 月 10 日	2804. 73	9390. 35	2016 年 4 月 18 日	3033. 66	10568. 93
2016 年 3 月 11 日	2810. 31	9363. 41	2016 年 4 月 19 日	3042. 82	10602. 46
2016 年 3 月 14 日	2859. 50	9665. 13	2016 年 4 月 20 日	2972. 58	10164. 74
2016 年 3 月 15 日	2864. 37	9574. 19	2016 年 4 月 21 日	2952. 89	10058. 80
2016 年 3 月 16 日	2870. 43	9469. 03	2016 年 4 月 22 日	2959. 24	10151. 76
2016 年 3 月 17 日	2904. 83	9791. 85	2016 年 4 月 25 日	2946. 67	10106. 79
2016 年 3 月 18 日	2955. 15	10126. 59	2016 年 4 月 26 日	2964. 70	10209. 90
2016 年 3 月 21 日	3018. 80	10394. 14	2016 年 4 月 27 日	2953. 67	10174. 16
2016 年 3 月 22 日	2999. 36	10344. 08	2016 年 4 月 28 日	2945. 59	10149. 91
2016 年 3 月 23 日	3009. 96	10442. 38	2016 年 4 月 29 日	2938. 32	10141. 54
2016 年 3 月 24 日	2960. 97	10283. 68	2016 年 5 月 3 日	2992. 64	10441. 92
2016 年 3 月 25 日	2979. 43	10339. 68	2016 年 5 月 4 日	2991. 27	10422. 80
2016 年 3 月 28 日	2957. 82	10276. 84	2016 年 5 月 5 日	2997. 84	10474. 01
2016 年 3 月 29 日	2919. 83	10094. 71	2016 年 5 月 6 日	2913. 25	10100. 54
2016 年 3 月 30 日	3000. 64	10445. 69	2016 年 5 月 9 日	2832. 11	9790. 48

续表

日期	上证综指	深证成指	日期	上证综指	深证成指
2016 年 5 月 10 日	2832.59	9793.21	2016 年 6 月 17 日	2885.11	10182.53
2016 年 5 月 11 日	2837.04	9781.15	2016 年 6 月 20 日	2888.81	10221.85
2016 年 5 月 12 日	2835.86	9796.58	2016 年 6 月 21 日	2878.56	10131.86
2016 年 5 月 13 日	2827.11	9759.27	2016 年 6 月 22 日	2905.55	10297.98
2016 年 5 月 16 日	2850.86	9910.08	2016 年 6 月 23 日	2891.96	10255.27
2016 年 5 月 17 日	2843.68	9908.79	2016 年 6 月 24 日	2854.29	10147.70
2016 年 5 月 18 日	2807.51	9694.78	2016 年 6 月 27 日	2895.70	10377.57
2016 年 5 月 19 日	2806.91	9733.74	2016 年 6 月 28 日	2912.56	10463.45
2016 年 5 月 20 日	2825.48	9816.75	2016 年 6 月 29 日	2931.59	10460.97
2016 年 5 月 23 日	2843.65	9918.16	2016 年 6 月 30 日	2929.61	10489.99
2016 年 5 月 24 日	2821.67	9821.70	2016 年 7 月 1 日	2932.48	10458.43
2016 年 5 月 25 日	2815.09	9784.60	2016 年 7 月 4 日	2988.60	10609.86
2016 年 5 月 26 日	2822.44	9826.14	2016 年 7 月 5 日	3006.39	10602.77
2016 年 5 月 27 日	2821.05	9813.63	2016 年 7 月 6 日	3017.29	10641.65
2016 年 5 月 30 日	2822.45	9768.84	2016 年 7 月 7 日	3016.85	10620.58
2016 年 5 月 31 日	2916.62	10159.93	2016 年 7 月 8 日	2988.09	10611.80
2016 年 6 月 1 日	2913.51	10209.14	2016 年 7 月 11 日	2994.92	10594.82
2016 年 6 月 2 日	2925.23	10274.03	2016 年 7 月 12 日	3049.38	10757.85
2016 年 6 月 3 日	2938.68	10344.91	2016 年 7 月 13 日	3060.69	10853.56
2016 年 6 月 6 日	2934.10	10363.09	2016 年 7 月 14 日	3054.02	10854.14
2016 年 6 月 7 日	2936.04	10347.84	2016 年 7 月 15 日	3054.30	10823.21
2016 年 6 月 8 日	2927.16	10316.82	2016 年 7 月 18 日	3043.56	10762.00
2016 年 6 月 13 日	2833.07	9862.58	2016 年 7 月 19 日	3036.60	10778.25
2016 年 6 月 14 日	2842.19	9895.15	2016 年 7 月 20 日	3027.90	10759.86
2016 年 6 月 15 日	2887.21	10173.85	2016 年 7 月 21 日	3039.01	10787.21
2016 年 6 月 16 日	2872.82	10115.12	2016 年 7 月 22 日	3012.82	10709.07

续表

日期	上证综指	深证成指	日期	上证综指	深证成指
2016 年 7 月 25 日	3015.83	10718.36	2016 年 8 月 30 日	3074.68	10729.12
2016 年 7 月 26 日	3050.17	10852.21	2016 年 8 月 31 日	3085.49	10757.88
2016 年 7 月 27 日	2992.00	10405.85	2016 年 9 月 1 日	3063.31	10669.51
2016 年 7 月 28 日	2994.32	10396.31	2016 年 9 月 2 日	3067.35	10640.42
2016 年 7 月 29 日	2979.34	10329.44	2016 年 9 月 5 日	3072.10	10695.45
2016 年 8 月 1 日	2953.39	10185.48	2016 年 9 月 6 日	3090.71	10861.50
2016 年 8 月 2 日	2971.28	10250.55	2016 年 9 月 7 日	3091.93	10838.72
2016 年 8 月 3 日	2978.46	10281.25	2016 年 9 月 8 日	3095.95	10851.19
2016 年 8 月 4 日	2982.43	10366.50	2016 年 9 月 9 日	3078.85	10762.79
2016 年 8 月 5 日	2976.70	10342.28	2016 年 9 月 12 日	3021.98	10461.58
2016 年 8 月 8 日	3004.28	10468.88	2016 年 9 月 13 日	3023.51	10514.58
2016 年 8 月 9 日	3025.68	10564.78	2016 年 9 月 14 日	3002.85	10454.24
2016 年 8 月 10 日	3018.75	10511.16	2016 年 9 月 19 日	3026.05	10557.25
2016 年 8 月 11 日	3002.64	10390.96	2016 年 9 月 20 日	3023.00	10544.53
2016 年 8 月 12 日	3050.67	10528.10	2016 年 9 月 21 日	3025.87	10583.40
2016 年 8 月 15 日	3125.20	10822.11	2016 年 9 月 22 日	3042.31	10662.21
2016 年 8 月 16 日	3110.04	10882.95	2016 年 9 月 23 日	3033.90	10609.70
2016 年 8 月 17 日	3109.55	10890.69	2016 年 9 月 26 日	2980.43	10392.70
2016 年 8 月 18 日	3104.11	10879.20	2016 年 9 月 27 日	2998.17	10476.97
2016 年 8 月 19 日	3108.10	10872.71	2016 年 9 月 28 日	2987.86	10467.16
2016 年 8 月 22 日	3084.81	10731.40	2016 年 9 月 29 日	2998.48	10512.25
2016 年 8 月 23 日	3089.71	10750.29	2016 年 9 月 30 日	3004.70	10567.58
2016 年 8 月 24 日	3085.88	10760.44	2016 年 10 月 10 日	3048.14	10741.69
2016 年 8 月 25 日	3068.33	10679.15	2016 年 10 月 11 日	3065.25	10782.31
2016 年 8 月 26 日	3070.31	10693.75	2016 年 10 月 12 日	3058.50	10788.59
2016 年 8 月 29 日	3070.03	10724.40	2016 年 10 月 13 日	3061.35	10787.49

续表

日期	上证综指	深证成指	日期	上证综指	深证成指
2016 年 10 月 14 日	3063.81	10759.68	2016 年 11 月 21 日	3218.15	10899.92
2016 年 10 月 17 日	3041.17	10651.50	2016 年 11 月 22 日	3248.35	10985.60
2016 年 10 月 18 日	3083.88	10797.02	2016 年 11 月 23 日	3241.14	10973.80
2016 年 10 月 19 日	3084.72	10757.92	2016 年 11 月 24 日	3241.74	10967.47
2016 年 10 月 20 日	3084.46	10784.33	2016 年 11 月 25 日	3261.94	11036.53
2016 年 10 月 21 日	3090.94	10748.90	2016 年 11 月 28 日	3277.00	11068.87
2016 年 10 月 24 日	3128.25	10842.64	2016 年 11 月 29 日	3282.92	11034.70
2016 年 10 月 25 日	3131.94	10871.51	2016 年 11 月 30 日	3250.03	11012.19
2016 年 10 月 26 日	3116.31	10817.51	2016 年 12 月 1 日	3273.31	11088.16
2016 年 10 月 27 日	3112.35	10788.97	2016 年 12 月 2 日	3243.84	10912.63
2016 年 10 月 28 日	3104.27	10711.04	2016 年 12 月 5 日	3204.71	10784.33
2016 年 10 月 31 日	3100.49	10704.30	2016 年 12 月 6 日	3199.65	10779.77
2016 年 11 月 1 日	3122.44	10796.14	2016 年 12 月 7 日	3222.24	10855.72
2016 年 11 月 2 日	3102.73	10692.65	2016 年 12 月 8 日	3215.37	10812.30
2016 年 11 月 3 日	3128.94	10743.96	2016 年 12 月 9 日	3232.88	10789.62
2016 年 11 月 4 日	3125.32	10702.57	2016 年 12 月 12 日	3152.97	10302.85
2016 年 11 月 7 日	3133.33	10695.18	2016 年 12 月 13 日	3155.04	10332.28
2016 年 11 月 8 日	3147.89	10763.13	2016 年 12 月 14 日	3140.53	10232.82
2016 年 11 月 9 日	3128.37	10697.11	2016 年 12 月 15 日	3117.68	10256.11
2016 年 11 月 10 日	3171.28	10821.66	2016 年 12 月 16 日	3122.98	10334.76
2016 年 11 月 11 日	3196.04	10878.14	2016 年 12 月 19 日	3118.08	10283.16
2016 年 11 月 14 日	3210.37	10907.53	2016 年 12 月 20 日	3102.88	10245.33
2016 年 11 月 15 日	3206.99	10958.10	2016 年 12 月 21 日	3137.43	10313.57
2016 年 11 月 16 日	3205.06	10968.08	2016 年 12 月 22 日	3139.56	10306.92
2016 年 11 月 17 日	3208.45	10945.42	2016 年 12 月 23 日	3110.15	10199.86
2016 年 11 月 18 日	3192.86	10889.11	2016 年 12 月 26 日	3122.57	10233.42

续表

日期	上证综指	深证成指	日期	上证综指	深证成指
2016 年 12 月 27 日	3114.66	10230.57	2017 年 2 月 9 日	3183.18	10182.73
2016 年 12 月 28 日	3102.24	10187.16	2017 年 2 月 10 日	3196.70	10186.38
2016 年 12 月 29 日	3096.10	10159.45	2017 年 2 月 13 日	3216.84	10270.83
2016 年 12 月 30 日	3103.64	10177.14	2017 年 2 月 14 日	3217.93	10264.92
2017 年 1 月 3 日	3135.92	10262.85	2017 年 2 月 15 日	3212.99	10177.25
2017 年 1 月 4 日	3158.79	10384.87	2017 年 2 月 16 日	3229.62	10253.96
2017 年 1 月 5 日	3165.41	10371.47	2017 年 2 月 17 日	3202.08	10197.92
2017 年 1 月 6 日	3154.32	10289.36	2017 年 2 月 20 日	3239.96	10329.00
2017 年 1 月 9 日	3171.24	10331.79	2017 年 2 月 21 日	3253.33	10405.75
2017 年 1 月 10 日	3161.67	10306.34	2017 年 2 月 22 日	3261.22	10444.38
2017 年 1 月 11 日	3136.75	10215.48	2017 年 2 月 23 日	3251.38	10432.64
2017 年 1 月 12 日	3119.29	10131.23	2017 年 2 月 24 日	3253.43	10443.73
2017 年 1 月 13 日	3112.76	10008.30	2017 年 2 月 27 日	3228.66	10353.55
2017 年 1 月 16 日	3103.43	9712.80	2017 年 2 月 28 日	3241.73	10391.34
2017 年 1 月 17 日	3108.77	9826.79	2017 年 3 月 1 日	3246.93	10418.62
2017 年 1 月 18 日	3113.01	9804.76	2017 年 3 月 2 日	3230.03	10367.31
2017 年 1 月 19 日	3101.30	9768.57	2017 年 3 月 3 日	3218.31	10397.05
2017 年 1 月 20 日	3123.14	9906.14	2017 年 3 月 6 日	3233.87	10522.28
2017 年 1 月 23 日	3136.77	9976.19	2017 年 3 月 7 日	3242.41	10552.14
2017 年 1 月 24 日	3142.55	9941.55	2017 年 3 月 8 日	3240.66	10498.31
2017 年 1 月 25 日	3149.55	9977.96	2017 年 3 月 9 日	3216.75	10421.06
2017 年 1 月 26 日	3159.17	10052.05	2017 年 3 月 10 日	3212.76	10451.01
2017 年 2 月 3 日	3140.17	10004.84	2017 年 3 月 13 日	3237.02	10559.88
2017 年 2 月 6 日	3156.98	10078.73	2017 年 3 月 14 日	3239.33	10531.73
2017 年 2 月 7 日	3153.09	10055.57	2017 年 3 月 15 日	3241.76	10543.01
2017 年 2 月 8 日	3166.98	10130.12	2017 年 3 月 16 日	3268.94	10624.42

续表

日期	上证综指	深证成指	日期	上证综指	深证成指
2017 年 3 月 17 日	3237.45	10515.41	2017 年 4 月 26 日	3140.85	10204.84
2017 年 3 月 20 日	3250.81	10532.33	2017 年 4 月 27 日	3152.19	10229.19
2017 年 3 月 21 日	3261.61	10586.62	2017 年 4 月 28 日	3154.66	10234.65
2017 年 3 月 22 日	3245.22	10553.53	2017 年 5 月 2 日	3143.71	10223.97
2017 年 3 月 23 日	3248.55	10583.04	2017 年 5 月 3 日	3135.35	10184.14
2017 年 3 月 24 日	3269.45	10646.72	2017 年 5 月 4 日	3127.37	10147.44
2017 年 3 月 27 日	3266.96	10581.92	2017 年 5 月 5 日	3103.04	10024.44
2017 年 3 月 28 日	3252.95	10563.29	2017 年 5 月 8 日	3078.61	9833.17
2017 年 3 月 29 日	3241.31	10520.82	2017 年 5 月 9 日	3080.53	9885.34
2017 年 3 月 30 日	3210.24	10348.27	2017 年 5 月 10 日	3052.79	9756.81
2017 年 3 月 31 日	3222.51	10428.72	2017 年 5 月 11 日	3061.50	9776.45
2017 年 4 月 5 日	3270.31	10627.13	2017 年 5 月 12 日	3083.51	9787.99
2017 年 4 月 6 日	3281.00	10656.17	2017 年 5 月 15 日	3090.23	9845.60
2017 年 4 月 7 日	3286.62	10669.48	2017 年 5 月 16 日	3112.96	10046.66
2017 年 4 月 10 日	3269.39	10603.28	2017 年 5 月 17 日	3104.44	10030.11
2017 年 4 月 11 日	3288.97	10655.79	2017 年 5 月 18 日	3090.14	9974.35
2017 年 4 月 12 日	3273.83	10587.31	2017 年 5 月 19 日	3090.63	9970.96
2017 年 4 月 13 日	3275.96	10654.09	2017 年 5 月 22 日	3075.68	9899.65
2017 年 4 月 14 日	3246.07	10519.86	2017 年 5 月 23 日	3061.95	9763.78
2017 年 4 月 17 日	3222.17	10450.86	2017 年 5 月 24 日	3064.08	9812.46
2017 年 4 月 18 日	3196.71	10411.44	2017 年 5 月 25 日	3107.83	9893.78
2017 年 4 月 19 日	3170.69	10348.41	2017 年 5 月 26 日	3110.06	9859.23
2017 年 4 月 20 日	3172.10	10359.09	2017 年 5 月 31 日	3117.18	9864.85
2017 年 4 月 21 日	3173.15	10314.35	2017 年 6 月 1 日	3102.62	9730.33
2017 年 4 月 24 日	3129.53	10091.89	2017 年 6 月 2 日	3105.54	9794.89
2017 年 4 月 25 日	3134.57	10165.22	2017 年 6 月 5 日	3091.66	9842.60

续表

日期	上证综指	深证成指	日期	上证综指	深证成指
2017 年 6 月 6 日	3102.13	9915.92	2017 年 7 月 12 日	3197.54	10453.19
2017 年 6 月 7 日	3140.32	10109.88	2017 年 7 月 13 日	3218.16	10466.10
2017 年 6 月 8 日	3150.33	10148.72	2017 年 7 月 14 日	3222.42	10427.79
2017 年 6 月 9 日	3158.40	10177.45	2017 年 7 月 17 日	3176.46	10055.80
2017 年 6 月 12 日	3139.88	10119.99	2017 年 7 月 18 日	3187.57	10103.76
2017 年 6 月 13 日	3153.74	10224.82	2017 年 7 月 19 日	3230.98	10295.57
2017 年 6 月 14 日	3130.67	10151.53	2017 年 7 月 20 日	3244.86	10366.98
2017 年 6 月 15 日	3132.49	10221.69	2017 年 7 月 21 日	3237.98	10364.82
2017 年 6 月 16 日	3123.17	10191.24	2017 年 7 月 24 日	3250.60	10404.22
2017 年 6 月 19 日	3144.37	10262.80	2017 年 7 月 25 日	3243.69	10353.21
2017 年 6 月 20 日	3140.01	10288.53	2017 年 7 月 26 日	3247.67	10297.34
2017 年 6 月 21 日	3156.21	10367.17	2017 年 7 月 27 日	3249.78	10395.19
2017 年 6 月 22 日	3147.45	10265.20	2017 年 7 月 28 日	3253.24	10437.94
2017 年 6 月 23 日	3157.87	10366.78	2017 年 7 月 31 日	3273.03	10505.04
2017 年 6 月 26 日	3185.44	10537.59	2017 年 8 月 1 日	3292.64	10525.35
2017 年 6 月 27 日	3191.20	10535.36	2017 年 8 月 2 日	3285.06	10469.34
2017 年 6 月 28 日	3173.20	10451.57	2017 年 8 月 3 日	3272.93	10436.17
2017 年 6 月 29 日	3188.06	10511.86	2017 年 8 月 4 日	3262.08	10361.23
2017 年 6 月 30 日	3192.43	10529.61	2017 年 8 月 7 日	3279.46	10451.08
2017 年 7 月 3 日	3195.91	10535.05	2017 年 8 月 8 日	3281.87	10496.25
2017 年 7 月 4 日	3182.80	10474.83	2017 年 8 月 9 日	3275.57	10544.59
2017 年 7 月 5 日	3207.13	10561.09	2017 年 8 月 10 日	3261.75	10480.64
2017 年 7 月 6 日	3212.44	10562.06	2017 年 8 月 11 日	3208.54	10291.35
2017 年 7 月 7 日	3217.96	10563.72	2017 年 8 月 14 日	3237.36	10519.80
2017 年 7 月 10 日	3212.63	10505.60	2017 年 8 月 15 日	3251.26	10559.78
2017 年 7 月 11 日	3203.04	10467.71	2017 年 8 月 16 日	3246.45	10600.78

续表

日期	上证综指	深证成指	日期	上证综指	深证成指
2017 年 8 月 17 日	3268.43	10653.73	2017 年 9 月 22 日	3352.53	11069.82
2017 年 8 月 18 日	3268.72	10614.08	2017 年 9 月 25 日	3341.55	10930.67
2017 年 8 月 21 日	3286.91	10689.77	2017 年 9 月 26 日	3343.58	10950.77
2017 年 8 月 22 日	3290.23	10653.98	2017 年 9 月 27 日	3345.27	11036.78
2017 年 8 月 23 日	3287.70	10619.34	2017 年 9 月 28 日	3339.64	11031.42
2017 年 8 月 24 日	3271.51	10552.96	2017 年 9 月 29 日	3348.94	11087.19
2017 年 8 月 25 日	3331.52	10659.01	2017 年 10 月 9 日	3374.38	11264.27
2017 年 8 月 28 日	3352.65	10809.74	2017 年 10 月 10 日	3382.99	11329.51
2017 年 8 月 29 日	3365.23	10762.37	2017 年 10 月 11 日	3388.28	11312.50
2017 年 8 月 30 日	3363.63	10813.93	2017 年 10 月 12 日	3386.10	11307.32
2017 年 8 月 31 日	3360.81	10816.64	2017 年 10 月 13 日	3390.52	11399.09
2017 年 9 月 1 日	3367.12	10880.56	2017 年 10 月 16 日	3378.47	11271.20
2017 年 9 月 4 日	3379.58	10962.85	2017 年 10 月 17 日	3372.04	11275.34
2017 年 9 月 5 日	3384.32	10986.95	2017 年 10 月 18 日	3381.79	11282.75
2017 年 9 月 6 日	3385.39	11024.59	2017 年 10 月 19 日	3370.17	11189.55
2017 年 9 月 7 日	3365.50	10969.13	2017 年 10 月 20 日	3378.65	11238.88
2017 年 9 月 8 日	3365.24	10970.77	2017 年 10 月 23 日	3380.70	11306.31
2017 年 9 月 11 日	3376.42	11053.73	2017 年 10 月 24 日	3388.25	11339.13
2017 年 9 月 12 日	3379.49	11043.61	2017 年 10 月 25 日	3396.90	11437.21
2017 年 9 月 13 日	3384.15	11091.49	2017 年 10 月 26 日	3407.57	11461.28
2017 年 9 月 14 日	3371.43	11070.49	2017 年 10 月 27 日	3416.81	11444.52
2017 年 9 月 15 日	3353.62	11063.10	2017 年 10 月 30 日	3390.34	11312.61
2017 年 9 月 18 日	3362.86	11153.53	2017 年 10 月 31 日	3393.34	11367.62
2017 年 9 月 19 日	3356.84	11083.90	2017 年 11 月 1 日	3395.91	11350.32
2017 年 9 月 20 日	3366.00	11191.13	2017 年 11 月 2 日	3383.31	11292.42
2017 年 9 月 21 日	3357.81	11098.34	2017 年 11 月 3 日	3371.74	11215.19

续表

日期	上证综指	深证成指	日期	上证综指	深证成指
2017 年 11 月 6 日	3388. 17	11373. 74	2017 年 12 月 12 日	3280. 81	11043. 21
2017 年 11 月 7 日	3413. 57	11467. 97	2017 年 12 月 13 日	3303. 04	11143. 89
2017 年 11 月 8 日	3415. 46	11447. 40	2017 年 12 月 14 日	3292. 44	11110. 18
2017 年 11 月 9 日	3427. 79	11553. 24	2017 年 12 月 15 日	3266. 14	10998. 12
2017 年 11 月 10 日	3432. 67	11645. 05	2017 年 12 月 18 日	3267. 92	10960. 12
2017 年 11 月 13 日	3447. 84	11695. 00	2017 年 12 月 19 日	3296. 54	11074. 99
2017 年 11 月 14 日	3429. 55	11582. 92	2017 年 12 月 20 日	3287. 61	11003. 33
2017 年 11 月 15 日	3402. 52	11462. 11	2017 年 12 月 21 日	3300. 06	11118. 25
2017 年 11 月 16 日	3399. 25	11537. 96	2017 年 12 月 22 日	3297. 06	11094. 16
2017 年 11 月 17 日	3382. 91	11292. 93	2017 年 12 月 25 日	3280. 46	11005. 50
2017 年 11 月 20 日	3392. 40	11437. 55	2017 年 12 月 26 日	3306. 12	11021. 83
2017 年 11 月 21 日	3410. 50	11602. 10	2017 年 12 月 27 日	3275. 78	10911. 21
2017 年 11 月 22 日	3430. 46	11560. 80	2017 年 12 月 28 日	3296. 38	10974. 01
2017 年 11 月 23 日	3351. 92	11175. 47	2017 年 12 月 29 日	3307. 17	11040. 45
2017 年 11 月 24 日	3353. 82	11168. 39	2018 年 1 月 2 日	3348. 33	11178. 05
2017 年 11 月 27 日	3322. 23	10954. 18	2018 年 1 月 3 日	3369. 11	11280. 30
2017 年 11 月 28 日	3333. 66	11091. 14	2018 年 1 月 4 日	3385. 71	11341. 35
2017 年 11 月 29 日	3337. 86	11082. 13	2018 年 1 月 5 日	3391. 75	11342. 85
2017 年 11 月 30 日	3317. 19	10944. 10	2018 年 1 月 8 日	3409. 48	11382. 72
2017 年 12 月 1 日	3317. 62	11013. 15	2018 年 1 月 9 日	3413. 90	11447. 09
2017 年 12 月 4 日	3309. 62	11014. 55	2018 年 1 月 10 日	3421. 83	11437. 08
2017 年 12 月 5 日	3303. 68	10854. 76	2018 年 1 月 11 日	3425. 34	11464. 20
2017 年 12 月 6 日	3293. 96	10911. 33	2018 年 1 月 12 日	3428. 94	11461. 99
2017 年 12 月 7 日	3272. 05	10801. 25	2018 年 1 月 15 日	3410. 49	11307. 46
2017 年 12 月 8 日	3289. 99	10935. 06	2018 年 1 月 16 日	3436. 59	11386. 91
2017 年 12 月 11 日	3322. 20	11143. 26	2018 年 1 月 17 日	3444. 67	11303. 97

续表

日期	上证综指	深证成指	日期	上证综指	深证成指
2018 年 1 月 18 日	3474.75	11319.91	2018 年 3 月 2 日	3254.53	10856.25
2018 年 1 月 19 日	3487.86	11296.27	2018 年 3 月 5 日	3256.93	10875.68
2018 年 1 月 22 日	3501.36	11513.08	2018 年 3 月 6 日	3289.64	11007.95
2018 年 1 月 23 日	3546.50	11555.25	2018 年 3 月 7 日	3271.67	10904.99
2018 年 1 月 24 日	3559.47	11607.57	2018 年 3 月 8 日	3288.41	11019.08
2018 年 1 月 25 日	3548.31	11552.56	2018 年 3 月 9 日	3307.17	11194.91
2018 年 1 月 26 日	3558.13	11557.82	2018 年 3 月 12 日	3326.70	11326.27
2018 年 1 月 29 日	3523.00	11352.72	2018 年 3 月 13 日	3310.24	11241.41
2018 年 1 月 30 日	3488.01	11278.78	2018 年 3 月 14 日	3291.38	11139.63
2018 年 1 月 31 日	3480.83	11159.68	2018 年 3 月 15 日	3291.11	11163.65
2018 年 2 月 1 日	3446.98	10864.34	2018 年 3 月 16 日	3269.88	11051.12
2018 年 2 月 2 日	3462.08	10925.16	2018 年 3 月 19 日	3279.25	11068.49
2018 年 2 月 5 日	3487.50	10836.25	2018 年 3 月 20 日	3290.64	11077.80
2018 年 2 月 6 日	3370.65	10377.61	2018 年 3 月 21 日	3280.95	10980.55
2018 年 2 月 7 日	3309.26	10246.97	2018 年 3 月 22 日	3263.48	10877.25
2018 年 2 月 8 日	3262.05	10372.59	2018 年 3 月 23 日	3152.76	10439.99
2018 年 2 月 9 日	3129.85	10001.23	2018 年 3 月 26 日	3133.72	10564.38
2018 年 2 月 12 日	3154.13	10291.88	2018 年 3 月 27 日	3166.65	10775.71
2018 年 2 月 13 日	3184.96	10362.43	2018 年 3 月 28 日	3122.29	10630.69
2018 年 2 月 14 日	3199.16	10431.91	2018 年 3 月 29 日	3160.53	10755.92
2018 年 2 月 22 日	3268.56	10658.94	2018 年 3 月 30 日	3168.90	10868.65
2018 年 2 月 23 日	3289.02	10662.79	2018 年 4 月 2 日	3163.18	10852.95
2018 年 2 月 26 日	3329.57	10895.56	2018 年 4 月 3 日	3136.63	10754.29
2018 年 2 月 27 日	3292.07	10807.53	2018 年 4 月 4 日	3131.11	10684.56
2018 年 2 月 28 日	3259.41	10828.73	2018 年 4 月 9 日	3138.29	10653.38
2018 年 3 月 1 日	3273.75	10943.13	2018 年 4 月 10 日	3190.32	10765.62

续表

日期	上证综指	深证成指	日期	上证综指	深证成指
2018 年 4 月 11 日	3208.08	10808.37	2018 年 5 月 21 日	3213.84	10765.35
2018 年 4 月 12 日	3180.16	10726.95	2018 年 5 月 22 日	3214.35	10765.81
2018 年 4 月 13 日	3159.05	10687.02	2018 年 5 月 23 日	3168.96	10631.12
2018 年 4 月 16 日	3110.65	10621.79	2018 年 5 月 24 日	3154.65	10564.13
2018 年 4 月 17 日	3066.80	10395.16	2018 年 5 月 25 日	3141.30	10448.22
2018 年 4 月 18 日	3091.40	10491.15	2018 年 5 月 28 日	3135.08	10465.54
2018 年 4 月 19 日	3117.38	10598.35	2018 年 5 月 29 日	3120.46	10349.07
2018 年 4 月 20 日	3071.54	10408.91	2018 年 5 月 30 日	3041.44	10105.79
2018 年 4 月 23 日	3068.01	10330.63	2018 年 5 月 31 日	3095.47	10295.73
2018 年 4 月 24 日	3128.93	10556.82	2018 年 6 月 1 日	3075.14	10169.35
2018 年 4 月 25 日	3117.97	10547.10	2018 年 6 月 4 日	3091.19	10204.32
2018 年 4 月 26 日	3075.03	10292.12	2018 年 6 月 5 日	3114.21	10385.61
2018 年 4 月 27 日	3082.23	10324.47	2018 年 6 月 6 日	3115.18	10365.13
2018 年 5 月 2 日	3081.18	10342.85	2018 年 6 月 7 日	3109.50	10313.85
2018 年 5 月 3 日	3100.86	10458.62	2018 年 6 月 8 日	3067.15	10205.52
2018 年 5 月 4 日	3091.03	10426.19	2018 年 6 月 11 日	3052.78	10175.35
2018 年 5 月 7 日	3136.64	10626.51	2018 年 6 月 12 日	3079.80	10315.28
2018 年 5 月 8 日	3161.50	10707.80	2018 年 6 月 13 日	3049.80	10161.65
2018 年 5 月 9 日	3159.15	10689.07	2018 年 6 月 14 日	3044.16	10084.18
2018 年 5 月 10 日	3174.41	10729.77	2018 年 6 月 15 日	3021.90	9943.13
2018 年 5 月 11 日	3163.26	10634.30	2018 年 6 月 19 日	2907.82	9414.76
2018 年 5 月 14 日	3174.03	10671.46	2018 年 6 月 20 日	2915.73	9501.34
2018 年 5 月 15 日	3192.12	10747.99	2018 年 6 月 21 日	2875.81	9316.68
2018 年 5 月 16 日	3169.57	10701.32	2018 年 6 月 22 日	2889.76	9409.95
2018 年 5 月 17 日	3154.28	10635.50	2018 年 6 月 25 日	2859.34	9324.83
2018 年 5 月 18 日	3193.30	10672.52	2018 年 6 月 26 日	2844.51	9339.37

续表

日期	上证综指	深证成指	日期	上证综指	深证成指
2018 年 6 月 27 日	2813.18	9168.66	2018 年 8 月 2 日	2768.02	8780.56
2018 年 6 月 28 日	2786.90	9071.73	2018 年 8 月 3 日	2740.44	8602.12
2018 年 6 月 29 日	2847.42	9379.47	2018 年 8 月 6 日	2705.16	8422.84
2018 年 7 月 2 日	2775.56	9179.80	2018 年 8 月 7 日	2779.37	8674.03
2018 年 7 月 3 日	2736.89	9221.54	2018 年 8 月 8 日	2744.07	8499.22
2018 年 7 月 4 日	2759.13	9035.49	2018 年 8 月 9 日	2794.38	8752.20
2018 年 7 月 5 日	2733.88	8862.18	2018 年 8 月 10 日	2795.31	8813.49
2018 年 7 月 6 日	2747.23	8911.34	2018 年 8 月 13 日	2785.87	8844.86
2018 年 7 月 9 日	2815.11	9160.62	2018 年 8 月 14 日	2780.96	8784.90
2018 年 7 月 10 日	2827.63	9205.43	2018 年 8 月 15 日	2723.26	8581.18
2018 年 7 月 11 日	2777.77	9023.82	2018 年 8 月 16 日	2705.19	8500.42
2018 年 7 月 12 日	2837.66	9273.61	2018 年 8 月 17 日	2668.97	8357.04
2018 年 7 月 13 日	2831.18	9326.97	2018 年 8 月 20 日	2698.47	8414.15
2018 年 7 月 16 日	2814.04	9317.36	2018 年 8 月 21 日	2733.83	8549.06
2018 年 7 月 17 日	2798.13	9285.16	2018 年 8 月 22 日	2714.61	8454.75
2018 年 7 月 18 日	2787.26	9195.24	2018 年 8 月 23 日	2724.62	8501.39
2018 年 7 月 19 日	2772.55	9148.78	2018 年 8 月 24 日	2729.43	8484.74
2018 年 7 月 20 日	2829.27	9251.48	2018 年 8 月 27 日	2780.90	8728.56
2018 年 7 月 23 日	2859.54	9314.30	2018 年 8 月 28 日	2777.98	8733.75
2018 年 7 月 24 日	2905.56	9465.80	2018 年 8 月 29 日	2769.29	8678.26
2018 年 7 月 25 日	2903.65	9463.76	2018 年 8 月 30 日	2737.74	8552.80
2018 年 7 月 26 日	2882.23	9352.25	2018 年 8 月 31 日	2725.25	8465.47
2018 年 7 月 27 日	2873.59	9295.93	2018 年 9 月 3 日	2720.73	8455.55
2018 年 7 月 30 日	2869.05	9181.94	2018 年 9 月 4 日	2750.58	8554.44
2018 年 7 月 31 日	2876.40	9178.78	2018 年 9 月 5 日	2704.34	8402.51
2018 年 8 月 1 日	2824.53	9005.37	2018 年 9 月 6 日	2691.59	8324.16

续表

日期	上证综指	深证成指	日期	上证综指	深证成指
2018 年 9 月 7 日	2702. 30	8322. 36	2018 年 10 月 23 日	2594. 83	7574. 99
2018 年 9 月 10 日	2669. 48	8158. 49	2018 年 10 月 24 日	2603. 30	7545. 11
2018 年 9 月 11 日	2664. 80	8168. 10	2018 年 10 月 25 日	2603. 80	7529. 41
2018 年 9 月 12 日	2656. 11	8111. 16	2018 年 10 月 26 日	2598. 85	7504. 72
2018 年 9 月 13 日	2686. 58	8163. 76	2018 年 10 月 29 日	2542. 10	7322. 24
2018 年 9 月 14 日	2681. 64	8113. 88	2018 年 10 月 30 日	2568. 05	7375. 23
2018 年 9 月 17 日	2651. 79	7999. 35	2018 年 10 月 31 日	2602. 78	7482. 83
2018 年 9 月 18 日	2699. 95	8133. 22	2018 年 11 月 1 日	2606. 24	7567. 79
2018 年 9 月 19 日	2730. 85	8248. 12	2018 年 11 月 2 日	2676. 48	7867. 54
2018 年 9 月 20 日	2729. 24	8233. 89	2018 年 11 月 5 日	2665. 43	7839. 08
2018 年 9 月 21 日	2797. 48	8409. 18	2018 年 11 月 6 日	2659. 36	7791. 25
2018 年 9 月 25 日	2781. 14	8353. 38	2018 年 11 月 7 日	2641. 34	7752. 04
2018 年 9 月 26 日	2806. 81	8420. 54	2018 年 11 月 8 日	2635. 63	7698. 02
2018 年 9 月 27 日	2791. 77	8334. 75	2018 年 11 月 9 日	2598. 87	7648. 55
2018 年 9 月 28 日	2821. 35	8401. 09	2018 年 11 月 12 日	2630. 52	7832. 29
2018 年 10 月 8 日	2716. 51	8060. 83	2018 年 11 月 13 日	2654. 88	7963. 66
2018 年 10 月 9 日	2721. 01	8046. 39	2018 年 11 月 14 日	2632. 24	7908. 55
2018 年 10 月 10 日	2725. 84	8010. 69	2018 年 11 月 15 日	2668. 17	8002. 10
2018 年 10 月 11 日	2583. 46	7524. 09	2018 年 11 月 16 日	2679. 11	8062. 29
2018 年 10 月 12 日	2606. 91	7558. 28	2018 年 11 月 19 日	2703. 51	8108. 85
2018 年 10 月 15 日	2568. 10	7444. 48	2018 年 11 月 20 日	2645. 85	7879. 52
2018 年 10 月 16 日	2546. 33	7298. 98	2018 年 11 月 21 日	2651. 51	7908. 47
2018 年 10 月 17 日	2561. 61	7365. 21	2018 年 11 月 22 日	2645. 43	7893. 99
2018 年 10 月 18 日	2486. 42	7187. 49	2018 年 11 月 23 日	2579. 48	7636. 70
2018 年 10 月 19 日	2550. 47	7387. 74	2018 年 11 月 26 日	2575. 81	7615. 91
2018 年 10 月 22 日	2654. 88	7748. 82	2018 年 11 月 27 日	2574. 68	7635. 16

续表

日期	上证综指	深证成指	日期	上证综指	深证成指
2018 年 11 月 28 日	2601.74	7757.07	2019 年 1 月 7 日	2533.09	7400.20
2018 年 11 月 29 日	2567.44	7597.01	2019 年 1 月 8 日	2526.46	7391.65
2018 年 11 月 30 日	2588.19	7681.75	2019 年 1 月 9 日	2544.34	7447.93
2018 年 12 月 3 日	2654.80	7938.47	2019 年 1 月 10 日	2535.10	7428.61
2018 年 12 月 4 日	2665.96	7953.72	2019 年 1 月 11 日	2553.83	7474.01
2018 年 12 月 5 日	2649.81	7928.51	2019 年 1 月 14 日	2535.77	7409.20
2018 年 12 月 6 日	2605.18	7735.05	2019 年 1 月 15 日	2570.34	7547.35
2018 年 12 月 7 日	2605.89	7733.89	2019 年 1 月 16 日	2570.42	7540.45
2018 年 12 月 10 日	2584.58	7624.86	2019 年 1 月 17 日	2559.64	7470.36
2018 年 12 月 11 日	2594.09	7685.40	2019 年 1 月 18 日	2596.01	7581.39
2018 年 12 月 12 日	2602.15	7698.02	2019 年 1 月 21 日	2610.51	7626.24
2018 年 12 月 13 日	2634.05	7808.04	2019 年 1 月 22 日	2579.70	7516.79
2018 年 12 月 14 日	2593.74	7629.65	2019 年 1 月 23 日	2581.00	7523.77
2018 年 12 月 17 日	2597.97	7592.65	2019 年 1 月 24 日	2591.69	7573.52
2018 年 12 月 18 日	2576.65	7530.32	2019 年 1 月 25 日	2601.72	7595.45
2018 年 12 月 19 日	2549.56	7418.69	2019 年 1 月 28 日	2596.98	7589.58
2018 年 12 月 20 日	2536.27	7426.44	2019 年 1 月 29 日	2594.25	7551.30
2018 年 12 月 21 日	2516.25	7337.60	2019 年 1 月 30 日	2575.58	7470.47
2018 年 12 月 24 日	2527.01	7392.56	2019 年 1 月 31 日	2584.57	7479.22
2018 年 12 月 25 日	2504.82	7332.35	2019 年 2 月 1 日	2618.23	7684.00
2018 年 12 月 26 日	2498.29	7289.55	2019 年 2 月 11 日	2653.90	7919.05
2018 年 12 月 27 日	2483.09	7215.34	2019 年 2 月 12 日	2671.89	8010.07
2018 年 12 月 28 日	2493.90	7239.79	2019 年 2 月 13 日	2721.07	8171.21
2019 年 1 月 2 日	2465.29	7149.27	2019 年 2 月 14 日	2719.70	8219.96
2019 年 1 月 3 日	2464.36	7089.44	2019 年 2 月 15 日	2682.39	8125.63
2019 年 1 月 4 日	2514.87	7284.84	2019 年 2 月 18 日	2754.36	8446.92

续表

日期	上证综指	深证成指	日期	上证综指	深证成指
2019年2月19日	2755.65	8440.87	2019年3月27日	3022.72	9609.44
2019年2月20日	2761.22	8473.43	2019年3月28日	2994.94	9546.51
2019年2月21日	2751.80	8451.71	2019年3月29日	3090.76	9906.86
2019年2月22日	2804.23	8651.20	2019年4月1日	3170.36	10267.70
2019年2月25日	2961.28	9134.58	2019年4月2日	3176.82	10260.36
2019年2月26日	2941.52	9089.04	2019年4月3日	3216.30	10340.51
2019年2月27日	2953.82	9005.77	2019年4月4日	3246.57	10415.80
2019年2月28日	2940.95	9031.93	2019年4月8日	3244.81	10351.87
2019年3月1日	2994.01	9167.65	2019年4月9日	3239.66	10436.62
2019年3月4日	3027.58	9384.42	2019年4月10日	3241.93	10435.08
2019年3月5日	3054.25	9595.74	2019年4月11日	3189.96	10158.40
2019年3月6日	3102.10	9700.49	2019年4月12日	3188.63	10132.34
2019年3月7日	3106.42	9678.11	2019年4月15日	3177.79	10053.76
2019年3月8日	2969.86	9363.72	2019年4月16日	3253.60	10287.64
2019年3月11日	3026.99	9704.33	2019年4月17日	3263.12	10344.43
2019年3月12日	3060.31	9841.24	2019年4月18日	3250.20	10287.67
2019年3月13日	3026.95	9592.06	2019年4月19日	3270.80	10418.24
2019年3月14日	2990.69	9417.93	2019年4月22日	3215.04	10224.31
2019年3月15日	3021.75	9550.54	2019年4月23日	3198.59	10124.66
2019年3月18日	3096.42	9843.43	2019年4月24日	3201.61	10236.27
2019年3月19日	3090.98	9839.74	2019年4月25日	3123.83	9907.62
2019年3月20日	3090.64	9800.60	2019年4月26日	3086.40	9780.82
2019年3月21日	3101.46	9869.80	2019年4月29日	3062.50	9622.49
2019年3月22日	3104.15	9879.22	2019年4月30日	3078.34	9674.53
2019年3月25日	3043.03	9701.70	2019年5月6日	2906.46	8943.52
2019年3月26日	2997.10	9513.00	2019年5月7日	2926.39	9089.46

续表

日期	上证综指	深证成指	日期	上证综指	深证成指
2019 年 5 月 8 日	2893.76	9002.53	2019 年 6 月 14 日	2881.97	8810.13
2019 年 5 月 9 日	2850.95	8877.31	2019 年 6 月 17 日	2887.62	8780.87
2019 年 5 月 10 日	2939.21	9235.39	2019 年 6 月 18 日	2890.16	8804.32
2019 年 5 月 13 日	2903.71	9103.36	2019 年 6 月 19 日	2917.80	8925.73
2019 年 5 月 14 日	2883.61	9038.36	2019 年 6 月 20 日	2987.12	9134.96
2019 年 5 月 15 日	2938.68	9259.03	2019 年 6 月 21 日	3001.98	9214.27
2019 年 5 月 16 日	2955.71	9293.32	2019 年 6 月 24 日	3008.15	9212.12
2019 年 5 月 17 日	2882.30	9000.19	2019 年 6 月 25 日	2982.07	9118.10
2019 年 5 月 20 日	2870.60	8916.11	2019 年 6 月 26 日	2976.28	9122.43
2019 年 5 月 21 日	2905.97	9087.52	2019 年 6 月 27 日	2996.79	9239.48
2019 年 5 月 22 日	2891.70	9041.22	2019 年 6 月 28 日	2978.88	9178.31
2019 年 5 月 23 日	2852.52	8809.53	2019 年 7 月 1 日	3044.90	9530.46
2019 年 5 月 24 日	2852.99	8776.77	2019 年 7 月 2 日	3043.94	9545.52
2019 年 5 月 27 日	2892.38	8979.83	2019 年 7 月 3 日	3015.26	9419.84
2019 年 5 月 28 日	2909.91	9035.69	2019 年 7 月 4 日	3005.25	9368.30
2019 年 5 月 29 日	2914.70	9010.36	2019 年 7 月 5 日	3011.06	9443.22
2019 年 5 月 30 日	2905.81	8943.35	2019 年 7 月 8 日	2933.36	9186.29
2019 年 5 月 31 日	2898.70	8922.69	2019 年 7 月 9 日	2928.23	9198.79
2019 年 6 月 3 日	2890.08	8856.99	2019 年 7 月 10 日	2915.30	9166.15
2019 年 6 月 4 日	2862.28	8748.27	2019 年 7 月 11 日	2917.76	9152.77
2019 年 6 月 5 日	2861.42	8746.05	2019 年 7 月 12 日	2930.55	9213.38
2019 年 6 月 6 日	2827.80	8584.94	2019 年 7 月 15 日	2942.19	9309.42
2019 年 6 月 10 日	2852.13	8711.79	2019 年 7 月 16 日	2937.62	9283.41
2019 年 6 月 11 日	2925.72	9037.67	2019 年 7 月 17 日	2931.69	9302.00
2019 年 6 月 12 日	2909.38	8954.72	2019 年 7 月 18 日	2901.18	9154.65
2019 年 6 月 13 日	2910.74	8951.61	2019 年 7 月 19 日	2924.20	9228.55

续表

日期	上证综指	深证成指	日期	上证综指	深证成指
2019 年 7 月 22 日	2886.97	9122.64	2019 年 8 月 27 日	2902.19	9443.18
2019 年 7 月 23 日	2899.94	9175.83	2019 年 8 月 28 日	2893.76	9414.00
2019 年 7 月 24 日	2923.28	9266.30	2019 年 8 月 29 日	2890.92	9398.47
2019 年 7 月 25 日	2937.36	9344.82	2019 年 8 月 30 日	2886.24	9365.68
2019 年 7 月 26 日	2944.54	9349.00	2019 年 9 月 2 日	2924.11	9569.47
2019 年 7 月 29 日	2941.01	9354.28	2019 年 9 月 3 日	2930.15	9633.69
2019 年 7 月 30 日	2952.34	9399.10	2019 年 9 月 4 日	2957.41	9700.32
2019 年 7 月 31 日	2932.51	9326.61	2019 年 9 月 5 日	2985.86	9783.50
2019 年 8 月 1 日	2908.77	9268.05	2019 年 9 月 6 日	2999.60	9823.42
2019 年 8 月 2 日	2867.84	9136.46	2019 年 9 月 9 日	3024.74	10001.93
2019 年 8 月 5 日	2821.50	8984.73	2019 年 9 月 10 日	3021.20	9964.93
2019 年 8 月 6 日	2777.56	8859.47	2019 年 9 月 11 日	3008.81	9853.72
2019 年 8 月 7 日	2768.68	8814.74	2019 年 9 月 12 日	3031.24	9919.80
2019 年 8 月 8 日	2794.55	8919.28	2019 年 9 月 16 日	3030.75	9918.09
2019 年 8 月 9 日	2774.75	8795.18	2019 年 9 月 17 日	2978.12	9722.80
2019 年 8 月 12 日	2814.99	8978.52	2019 年 9 月 18 日	2985.66	9753.31
2019 年 8 月 13 日	2797.26	8902.63	2019 年 9 月 19 日	2999.28	9852.20
2019 年 8 月 14 日	2808.91	8966.47	2019 年 9 月 20 日	3006.45	9881.25
2019 年 8 月 15 日	2815.80	9009.68	2019 年 9 月 23 日	2977.08	9781.14
2019 年 8 月 16 日	2823.82	9060.92	2019 年 9 月 24 日	2985.34	9811.38
2019 年 8 月 19 日	2883.10	9328.97	2019 年 9 月 25 日	2955.43	9671.06
2019 年 8 月 20 日	2880.00	9328.73	2019 年 9 月 26 日	2929.09	9464.84
2019 年 8 月 21 日	2880.33	9322.75	2019 年 9 月 27 日	2932.17	9548.96
2019 年 8 月 22 日	2883.44	9350.56	2019 年 9 月 30 日	2905.19	9446.24
2019 年 8 月 23 日	2897.43	9362.55	2019 年 10 月 8 日	2913.57	9474.75
2019 年 8 月 26 日	2863.57	9270.39	2019 年 10 月 9 日	2924.86	9506.56

续表

日期	上证综指	深证成指	日期	上证综指	深证成指
2019 年 10 月 10 日	2947.71	9638.10	2019 年 11 月 15 日	2891.34	9647.99
2019 年 10 月 11 日	2973.66	9666.58	2019 年 11 月 18 日	2909.20	9715.27
2019 年 10 月 14 日	3007.88	9786.64	2019 年 11 月 19 日	2933.99	9889.75
2019 年 10 月 15 日	2991.05	9671.73	2019 年 11 月 20 日	2911.05	9809.05
2019 年 10 月 16 日	2978.71	9642.06	2019 年 11 月 21 日	2903.64	9774.44
2019 年 10 月 17 日	2977.33	9645.39	2019 年 11 月 22 日	2885.29	9626.90
2019 年 10 月 18 日	2938.14	9533.51	2019 年 11 月 25 日	2906.17	9626.36
2019 年 10 月 21 日	2939.62	9553.57	2019 年 11 月 26 日	2907.06	9677.23
2019 年 10 月 22 日	2954.38	9642.09	2019 年 11 月 27 日	2903.19	9648.39
2019 年 10 月 23 日	2941.62	9567.75	2019 年 11 月 28 日	2889.69	9622.14
2019 年 10 月 24 日	2940.92	9555.76	2019 年 11 月 29 日	2871.98	9582.16
2019 年 10 月 25 日	2954.93	9660.44	2019 年 12 月 2 日	2875.81	9605.19
2019 年 10 月 28 日	2980.05	9801.87	2019 年 12 月 3 日	2884.70	9657.65
2019 年 10 月 29 日	2954.18	9746.03	2019 年 12 月 4 日	2878.12	9687.95
2019 年 10 月 30 日	2939.32	9681.54	2019 年 12 月 5 日	2899.47	9799.07
2019 年 10 月 31 日	2929.06	9635.33	2019 年 12 月 6 日	2912.01	9878.62
2019 年 11 月 1 日	2958.20	9802.33	2019 年 12 月 9 日	2914.48	9876.27
2019 年 11 月 4 日	2975.49	9868.13	2019 年 12 月 10 日	2917.32	9915.87
2019 年 11 月 5 日	2991.56	9938.61	2019 年 12 月 11 日	2924.42	9852.71
2019 年 11 月 6 日	2978.60	9860.97	2019 年 12 月 12 日	2915.70	9836.23
2019 年 11 月 7 日	2978.71	9917.49	2019 年 12 月 13 日	2967.68	10004.62
2019 年 11 月 8 日	2964.18	9895.34	2019 年 12 月 16 日	2984.39	10158.24
2019 年 11 月 11 日	2909.97	9680.57	2019 年 12 月 17 日	3022.42	10306.03
2019 年 11 月 12 日	2914.82	9670.14	2019 年 12 月 18 日	3017.04	10294.66
2019 年 11 月 13 日	2905.24	9687.85	2019 年 12 月 19 日	3017.07	10296.29
2019 年 11 月 14 日	2909.87	9746.56	2019 年 12 月 20 日	3004.94	10229.49

续表

日期	上证综指	深证成指	日期	上证综指	深证成指
2019 年 12 月 23 日	2962. 75	10056. 21	2020 年 2 月 6 日	2866. 51	10601. 34
2019 年 12 月 24 日	2982. 68	10189. 29	2020 年 2 月 7 日	2875. 96	10611. 55
2019 年 12 月 25 日	2981. 88	10229. 58	2020 年 2 月 10 日	2890. 49	10728. 46
2019 年 12 月 26 日	3007. 35	10303. 72	2020 年 2 月 11 日	2901. 67	10768. 63
2019 年 12 月 27 日	3005. 04	10233. 77	2020 年 2 月 12 日	2926. 90	10940. 80
2019 年 12 月 30 日	3040. 02	10365. 96	2020 年 2 月 13 日	2906. 07	10864. 32
2019 年 12 月 31 日	3050. 12	10430. 77	2020 年 2 月 14 日	2917. 01	10916. 31
2020 年 1 月 2 日	3085. 20	10638. 82	2020 年 2 月 17 日	2983. 62	11241. 50
2020 年 1 月 3 日	3083. 79	10656. 41	2020 年 2 月 18 日	2984. 97	11306. 49
2020 年 1 月 6 日	3083. 41	10698. 27	2020 年 2 月 19 日	2975. 40	11235. 60
2020 年 1 月 7 日	3104. 80	10829. 05	2020 年 2 月 20 日	3030. 15	11509. 09
2020 年 1 月 8 日	3066. 89	10706. 87	2020 年 2 月 21 日	3039. 67	11629. 70
2020 年 1 月 9 日	3094. 88	10898. 17	2020 年 2 月 24 日	3031. 23	11772. 38
2020 年 1 月 10 日	3092. 29	10879. 84	2020 年 2 月 25 日	3013. 05	11856. 08
2020 年 1 月 13 日	3115. 57	11040. 20	2020 年 2 月 26 日	2987. 93	11497. 55
2020 年 1 月 14 日	3106. 82	10988. 77	2020 年 2 月 27 日	2991. 33	11534. 02
2020 年 1 月 15 日	3090. 04	10972. 32	2020 年 2 月 28 日	2880. 30	10980. 77
2020 年 1 月 16 日	3074. 08	10967. 44	2020 年 3 月 2 日	2970. 93	11381. 76
2020 年 1 月 17 日	3075. 50	10954. 39	2020 年 3 月 3 日	2992. 90	11484. 21
2020 年 1 月 20 日	3095. 79	11115. 88	2020 年 3 月 4 日	3011. 67	11493. 02
2020 年 1 月 21 日	3052. 14	10953. 41	2020 年 3 月 5 日	3071. 68	11711. 37
2020 年 1 月 22 日	3060. 75	11072. 06	2020 年 3 月 6 日	3034. 51	11582. 82
2020 年 1 月 23 日	2976. 53	10681. 90	2020 年 3 月 9 日	2943. 29	11108. 55
2020 年 2 月 3 日	2746. 61	9779. 67	2020 年 3 月 10 日	2996. 76	11403. 47
2020 年 2 月 4 日	2783. 29	10089. 67	2020 年 3 月 11 日	2968. 52	11200. 05
2020 年 2 月 5 日	2818. 09	10305. 50	2020 年 3 月 12 日	2923. 49	10941. 01

续表

日期	上证综指	深证成指	日期	上证综指	深证成指
2020 年 3 月 13 日	2887.43	10831.13	2020 年 4 月 21 日	2827.01	10506.86
2020 年 3 月 16 日	2789.25	10253.28	2020 年 4 月 22 日	2843.98	10617.19
2020 年 3 月 17 日	2779.64	10202.75	2020 年 4 月 23 日	2838.50	10564.05
2020 年 3 月 18 日	2728.76	10029.57	2020 年 4 月 24 日	2808.53	10423.46
2020 年 3 月 19 日	2702.13	10019.86	2020 年 4 月 27 日	2815.49	10452.17
2020 年 3 月 20 日	2745.62	10150.13	2020 年 4 月 28 日	2810.02	10501.15
2020 年 3 月 23 日	2660.17	9691.53	2020 年 4 月 29 日	2822.44	10514.17
2020 年 3 月 24 日	2722.44	9921.68	2020 年 4 月 30 日	2860.08	10721.78
2020 年 3 月 25 日	2781.59	10241.08	2020 年 5 月 6 日	2878.14	10883.22
2020 年 3 月 26 日	2764.91	10155.36	2020 年 5 月 7 日	2871.52	10863.29
2020 年 3 月 27 日	2772.20	10109.91	2020 年 5 月 8 日	2895.34	11001.58
2020 年 3 月 30 日	2747.21	9904.95	2020 年 5 月 11 日	2894.80	10969.28
2020 年 3 月 31 日	2750.30	9962.30	2020 年 5 月 12 日	2891.56	11015.56
2020 年 4 月 1 日	2734.52	9951.84	2020 年 5 月 13 日	2898.05	11074.59
2020 年 4 月 2 日	2780.64	10179.20	2020 年 5 月 14 日	2870.34	10962.15
2020 年 4 月 3 日	2763.99	10110.11	2020 年 5 月 15 日	2868.46	10964.89
2020 年 4 月 7 日	2820.76	10428.91	2020 年 5 月 18 日	2875.42	10921.15
2020 年 4 月 8 日	2815.37	10386.55	2020 年 5 月 19 日	2898.58	11052.85
2020 年 4 月 9 日	2825.90	10463.05	2020 年 5 月 20 日	2883.74	10948.48
2020 年 4 月 10 日	2796.63	10298.41	2020 年 5 月 21 日	2867.92	10845.40
2020 年 4 月 13 日	2783.05	10223.16	2020 年 5 月 22 日	2813.77	10604.97
2020 年 4 月 14 日	2827.28	10475.71	2020 年 5 月 25 日	2817.97	10592.84
2020 年 4 月 15 日	2811.17	10417.37	2020 年 5 月 26 日	2846.55	10815.43
2020 年 4 月 16 日	2819.94	10470.79	2020 年 5 月 27 日	2836.80	10682.70
2020 年 4 月 17 日	2838.49	10527.99	2020 年 5 月 28 日	2846.22	10653.49
2020 年 4 月 20 日	2852.55	10621.50	2020 年 5 月 29 日	2852.35	10746.08

续表

日期	上证综指	深证成指	日期	上证综指	深证成指
2020 年 6 月 1 日	2915.43	11102.15	2020 年 7 月 9 日	3450.59	13754.74
2020 年 6 月 2 日	2921.40	11112.50	2020 年 7 月 10 日	3383.32	13671.24
2020 年 6 月 3 日	2923.37	11108.36	2020 年 7 月 13 日	3443.29	14149.14
2020 年 6 月 4 日	2919.25	11139.26	2020 年 7 月 14 日	3414.62	13996.46
2020 年 6 月 5 日	2930.80	11180.60	2020 年 7 月 15 日	3361.30	13734.13
2020 年 6 月 8 日	2937.77	11215.76	2020 年 7 月 16 日	3210.10	12996.34
2020 年 6 月 9 日	2956.11	11284.24	2020 年 7 月 17 日	3214.13	13114.94
2020 年 6 月 10 日	2943.75	11335.86	2020 年 7 月 20 日	3314.15	13448.85
2020 年 6 月 11 日	2920.90	11243.62	2020 年 7 月 21 日	3320.89	13536.17
2020 年 6 月 12 日	2919.74	11251.71	2020 年 7 月 22 日	3333.16	13657.03
2020 年 6 月 15 日	2890.03	11192.27	2020 年 7 月 23 日	3325.11	13661.50
2020 年 6 月 16 日	2931.75	11398.97	2020 年 7 月 24 日	3196.77	12935.70
2020 年 6 月 17 日	2935.87	11420.84	2020 年 7 月 27 日	3205.23	12976.87
2020 年 6 月 18 日	2939.32	11494.55	2020 年 7 月 28 日	3227.96	13147.35
2020 年 6 月 19 日	2967.63	11668.13	2020 年 7 月 29 日	3294.55	13557.44
2020 年 6 月 22 日	2965.27	11702.44	2020 年 7 月 30 日	3286.82	13466.85
2020 年 6 月 23 日	2970.62	11794.01	2020 年 7 月 31 日	3310.01	13637.88
2020 年 6 月 24 日	2979.55	11813.53	2020 年 8 月 3 日	3367.97	13964.56
2020 年 6 月 29 日	2961.52	11752.36	2020 年 8 月 4 日	3371.69	13860.46
2020 年 6 月 30 日	2984.67	11992.35	2020 年 8 月 5 日	3377.56	13960.93
2020 年 7 月 1 日	3025.98	12112.96	2020 年 8 月 6 日	3386.46	13863.13
2020 年 7 月 2 日	3090.57	12269.49	2020 年 8 月 7 日	3354.04	13648.50
2020 年 7 月 3 日	3152.81	12433.26	2020 年 8 月 10 日	3379.25	13657.31
2020 年 7 月 6 日	3332.88	12941.72	2020 年 8 月 11 日	3340.29	13466.27
2020 年 7 月 7 日	3345.34	13163.98	2020 年 8 月 12 日	3319.27	13308.52
2020 年 7 月 8 日	3403.44	13406.37	2020 年 8 月 13 日	3320.73	13291.32

续表

日期	上证综指	深证成指	日期	上证综指	深证成指
2020 年 8 月 14 日	3350.10	13489.01	2020 年 9 月 21 日	3316.94	13149.50
2020 年 8 月 17 日	3438.80	13742.23	2020 年 9 月 22 日	3274.30	13023.43
2020 年 8 月 18 日	3451.09	13768.17	2020 年 9 月 23 日	3279.71	13110.07
2020 年 8 月 19 日	3408.13	13480.85	2020 年 9 月 24 日	3223.18	12816.61
2020 年 8 月 20 日	3363.90	13320.92	2020 年 9 月 25 日	3219.42	12814.17
2020 年 8 月 21 日	3380.68	13478.00	2020 年 9 月 28 日	3217.53	12760.93
2020 年 8 月 24 日	3385.64	13666.69	2020 年 9 月 29 日	3224.36	12900.70
2020 年 8 月 25 日	3373.58	13669.41	2020 年 9 月 30 日	3218.05	12907.45
2020 年 8 月 26 日	3329.74	13428.40	2020 年 10 月 9 日	3272.08	13289.26
2020 年 8 月 27 日	3350.11	13535.09	2020 年 10 月 12 日	3358.47	13708.07
2020 年 8 月 28 日	3403.81	13851.32	2020 年 10 月 13 日	3359.75	13798.58
2020 年 8 月 31 日	3395.68	13758.23	2020 年 10 月 14 日	3340.78	13691.04
2020 年 9 月 1 日	3410.61	13849.66	2020 年 10 月 15 日	3332.18	13624.89
2020 年 9 月 2 日	3404.80	13887.43	2020 年 10 月 16 日	3336.36	13532.73
2020 年 9 月 3 日	3384.98	13772.37	2020 年 10 月 19 日	3312.67	13421.19
2020 年 9 月 4 日	3355.37	13656.66	2020 年 10 月 20 日	3328.10	13603.88
2020 年 9 月 7 日	3292.59	13284.03	2020 年 10 月 21 日	3325.02	13467.91
2020 年 9 月 8 日	3316.42	13293.33	2020 年 10 月 22 日	3312.50	13396.18
2020 年 9 月 9 日	3254.63	12861.75	2020 年 10 月 23 日	3278.00	13128.46
2020 年 9 月 10 日	3234.82	12742.85	2020 年 10 月 26 日	3251.12	13191.25
2020 年 9 月 11 日	3260.35	12942.95	2020 年 10 月 27 日	3254.32	13269.65
2020 年 9 月 14 日	3278.81	13021.99	2020 年 10 月 28 日	3269.24	13388.10
2020 年 9 月 15 日	3295.68	13143.46	2020 年 10 月 29 日	3272.73	13519.66
2020 年 9 月 16 日	3283.92	13011.28	2020 年 10 月 30 日	3224.53	13236.60
2020 年 9 月 17 日	3270.44	13015.19	2020 年 11 月 2 日	3225.12	13420.96
2020 年 9 月 18 日	3338.09	13245.09	2020 年 11 月 3 日	3271.07	13580.04

续表

日期	上证综指	深证成指	日期	上证综指	深证成指
2020 年 11 月 4 日	3277.44	13659.50	2020 年 12 月 10 日	3373.28	13731.34
2020 年 11 月 5 日	3320.13	13894.26	2020 年 12 月 11 日	3347.19	13555.14
2020 年 11 月 6 日	3312.16	13838.42	2020 年 12 月 14 日	3369.12	13692.13
2020 年 11 月 9 日	3373.73	14141.15	2020 年 12 月 15 日	3367.23	13763.31
2020 年 11 月 10 日	3360.15	13993.34	2020 年 12 月 16 日	3366.98	13751.09
2020 年 11 月 11 日	3342.20	13720.17	2020 年 12 月 17 日	3404.87	13889.87
2020 年 11 月 12 日	3338.68	13792.07	2020 年 12 月 18 日	3394.90	13854.12
2020 年 11 月 13 日	3310.10	13754.55	2020 年 12 月 21 日	3420.57	14134.85
2020 年 11 月 16 日	3346.97	13850.83	2020 年 12 月 22 日	3356.78	13882.30
2020 年 11 月 17 日	3339.90	13732.52	2020 年 12 月 23 日	3382.32	14015.02
2020 年 11 月 18 日	3347.30	13658.20	2020 年 12 月 24 日	3363.11	13915.57
2020 年 11 月 19 日	3363.09	13777.45	2020 年 12 月 25 日	3396.56	14017.06
2020 年 11 月 20 日	3377.73	13852.42	2020 年 12 月 28 日	3397.29	14044.10
2020 年 11 月 23 日	3414.49	13955.28	2020 年 12 月 29 日	3379.04	13970.21
2020 年 11 月 24 日	3402.82	13902.54	2020 年 12 月 30 日	3414.45	14201.57
2020 年 11 月 25 日	3362.33	13656.09	2020 年 12 月 31 日	3473.07	14470.68
2020 年 11 月 26 日	3369.73	13599.99	2021 年 1 月 4 日	3502.96	14827.47
2020 年 11 月 27 日	3408.31	13690.88	2021 年 1 月 5 日	3528.68	15147.57
2020 年 11 月 30 日	3391.76	13670.11	2021 年 1 月 6 日	3550.88	15187.61
2020 年 12 月 1 日	3451.94	13930.37	2021 年 1 月 7 日	3576.20	15356.40
2020 年 12 月 2 日	3449.38	13961.58	2021 年 1 月 8 日	3570.11	15319.29
2020 年 12 月 3 日	3442.14	13970.68	2021 年 1 月 11 日	3531.50	15115.38
2020 年 12 月 4 日	3444.58	14026.66	2021 年 1 月 12 日	3608.34	15460.03
2020 年 12 月 7 日	3416.60	13973.48	2021 年 1 月 13 日	3598.65	15365.43
2020 年 12 月 8 日	3410.18	13973.89	2021 年 1 月 14 日	3565.90	15070.13
2020 年 12 月 9 日	3371.96	13716.53	2021 年 1 月 15 日	3566.38	15031.70

续表

日期	上证综指	深证成指	日期	上证综指	深证成指
2021 年 1 月 18 日	3596.22	15269.27	2021 年 3 月 2 日	3508.59	14751.12
2021 年 1 月 19 日	3566.38	15003.99	2021 年 3 月 3 日	3576.90	14932.39
2021 年 1 月 20 日	3583.09	15223.36	2021 年 3 月 4 日	3503.49	14416.06
2021 年 1 月 21 日	3621.26	15520.60	2021 年 3 月 5 日	3501.99	14412.31
2021 年 1 月 22 日	3606.75	15628.73	2021 年 3 月 8 日	3421.41	13863.81
2021 年 1 月 25 日	3624.24	15710.19	2021 年 3 月 9 日	3359.29	13475.72
2021 年 1 月 26 日	3569.43	15352.42	2021 年 3 月 10 日	3357.74	13563.34
2021 年 1 月 27 日	3573.34	15413.84	2021 年 3 月 11 日	3436.83	13866.37
2021 年 1 月 28 日	3505.18	14913.21	2021 年 3 月 12 日	3453.08	13897.03
2021 年 1 月 29 日	3483.07	14821.99	2021 年 3 月 15 日	3419.95	13520.07
2021 年 2 月 1 日	3505.28	15024.24	2021 年 3 月 16 日	3446.73	13642.95
2021 年 2 月 2 日	3533.68	15335.66	2021 年 3 月 17 日	3445.55	13809.77
2021 年 2 月 3 日	3517.31	15233.15	2021 年 3 月 18 日	3463.07	13963.92
2021 年 2 月 4 日	3501.86	15105.94	2021 年 3 月 19 日	3404.66	13606.00
2021 年 2 月 5 日	3496.33	15007.30	2021 年 3 月 22 日	3443.44	13760.97
2021 年 2 月 8 日	3532.45	15269.63	2021 年 3 月 23 日	3411.51	13607.27
2021 年 2 月 9 日	3603.49	15630.57	2021 年 3 月 24 日	3367.06	13407.35
2021 年 2 月 10 日	3655.09	15962.25	2021 年 3 月 25 日	3363.59	13421.16
2021 年 2 月 18 日	3675.36	15767.44	2021 年 3 月 26 日	3418.33	13769.68
2021 年 2 月 19 日	3696.17	15823.11	2021 年 3 月 29 日	3435.30	13771.26
2021 年 2 月 22 日	3642.44	15336.95	2021 年 3 月 30 日	3456.68	13888.44
2021 年 2 月 23 日	3636.36	15243.25	2021 年 3 月 31 日	3441.91	13778.67
2021 年 2 月 24 日	3564.08	14870.66	2021 年 4 月 1 日	3466.33	13979.69
2021 年 2 月 25 日	3585.05	14828.80	2021 年 4 月 2 日	3484.39	14122.61
2021 年 2 月 26 日	3509.08	14507.45	2021 年 4 月 6 日	3482.97	14083.34
2021 年 3 月 1 日	3551.40	14857.34	2021 年 4 月 7 日	3479.63	13979.31

续表

日期	上证综指	深证成指	日期	上证综指	深证成指
2021 年 4 月 8 日	3482. 55	13989. 94	2021 年 5 月 19 日	3510. 96	14484. 45
2021 年 4 月 9 日	3450. 68	13813. 31	2021 年 5 月 20 日	3506. 94	14535. 10
2021 年 4 月 12 日	3412. 95	13495. 72	2021 年 5 月 21 日	3486. 56	14417. 46
2021 年 4 月 13 日	3396. 47	13528. 31	2021 年 5 月 24 日	3497. 28	14506. 61
2021 年 4 月 14 日	3416. 72	13738. 00	2021 年 5 月 25 日	3581. 34	14846. 45
2021 年 4 月 15 日	3398. 99	13680. 27	2021 年 5 月 26 日	3593. 36	14793. 68
2021 年 4 月 16 日	3426. 62	13720. 74	2021 年 5 月 27 日	3608. 85	14897. 19
2021 年 4 月 19 日	3477. 55	14117. 80	2021 年 5 月 28 日	3600. 78	14852. 88
2021 年 4 月 20 日	3472. 94	14101. 90	2021 年 5 月 31 日	3615. 48	14996. 38
2021 年 4 月 21 日	3472. 93	14151. 15	2021 年 6 月 1 日	3624. 71	15034. 78
2021 年 4 月 22 日	3465. 11	14209. 44	2021 年 6 月 2 日	3597. 14	14857. 91
2021 年 4 月 23 日	3474. 17	14351. 86	2021 年 6 月 3 日	3584. 21	14761. 13
2021 年 4 月 26 日	3441. 17	14224. 45	2021 年 6 月 4 日	3591. 84	14870. 91
2021 年 4 月 27 日	3442. 61	14264. 08	2021 年 6 月 7 日	3599. 54	14862. 60
2021 年 4 月 28 日	3457. 07	14398. 38	2021 年 6 月 8 日	3580. 11	14716. 98
2021 年 4 月 29 日	3474. 90	14464. 08	2021 年 6 月 9 日	3591. 40	14718. 40
2021 年 4 月 30 日	3446. 86	14438. 57	2021 年 6 月 10 日	3610. 86	14893. 59
2021 年 5 月 6 日	3441. 28	14210. 60	2021 年 6 月 11 日	3589. 75	14801. 24
2021 年 5 月 7 日	3418. 87	13933. 81	2021 年 6 月 15 日	3556. 56	14673. 34
2021 年 5 月 10 日	3427. 99	13917. 97	2021 年 6 月 16 日	3518. 33	14295. 93
2021 年 5 月 11 日	3441. 85	13966. 79	2021 年 6 月 17 日	3525. 60	14472. 37
2021 年 5 月 12 日	3462. 75	14064. 87	2021 年 6 月 18 日	3525. 10	14583. 67
2021 年 5 月 13 日	3429. 54	13917. 65	2021 年 6 月 21 日	3529. 18	14641. 29
2021 年 5 月 14 日	3490. 38	14208. 78	2021 年 6 月 22 日	3557. 41	14696. 29
2021 年 5 月 17 日	3517. 62	14456. 54	2021 年 6 月 23 日	3566. 22	14843. 83
2021 年 5 月 18 日	3529. 01	14450. 60	2021 年 6 月 24 日	3566. 65	14784. 80

续表

日期	上证综指	深证成指	日期	上证综指	深证成指
2021 年 6 月 25 日	3607.56	15003.85	2021 年 8 月 2 日	3464.29	14798.16
2021 年 6 月 28 日	3606.37	15150.17	2021 年 8 月 3 日	3447.99	14736.92
2021 年 6 月 29 日	3573.18	14999.80	2021 年 8 月 4 日	3477.22	14990.11
2021 年 6 月 30 日	3591.20	15161.70	2021 年 8 月 5 日	3466.55	14872.23
2021 年 7 月 1 日	3588.78	15038.88	2021 年 8 月 6 日	3458.23	14827.41
2021 年 7 月 2 日	3518.76	14670.71	2021 年 8 月 9 日	3494.63	14941.44
2021 年 7 月 5 日	3534.32	14718.66	2021 年 8 月 10 日	3529.93	15057.59
2021 年 7 月 6 日	3530.26	14667.65	2021 年 8 月 11 日	3532.62	15021.17
2021 年 7 月 7 日	3553.72	14940.05	2021 年 8 月 12 日	3524.74	14901.97
2021 年 7 月 8 日	3525.50	14882.90	2021 年 8 月 13 日	3516.30	14799.03
2021 年 7 月 9 日	3524.09	14844.36	2021 年 8 月 16 日	3517.34	14693.74
2021 年 7 月 12 日	3547.84	15161.52	2021 年 8 月 17 日	3446.98	14350.65
2021 年 7 月 13 日	3566.52	15189.29	2021 年 8 月 18 日	3485.29	14454.11
2021 年 7 月 14 日	3528.50	15056.32	2021 年 8 月 19 日	3465.55	14487.36
2021 年 7 月 15 日	3564.59	15169.33	2021 年 8 月 20 日	3427.33	14253.53
2021 年 7 月 16 日	3539.30	14972.21	2021 年 8 月 23 日	3477.13	14535.88
2021 年 7 月 19 日	3539.12	14992.90	2021 年 8 月 24 日	3514.47	14663.55
2021 年 7 月 20 日	3536.79	15011.35	2021 年 8 月 25 日	3540.38	14697.50
2021 年 7 月 21 日	3562.66	15212.60	2021 年 8 月 26 日	3501.66	14415.46
2021 年 7 月 22 日	3574.73	15262.19	2021 年 8 月 27 日	3522.16	14436.90
2021 年 7 月 23 日	3550.40	15028.57	2021 年 8 月 30 日	3528.15	14423.37
2021 年 7 月 26 日	3467.44	14630.85	2021 年 8 月 31 日	3543.94	14328.38
2021 年 7 月 27 日	3381.18	14093.64	2021 年 9 月 1 日	3567.10	14314.09
2021 年 7 月 28 日	3361.59	14086.42	2021 年 9 月 2 日	3597.04	14277.34
2021 年 7 月 29 日	3411.72	14515.32	2021 年 9 月 3 日	3581.73	14179.86
2021 年 7 月 30 日	3397.36	14473.21	2021 年 9 月 6 日	3621.86	14546.60

续表

日期	上证综指	深证成指	日期	上证综指	深证成指
2021 年 9 月 7 日	3676. 59	14702. 90	2021 年 10 月 22 日	3582. 60	14492. 82
2021 年 9 月 8 日	3675. 19	14688. 08	2021 年 10 月 25 日	3609. 86	14596. 72
2021 年 9 月 9 日	3693. 13	14698. 53	2021 年 10 月 26 日	3597. 64	14552. 82
2021 年 9 月 10 日	3703. 11	14771. 87	2021 年 10 月 27 日	3562. 31	14393. 51
2021 年 9 月 13 日	3715. 37	14705. 83	2021 年 10 月 28 日	3518. 42	14244. 82
2021 年 9 月 14 日	3662. 60	14626. 08	2021 年 10 月 29 日	3547. 34	14451. 38
2021 年 9 月 15 日	3656. 22	14536. 31	2021 年 11 月 1 日	3544. 48	14476. 53
2021 年 9 月 16 日	3607. 09	14258. 13	2021 年 11 月 2 日	3505. 63	14377. 27
2021 年 9 月 17 日	3613. 97	14359. 36	2021 年 11 月 3 日	3498. 54	14367. 78
2021 年 9 月 22 日	3628. 49	14277. 08	2021 年 11 月 4 日	3526. 87	14555. 27
2021 年 9 月 23 日	3642. 22	14387. 36	2021 年 11 月 5 日	3491. 57	14462. 62
2021 年 9 月 24 日	3613. 07	14357. 85	2021 年 11 月 8 日	3498. 63	14508. 86
2021 年 9 月 27 日	3582. 83	14344. 29	2021 年 11 月 9 日	3507. 00	14571. 93
2021 年 9 月 28 日	3602. 22	14313. 82	2021 年 11 月 10 日	3492. 46	14515. 88
2021 年 9 月 29 日	3536. 29	14079. 02	2021 年 11 月 11 日	3532. 79	14699. 74
2021 年 9 月 30 日	3568. 17	14309. 01	2021 年 11 月 12 日	3539. 10	14705. 37
2021 年 10 月 8 日	3592. 17	14414. 16	2021 年 11 月 15 日	3533. 30	14636. 39
2021 年 10 月 11 日	3591. 71	14367. 60	2021 年 11 月 16 日	3521. 79	14613. 97
2021 年 10 月 12 日	3546. 94	14135. 38	2021 年 11 月 17 日	3537. 37	14711. 18
2021 年 10 月 13 日	3561. 76	14353. 08	2021 年 11 月 18 日	3520. 71	14579. 17
2021 年 10 月 14 日	3558. 28	14341. 38	2021 年 11 月 19 日	3560. 37	14752. 49
2021 年 10 月 15 日	3572. 37	14415. 99	2021 年 11 月 22 日	3582. 08	14960. 66
2021 年 10 月 18 日	3568. 14	14350. 02	2021 年 11 月 23 日	3589. 09	14905. 13
2021 年 10 月 19 日	3593. 15	14499. 77	2021 年 11 月 24 日	3592. 70	14887. 60
2021 年 10 月 20 日	3587. 00	14452. 25	2021 年 11 月 25 日	3584. 18	14827. 95
2021 年 10 月 21 日	3594. 78	14444. 86	2021 年 11 月 26 日	3564. 09	14777. 17

续表

日期	上证综指	深证成指	日期	上证综指	深证成指
2021 年 11 月 29 日	3562.70	14810.20	2021 年 12 月 16 日	3575.02	15112.81
2021 年 11 月 30 日	3563.89	14795.73	2021 年 12 月 17 日	3532.36	14867.55
2021 年 12 月 1 日	3576.89	14794.25	2021 年 12 月 20 日	3593.60	14569.18
2021 年 12 月 2 日	3573.84	14765.56	2021 年 12 月 21 日	3525.13	14688.98
2021 年 12 月 3 日	3607.43	14892.05	2021 年 12 月 22 日	3522.62	14791.33
2021 年 12 月 6 日	3589.31	14752.96	2021 年 12 月 23 日	3643.34	14863.93
2021 年 12 月 7 日	3595.09	14697.17	2021 年 12 月 24 日	3618.05	14710.33
2021 年 12 月 8 日	3637.57	14964.46	2021 年 12 月 27 日	3615.97	14715.65
2021 年 12 月 9 日	3673.04	15147.87	2021 年 12 月 28 日	3630.11	14837.87
2021 年 12 月 10 日	3666.35	15111.56	2021 年 12 月 29 日	3597.00	14653.82
2021 年 12 月 13 日	3681.08	15212.49	2021 年 12 月 30 日	3619.19	14796.23
2021 年 12 月 14 日	3661.53	15136.78	2021 年 12 月 31 日	3639.78	14857.35
2021 年 12 月 15 日	3647.63	15026.21			

我们先对两指数应用传统的单位根检验方法进行平稳性检验，从上证综合指数和深证成份指数变化趋势来看，它们的水平序列含有常数项而不含时间趋势项。对此，我们采用含有常数项而不含时间趋势项的检验形式。其中，检验过程中滞后期的选择采用 AIC 最小准则，以保证残差值非自相关，结果如表 2 – 2 至表 2 – 13 所示。

表 2 – 2　　深证成份指数（SC）ADF 检验结果

		t 统计量	概率
增强的 Dickey – Fuller 检验统计量		–1.909876	0.3280
检验临界值	1% level	–3.432604	
	5% level	–2.862422	
	10% level	–2.567284	

表 2－3　　深证成份指数（SC）PP 检验结果

		调整的 t 统计量	概率
Phillips－Perron 检验统计量		－2. 021708	0. 2776
检验临界值	1% level	－3. 432603	
	5% level	－2. 862421	
	10% level	－2. 567284	

表 2－4　　深证成份指数（SC）KPSS 检验结果

		LM 统计量
Kwiatkowski－Phillips－Schmidt－Shin 检验统计量		1. 366967
渐近临界值	1% level	0. 739000
	5% level	0. 463000
	10% level	0. 347000

表 2－5　　上证综合指数（SZ）ADF 检验结果

		t 统计量	概率
增强的 Dickey－Fuller 检验统计量		－1. 790382	0. 3857
检验临界值	1% level	－3. 432609	
	5% level	－2. 862424	
	10% level	－2. 567285	

表 2－6　　上证综合指数（SZ）PP 检验结果

		调整的 t 统计量	概率
Phillips－Perron 检验统计量		－1. 898756	0. 3332
检验临界值	1% level	－3. 432603	
	5% level	－2. 862421	
	10% level	－2. 567284	

表 2－7　　上证综合指数（SZ）KPSS 检验结果

		LM 统计量
Kwiatkowski－Phillips－Schmidt－Shin 检验统计量		2. 447994
渐近临界值	1% level	0. 739000
	5% level	0. 463000
	10% level	0. 347000

表 2－8　　深证成份指数（ΔSC）ADF 检验结果

		t 统计量	概率
增强的 Dickey－Fuller 检验统计量		－48. 74518	0. 0001
检验临界值	1% level	－3. 432604	
	5% level	－2. 862422	
	10% level	－2. 567284	

表 2－9　　深证成份指数（ΔSC）PP 检验结果

		调整的 t 统计量	概率
Phillips－Perron 检验统计量		－48. 84824	0. 0001
检验临界值	1% level	－3. 432604	
	5% level	－2. 862422	
	10% level	－2. 567284	

表 2－10　　深证成份指数（ΔSC）KPSS 检验结果

		LM 统计量
Kwiatkowski－Phillips－Schmidt－Shin 检验统计量		0. 142373
渐近临界值	1% level	0. 739000
	5% level	0. 463000
	10% level	0. 347000

表 2－11　　深证成份指数（ΔSC）ADF 检验结果

		t 统计量	概率
增强的 Dickey－Fuller 检验统计量		－21. 47406	0. 0000
检验临界值	1% level	－3. 432609	
	5% level	－2. 862424	
	10% level	－2. 567285	

表 2－12　　深证成份指数（ΔSC）PP 检验结果

		调整的 t 统计量	概率
Phillips－Perron 检验统计量		－48. 68865	0. 0001
检验临界值	1% level	－3. 432604	
	5% level	－2. 862422	
	10% level	－2. 567284	

表 2－13　　上证综合指数（ΔSZ）KPSS 检验结果

		LM 统计量
Kwiatkowski－Phillips－Schmidt－Shin 检验统计量		0. 062984
渐近临界值	1% level	0. 739000
	5% level	0. 463000
	10% level	0. 347000

检验结果显示，差分后的两股指时间序列在 1% 的显著水平上拒绝原假设，接受不存在单位根的结论。因此，进一步对差分后的序列进行非线性存在性检验。

2. 2. 2　非线性检验分析

按照非线性检验的步骤，先对两股指时间序列 ΔSZ 与 ΔSC

进行 AR（P）滤波，然后，对滤波后的残差序列再应用各非线性存在性检验方法进行检验。

第一步，对 ΔSZ 和 ΔSC 分别取 p = 9 的滞后期数，并进行 AR(p) 拟合，得到滤波后的残差序列，分别记为 r(ΔSZ) 与 r(ΔSC)。

第二步，对 r(ΔSZ) 与 r(ΔSC) 进行双谱分析，画出 r(ΔSZ) 与 r(ΔSC) 的双谱图。如图 2－1 所示。

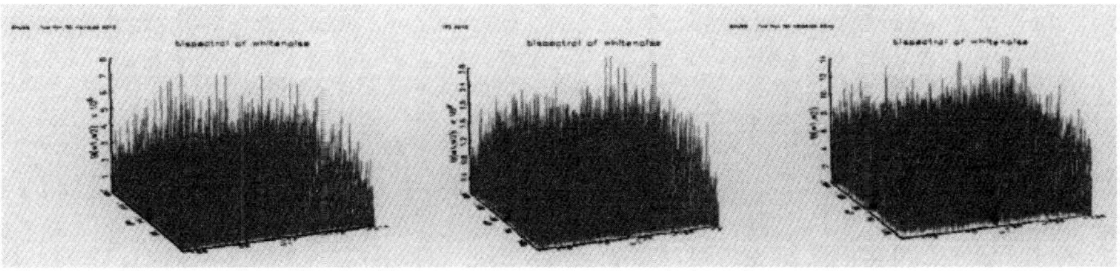

图 2－1　从左至右分别为 r(ΔSZ)、r(ΔSC) 及高斯白噪声序列的双谱分析

从图 2－1 中可以看出，高斯白噪声的双谱图中偏度的值应恒为 0，且恒定不变。但由于计算误差和伪随机数的原因，则呈均匀平坦形状，而 r(ΔSZ) 与 r(ΔSC) 的双谱图中偏度并非均匀形态，这表明两股指时间序列存在比较明显的非线性特征。

使用平方残差的 Q 检验、BDS 检验方法对两股指时间序列进行非线性检验，检验对象依然是滤波后的残差序列 r(ΔSZ) 与 r(ΔSC)，检验结果如表 2－14 所示。

表 2－14　残差序列 r(ΔSZ) 与 r(ΔSC) 的 Q 检验、BDS 检验结果

	Q(P+1)	Q(P+2)	Q(P+3)	BDS 检验
r(ΔSZ)	10.89932	10.02024	9.195918	－3.085
r(ΔSC)	13.41047	12.42739	11.48446	－2.526

残差序列 r(ΔSZ) 与 r(ΔSC) 的 Q 检验、BDS 检验结果都在 1%的显著性水平上拒绝了序列线性的假设。从检验结果可见，r(ΔSZ) 与 r(ΔSC) 具有非线性特征，对该时间序列的分析需要采用非线性的方法。

2.3 本章小结

本章主要介绍了时间序列的非线性的非参数检测方法，包括 BDS 检验方法、平方残差的 Q 检验方法以及双谱检验方法，对检验方法的原理与计算步骤进行了分析。在此基础上，利用以上方法以我国 2011—2021 年的上证综合指数和深证成份指数作为研究对象，进行了非线性检验的实证分析。实证结果表明，上证综合指数和深证成份指数均存在明显的非线性特征，对其进行分析须采用非线性理论。

第3章

非线性时间序列的平稳性检验

传统的计量经济学建模方法，是以时间序列的平稳性为前提，在最小二乘估计的渐近理论基础上进行的。而在经济系统中，特别是宏观经济变量大多数是非平稳的情况下，不能直接应用传统的统计推断。基于此，Engle 与 Granger（1987）提出了协整理论及其方法，为非平稳时间序列建模提供了一种途径[39]。在对时间序列进行建模分析时，协整理论首先需要对时间序列进行平稳性检验，以防止可能出现的伪回归现象。

对时间序列的平稳性检验，常用的方法是进行单位根检验。但是传统的单位根检验针对的是线性时间序列，对于非线性时间序列进行传统的单位根检验，其方法是否适用？在对经济时间序列进行研究时，很多时候都会对该时间序列进行非线性转换，比如为了消除异方差的影响而进行的对数转换等。大量研究表明，对于具有非线性特征的时间序列，传统的单位根检验方法（如 ADF 检验等）的检验水平通过性很高，也就是会很大程度上拒绝存在单位根的假设，从而得出相关结论，影响分析结果。

当前对于非线性时间序列的平稳性检验方法，一种是从长记忆性判断的角度出发，提出的 R/S 检验方法、基于熵的相关系数法、推广的 KPSS 检验法以及李雅普诺夫指数法；另一种是推广的单位根检验方法，主要有秩检验法以及全距检验法。

3.1　时间序列的平稳性与单位根检验

3.1.1　时间序列的平稳性

假定某个时间序列是由某一随机过程生成的，即假定时间序列 $\{X_t\}(t=1,2,\cdots)$ 每一个数值都是从一个概率分布中随机得到，如果 X_t 满足下列条件：

第一，均值 $E(X_t)=u$，是与时间 t 无关的常数；

第二，方差 $\mathrm{Var}(X_t)=\sigma$，是与时间 t 无关的常数；

第三，协方差 $\mathrm{Cov}(x_t,x_{t-k})=\gamma_k$，是只与时期间隔 k 有关，与时间 t 无关的常数。

则称该随机时间序列是平稳的，而该随机过程是一平稳随机过程[40]。

由定义可知，时间序列的平稳性指时间序列的统计规律不会随着时间的推移而发生变化，即生成时间序列的随机过程的特征不随时间变化而变化。直观上，一个平稳的时间序列可以看作是一条围绕其均值上下波动的曲线。

如果序列不满足上述的平稳性条件之一，则可称为非平稳的。对于非平稳时间序列，一般有两类可以处理[41]。一类为有确定性趋势的非平稳时间序列，可以进行去趋势操作后化为平稳时间序列。另一类则为存在随机趋势即存在单位根过程的非平稳时间序列，可差分化为平稳时间序列。

3.1.2 单位根过程

在非平稳时间序列中，最常用的一种称为差分平稳过程（Difference – stationary Process），即单位根过程（Unitroot Process），宏观经济数据的时间序列大多服从这种形式，其定义如下[42]：

令 $\{y_t, t=1,2,\cdots\}$ 为一随机过程，若满足：

$$y_t = \rho y_{t-1} + u_t \tag{3-1}$$

其中，$\rho=1$，u_t 一平稳过程，且 $E(u_t)=0$，$\mathrm{Cov}(u_t, u_{t-s})=u_s$，$s=1,2,\cdots$。将式（2–1）改写成以下形式：

$$(1-\rho L)y_t = u_t \tag{3-2}$$

其中，L 为滞后算子 $Ly_t = y_{t-1}$，$(1-\rho L)$ 称为滞后多项式，它的特征方程 $1-\rho Z=0$ 有根 $1/\rho$，当 $\rho=1$ 时，式（3–1）有一单位根。这就是单位根过程名字的来历。

3.1.3 单位根检验

检验时间序列平稳性的标准方法是单位根检验，常用的单位根检验方法有：DF 检验、ADF 检验、PP 检验、KPSS 检验等。由于 DF 检验只有当序列为 AR(1) 时才有效，限制了其在高阶序列检验中的使用。本书在时间序列平稳性检验中，主要采用 ADF 检验和 PP 检验。下面就对这两种方法的基本原理进行介绍。

（1）ADF 检验

Dickey 与 Fuller 提出基于随机游走的单位根检验的 DF 检验，

随后为修正自相关问题，在原方程中加入 Δy_t 的若干滞后项以消减自相关性问题，提出扩展的 ADF 检验[43]。

ADF 检验的三个检验方程为：

$$y_t = \rho y_{t-1} + \xi_1 \Delta y_{t-1} + \xi_2 \Delta y_{t-2} + \xi_1 \Delta y_{t-2} + \cdots + \xi_p \Delta y_{t-p+1} + \varepsilon_t \tag{3-3}$$

$$y_t = \alpha + \rho y_{t-1} + \xi_1 \Delta y_{t-1} + \xi_2 \Delta y_{t-2} + \xi_1 \Delta y_{t-2} + \cdots + \xi_p \Delta y_{t-p+1} + \varepsilon_t \tag{3-4}$$

$$y_t = \alpha + \delta t + \rho y_{t-1} + \xi_1 \Delta y_{t-1} + \xi_2 \Delta y_{t-2} + \xi_1 \Delta y_{t-2} + \cdots + \xi_p \Delta y_{t-p+1} + \varepsilon_t \tag{3-5}$$

检验是否存在单位根则是检验假设：H_0：$\rho = 1$；H_1：$\rho < 1$。

由于 $\delta = \rho - 1$，故 ADF 统计量为：

$$ADF_t = \frac{\hat{\delta}}{Se(\hat{\delta})} \tag{3-6}$$

其中 $Se(\cdot)$ 表示对应的标准差估计（下同）。类似于 DF 分布函数的推导有：

$$ADF_t \Rightarrow \frac{2^{-1}\{[W(1)]^2 - 1\} - W(1)\int_0^1 W(r)\mathrm{d}r}{\sqrt{\int_0^1 [W(r)]^2 \mathrm{d}r - [\int_0^1 W(r)\mathrm{d}r]^2}} \tag{3-7}$$

实际应用时，则给出各统计量的经验分布临界值表和响应面函数。通常采用 AIC 或 SC 准则，对 ADF 检验滞后阶数进行选取。

（2）PP 检验

ADF 检验在一定程度上修正了残差中的序列相关问题，但滞后期的确定仍是一个问题，过长的滞后期会损失样本信息。Phillips 与 Perron 提出一种非参数检验方法 PP 检验，其基本思想是通过附加一个修正因子来完善单位根检验[44]。

PP 检验的三个检验方程与 DF 检验相同，分别为：

$$y_t = \rho y_{t-1} + \varepsilon_t \tag{3-8}$$

$$y_t = \alpha + \rho y_{t-1} + \varepsilon_t \tag{3-9}$$

$$y_t = \alpha + \delta t + \rho y_{t-1} + \varepsilon_t \tag{3-10}$$

检验是否存在单位根则是检验假设：H_0：$\rho = 1$；H_1：$\rho < 1$。

检验统计量为：

$$Z(\hat{\rho}_a) = T(\hat{\rho}_a - 1) - \frac{1/2(\hat{\sigma}^2 - \hat{\sigma}_\varepsilon^2)}{T^{-2}\sum_{t=1}^{T} y_{t-1}^2} \tag{3-11}$$

$$Z(t(\hat{\rho}_a)) = \frac{\hat{\sigma}_\varepsilon t(\hat{\rho}_a)}{\hat{\sigma}} - \frac{T/2(\hat{\sigma}^2 - \hat{\sigma}_\varepsilon^2)}{\hat{\sigma}(\sum_{t=1}^{T} y_{t-1}^2)^{1/2}} \tag{3-12}$$

$$Z(\hat{\rho}_b) = T(\hat{\rho}_b - 1) - \frac{1/2(\hat{\sigma}^2 - \hat{\sigma}_\varepsilon^2)}{T^{-2}\sum_{t=1}^{T}(y_{t-1} - \bar{y}_{t-1})^2} \tag{3-13}$$

$$Z(t(\hat{\rho}_b)) = \frac{\hat{\sigma}_\varepsilon t(\hat{\rho}_b)}{\hat{\sigma}} - \frac{T/2(\hat{\sigma}^2 - \hat{\sigma}_\varepsilon^2)}{\hat{\sigma}[\sum_{t=1}^{T}(y_{t-1} - \bar{y}_{t-1})^2]^{1/2}} \tag{3-14}$$

这里，$\sigma_\varepsilon^2 \equiv \gamma_0$ 为 ε_t 的方差，则 $\sigma_\varepsilon^2 = \lim_{T\to\infty} T^{-1}\sum_{t=1}^{T} E\varepsilon_t^2$，其一致估计为：$\sigma_\varepsilon^2 = s_\varepsilon^2 = T^{-1}\sum_{t=1}^{T}\hat{\varepsilon}_t^2$；$\sigma^2 \equiv \lambda^2$ 为 ε_t 的长期方差，记部分和 $S_t = \sum_{i=1}^{t}\varepsilon_i$，则 $\sigma^2 = \lim_{T\to\infty} T^{-1} ES_T^2$，其一致估计需使用非参数核估计，$\bar{y}_{t-1} \equiv T^{-1}\sum_{t=1}^{T} y_{t-1}$。在原假设成立的条件下，PP 检验的统计量与 DF 检验统计量有相同分布。

3.2 基于长记忆性的平稳性检验方法

3.2.1 R/S 检验方法

1951 年，Hurst 提出了 R/S 检验方法，用于对时间序列进行分形特征的分析。利用 R/S 检验可进一步计算时间序列的 Hurst 指数，而该指数能够对时间序列的记忆性进行检验，以判断该序列是否具有长记忆性特征。利用 R/S 检验对序列记忆性判断的基本计算步骤如下：

设时间序列 $\{x_t, t=1,2,\cdots,n\}$，定义：

样本均值为：

$$\bar{x} = \frac{1}{n}\sum_{i=1}^{n} x_i \tag{3-15}$$

样本方差为：

$$\hat{\sigma}_n^2 = \frac{1}{n}\sum_{i=1}^{n}(x_i - \bar{x})^2 \tag{3-16}$$

累积离差为：

$$y_i = \sum_{j=1}^{i}(x_j - \bar{x}) \tag{3-17}$$

极差为：

$$R_n = \max_{1\leqslant i\leqslant n}\sum_{j=1}^{i}(x_j - \bar{x}) - \min_{1\leqslant i\leqslant n}\sum_{j=1}^{i}(x_j - \bar{x}) = \max_{1\leqslant i\leqslant n} y_i - \min_{1\leqslant i\leqslant n} y_i \tag{3-18}$$

则 R/S 统计量的估计值为：

$$Q_n = R/S = \frac{R_n}{\hat{\sigma}_n} \tag{3-19}$$

当存在短记忆和异方差的情形时，R/S 统计量不具有稳健性，Lo[157]提出了修正的 R/S 统计量为：

$$Q_n^* = R/S^* = \frac{R_n}{\hat{\sigma}_n^*} \tag{3-20}$$

其中，$\hat{\sigma}_n^{*2} = \frac{1}{n}\sum_{i=1}^{n}(x_i - \bar{x})^2 + \frac{2}{n}\sum_{i=1}^{q}\omega_i(q)\left[\sum_{k=i+1}^{n}(x_k - \bar{x})(x_{k-i} - \bar{x})\right]$，$\omega_i(q) = 1 - \frac{i}{q+1}$，$q < n$。

对于时间序列 $\{x_t, t = 1, 2, \cdots, n\}$，取其中 m 个序列观察值，则序列被划分为 $l = [n/m]$ 个独立的长度为 m 的时间序列。计算各序列的 R/S 检验统计量 $Q_m^i, i = 1, 2, \cdots, l$。进一步，求 l 个 R/S 检验统计量 Q_m^i 的平均值，可得长度为 m 的时间序列的 R/S 检验统计量：

$$\hat{Q}_m = \frac{1}{l}\sum_{i=1}^{l} Q_m^i \tag{3-21}$$

对于不同的 m 值，可得 R/S 统计量序列，Mandelbrot 证明：

$$P\lim_{n \to \infty}(n^{-H} Q_m) = C \tag{3-22}$$

其中，C 为常数，H 为 Hurst 指数。即有 $Q_m \propto n^H$，两边取对数，可得：

$$\ln Q_m = \ln C + H \ln m \tag{3-23}$$

可以将 $\ln Q_m$ 与 $\ln m$ 的关系通过图形表示出来，两者的关系图的斜率通过最小二乘回归求出，即可得到 H。而序列分整阶数 d 与 H 之间关系为：$H = d + 1/2$。从而得到分整阶数 d 的估计值。

当 $H=0.5$ 时，表明该时间序列过程是一个随机的、独立过程；当 $H<0.5$ 时，则表明该时间序列过程是反持久性的，即上一个时期序列是向上的话，则下一个时期很大概率是向下的，具有相反的变换趋势；当 $H>0.5$ 时，则表明该时间序列具有持久性，即上一个时期序列是向上的话，则下一个时期很大概率也是向上的，表明该时间序列的变换趋势在增强，该值越接近1，该序列的记忆性越强。当然，时间序列有时也会发生改变，即发生了突变，此时序列的持久性消失，即是 $\ln Q_m$ 与 $\ln m$ 关系图的断点。通过断点，可以估计时间序列的循环周期。

3.2.2　改进的KPSS检验方法

传统的KPSS检验是在1992年由Kwiathowski、Phillips、Schmidt与Shin等提出的，主要用来对线性时间序列进行平稳性检验。为对非线性时间序列进行平稳性检验，Lee与Schmidt在1996年对传统的KPSS检验方法进行了改进，以此可以发现时间序列是否具有长记忆性的特征。

设时间序列为 $\{x_t, t=1,2,\cdots,n\}$，其分整表达式为：$(1-L)^d x_t = u_t$，其中 u_t 独立同分布于 $N(0,\sigma_u^2)$，分整式变换后为 $x_t = u_t(1-L)^{-d}$，$d\in(-0.5,0.5)$。令 $S_t = \sum_{i=1}^{t} x_i$，$\sigma_T^2 = \mathrm{Var}(S_T)$。对于方差 σ_T^2，Sowell[45]证明了可以进行如下计算：

$$\sigma_T^2 = \sigma_u^2 \frac{\Gamma(1-2d)}{(1+2d)\Gamma(1+d)\Gamma(1-d)}$$

$$\frac{\Gamma(1+d+T)}{\Gamma(T-d)-\Gamma(1+d)\Gamma(-d)}$$

当样本数量 T 趋近于无穷大时：

$$T^{-1-2d}\sigma_T^2 \to \sigma_u^2 \frac{\Gamma(1-2d)}{(1+2d)\Gamma(1+d)\Gamma(1-d)} = W_d^2$$

原假设为序列，是短记忆性的，备择假设为长记忆性，则如果检验显示序列具有分整特征，则表明该序列为长记忆性，此时存在 $\{S_T\}$ 为 $O_p(T^{d+0.5})$。否则，为短记忆性时间序列，此时 $\{S_T\}$ 为 $O_p(T^{0.5})$。

对于改进的 KPSS 检验，已经有相关文献证明，其检验的功效与修正的 R/S 检验方法相近。因此，在实践操作中，KPSS 检验与修正的 R/S 检验方法选择其中一个即可。

3.2.3 李雅普诺夫指数法

李雅普诺夫指数可以表征系统中混沌奇异吸引子对系统的初始条件的敏感依赖性，因此李雅普诺夫指数是研究系统混沌与分形特征的一个重要指标。在对经济系统中时间序列进行分析时，使用李雅普诺夫指数方法只需计算最大李雅普诺夫指数。最大李雅普诺夫指数可以对相空间中点的收敛性进行度量，如果最大李雅普诺夫指数为正，则表示空间是发散的；如果该值为负，则表示空间是收敛的；如果该值为 0，则表示空间不随时间的变化而改变。在计算最大李雅普诺夫指数的方法中，小数据量法因为计算较为简单、计算量小而可靠，成为常用的计算方法。对此，舒晓惠对该计算方法进行了详细的介绍，并通过 MC 模拟研究发现，在利用最大李雅普诺夫指数来分析非线性时间序列的平稳性时，其计算结果只能作为一个参考，需要有进一步的检验来确定序列的平稳性。

3.3　推广的单位根检验方法

3.3.1　秩检验方法

秩检验最早是在 1991 年由 Granger and Hallman 提出的。该方法的基本思想为：先是对原始时间序列及其秩序列分别进行 ADF 检验；然后对两个检验结果进行比较，如果序列是线性的，那么两个检验结果应该相同，如果序列为非线性，则原始时间序列的 ADF 检验会拒绝原假设，而秩序列的 ADF 检验—RDF 检验则不会拒绝原假设。此后大量研究表明，虽然秩检验在小样本情况下的线性平稳性检验功效稍弱于传统的检验方法，但是对于非线性时间序列的平稳性检验，秩检验有很大的优势。因此，秩检验比较适用于非线性时间序列的平稳性检验。

1997 年 Breitung 和 Gourieroux 通过进行 MC 模拟发现，RDF 检验方法的检验水平是依赖于序列的误差分布的，在小样本情况下这种现象尤其明显。而对于大样本情况，RDF 检验则会过度拒绝原假设。Breitung 和 Gourieroux 基于得分秩原理，提出了得分秩检验方法和逆正态得分秩检验方法。为对以上方法的检验功效进行比较以及分析其在非线性变换后的样本性质，舒晓惠采用 MC 模拟方法得出了如下结论：

第一，在样本容量小于 50 的情况下，秩检验对近似单位根序列和白噪声序列的检验功效是差于传统的单位根检验方法的，而在大样本情况下的检验功效则不逊于传统单位根检验。

第二，对于有偏和后尾情况的随机干扰项分布，RDF 检验不能用于取值全部为正的时间序列，而得分秩检验方法和逆正态得分秩检验方法的检验效果较好。

第三，通过研究发现，当时间序列中存在异常值的情况时，秩检验比较稳健，其检验效果要优于传统的单位根检验。特别是随着样本容量的增大，秩检验的这种优势也会增强。

第四，对于存在相关性的时间序列，虽然当样本容量较小时，秩检验的检验效果不如传统的单位根检验方法，但是随着样本容量的不断增大，秩检验的检验效果不断提高。

第五，如果对序列进行非线性单调变换后，传统单位根检验方法的效果受影响较大，那么样本量越大，影响越严重。而秩检验方法的检验效果则不受单调非线性变换的影响，且不受样本容量大小的影响。因此，对于进行非线性变换的时间序列的平稳性检验，秩检验的检验效果比较好。

3.3.2 全距检验方法

全距检验方法（Range Unit - Root Test，RUR）是由 Aparicio、Escribano 与 Sipols 于 2006 年提出的非线性时间序列非平稳检验方法，也是一种非参数检验方法。该方法的统计量是基于全距序列来构造的，并进行单位根检验。该方法与秩检验方法同样对单调非线性变换的时间序列的检验具有不变性，通过 MC 模拟研究，RUR 方法对非线性时间序列的非平稳检验，其检验功效与水平也优于传统的单位根检验方法。RUR 方法的基本原理如下：

假设时间序列为 $x_t(t=1,2,\cdots,T)$，令 $x_{1t}=\min\{x_1,x_2,\cdots,x_t\}$，$x_{2t}=\max\{x_1,x_2,\cdots,x_t\}$，全距序列 $R_t^{(x)}=x_{2t}-x_{1t}$，其一阶差分记为 $\Delta R_t=R_t^{(x)}-R_{t-1}^{(x)}$，$t=1,2,\cdots,T$，此时样本数量 $n=T-1$。新极值点总的个数为 $\sum_{t=1}^{n} I\Delta R_t^{(x)}$，其中 $I(\cdot)$ 为示性函数。

Aparicio、Escribano 与 Sipols 于 2006 年构造的全距统计量 RUR 为[46]：

$$RUR = J_0^{(n)} = \frac{1}{n^{1/2}}\sum_{t=1}^{n} I(\Delta R_t^{(x)} > 0)$$

检验的原假设为 H_0：$x_t=x_{t-1}+\varepsilon_t$，若 ε_t 为白噪声，则 RUR 为随机正值，对于平稳序列，RUR 趋于零值，若时间序列存在漂移的随机游走项，则 RUR 趋于无穷大。可利用 MC 方法模拟给出 RUR 统计量的分布。

Aparicia 等采用蒙特卡洛模拟方法研究证明，RUR 检测方法对单调非线性变换的时间序列的检验具有不变性，其检验功效与水平要优于传统的单位根检验。对于各种误差分布以及存在结构突变的时间序列的平稳性检验，其检验效果也比传统的单位根检验方法要更加稳健，检验效果显著高于传统的单位根检验。

3.4 人民币汇率、金融股价格指数的平稳性检验分析

汇率在国际资本与外贸市场中起着非常重要的调节作用。对

于我国来讲，自从2005年“7·21”汇率制度改革以来，我国先后进行了多次大大小小的汇率改革，人民币汇率调整的幅度以及波动弹性都在增强，人民币市场化程度越来越高。与此相对应，外汇市场的波动也越来越大，对我国资本市场特别是股票市场的影响越来越大。我国金融行业占经济的比重比较高，与其他行业不同，金融行业自身与外汇市场和股票市场紧密相关，在统计的各股市综合指数中，金融业的权重也比较大，金融行业的股票价格指数与我国股市整体的相关性非常强。与其他实体行业相比，金融行业会受到来自外汇市场的直接冲击。面对近年来我国人民币汇率的频繁波动，股市如何面对这种影响成为各方关注的问题。作为股市重要基石的金融行业股票价格指数，在保持市场稳定性方面具有重要作用。汇率与股票价格之间的关系，大量学者的研究成果主要基于流量导向模型和股票导向模型。其中，流量导向模型认为汇率的波动会通过经常项目的渠道来影响股票价格的变化，研究的是汇率向股票市场的单向传导；而股票导向模型关注的则是资本账户的分析，侧重于分析股票价格的变化对汇率市场的传导。而无论基于哪种模型，首先必要的是对研究对象的平稳性等进行分析。因此，研究人民币汇率变动与我国金融股价格指数的平稳性具有重要意义。

3.4.1 变量选择与数据来源

以美元兑人民币汇率中间价格作为人民币汇率研究对象，采用直接标价方法，并以变量 *CR* 表示。当 *CR* 上升时，表明1美元能够兑换的人民币数量增大，此时人民币在贬值；反之，则人民币升值。汇率研究对象样本为 2017 年 5 月 27 日至 2022 年 5 月 6 日所有交易日的美元兑人民币汇率中间价格数据，共计 1200 个数据。数据来源于我国国家外汇管理局定期公布的数据。样本区间起点之所以选择 2017 年 5 月 27 日，是因为我国央行 2017 年 5 月 26 日再次对美元兑人民币汇率中间价报价机制进行了改革，为对冲部分市场情绪的顺周期波动影响，将“逆周期调节因子”加入原有的定价基础。因而，将样本起始点定为 2017 年 5 月 27 日。

对于金融股价格指数的选择，本书以“上证 180 金融股指数”的每日收盘指数为研究对象，并取对数以变量 ln*SJ* 表示。样本区间为 2017 年 5 月 27 日至 2022 年 5 月 6 日，样本数量为 1200 个，数据来源于 Wind 数据库。在我国沪深两市中，将金融股作为主要成份股的各类指数中，除“上证 180 金融股指数”外，还有“沪深 300 金融地产指数”“中证 800 金融指数”“上证金融指数”等。但通过对以上指数的成份股分析来看，只有“上证 180 金融股指数”的成份股均属于金融行业，其他各类指数中虽然 80% 以上的成份股为金融行业，但还包括了房地产、工业等实体行业。因此，最终将“上证 180 金融股指数”作为金融股价格指数的研究对象。详情如表 3－1 所示。

表 3－1　　人民币汇率中间价与上证 180 金融股指数

日期	汇率中间价	上证 180 金融股指数	日期	汇率中间价	上证 180 金融股指数
2017 年 5 月 31 日	6.8633	4835.640	2017 年 6 月 2 日	6.8070	4814.390
2017 年 6 月 1 日	6.8090	4865.550	2017 年 6 月 5 日	6.7935	4760.440

续表

日期	汇率中间价	上证 180 金融股指数	日期	汇率中间价	上证 180 金融股指数
2017 年 6 月 6 日	6.7934	4788.930	2017 年 7 月 11 日	6.7983	5049.320
2017 年 6 月 7 日	6.7858	4826.920	2017 年 7 月 12 日	6.7868	5044.260
2017 年 6 月 8 日	6.7930	4866.400	2017 年 7 月 13 日	6.7802	5133.850
2017 年 6 月 9 日	6.7971	4889.110	2017 年 7 月 14 日	6.7774	5179.200
2017 年 6 月 12 日	6.7948	4880.930	2017 年 7 月 17 日	6.7562	5217.220
2017 年 6 月 13 日	6.7954	4864.960	2017 年 7 月 18 日	6.7611	5174.760
2017 年 6 月 14 日	6.7939	4795.140	2017 年 7 月 19 日	6.7451	5276.180
2017 年 6 月 15 日	6.7852	4767.080	2017 年 7 月 20 日	6.7464	5269.940
2017 年 6 月 16 日	6.7995	4770.450	2017 年 7 月 21 日	6.7415	5190.120
2017 年 6 月 19 日	6.7972	4839.650	2017 年 7 月 24 日	6.7410	5234.310
2017 年 6 月 20 日	6.8096	4826.720	2017 年 7 月 25 日	6.7485	5218.910
2017 年 6 月 21 日	6.8193	4861.350	2017 年 7 月 26 日	6.7529	5216.860
2017 年 6 月 22 日	6.8197	4914.510	2017 年 7 月 27 日	6.7307	5221.120
2017 年 6 月 23 日	6.8238	4936.620	2017 年 7 月 28 日	6.7373	5204.670
2017 年 6 月 26 日	6.8220	4956.380	2017 年 7 月 31 日	6.7283	5205.900
2017 年 6 月 27 日	6.8292	4983.880	2017 年 8 月 1 日	6.7148	5313.360
2017 年 6 月 28 日	6.8053	4962.990	2017 年 8 月 2 日	6.7205	5337.470
2017 年 6 月 29 日	6.7940	4999.470	2017 年 8 月 3 日	6.7211	5256.330
2017 年 6 月 30 日	6.7744	4984.980	2017 年 8 月 4 日	6.7132	5219.940
2017 年 7 月 3 日	6.7772	4954.160	2017 年 8 月 7 日	6.7228	5215.270
2017 年 7 月 4 日	6.7889	4910.290	2017 年 8 月 8 日	6.7184	5212.170
2017 年 7 月 5 日	6.7922	4993.290	2017 年 8 月 9 日	6.7075	5143.260
2017 年 7 月 6 日	6.7953	5010.070	2017 年 8 月 10 日	6.6770	5113.620
2017 年 7 月 7 日	6.7914	4987.850	2017 年 8 月 11 日	6.6642	5029.800
2017 年 7 月 10 日	6.7964	4995.420	2017 年 8 月 14 日	6.6601	5058.320

续表

日期	汇率中间价	上证 180 金融股指数	日期	汇率中间价	上证 180 金融股指数
2017 年 8 月 15 日	6.6689	5102.240	2017 年 9 月 19 日	6.5530	5258.740
2017 年 8 月 16 日	6.6779	5083.520	2017 年 9 月 20 日	6.5670	5242.370
2017 年 8 月 17 日	6.6709	5096.090	2017 年 9 月 21 日	6.5867	5274.600
2017 年 8 月 18 日	6.6744	5115.770	2017 年 9 月 22 日	6.5861	5284.850
2017 年 8 月 21 日	6.6709	5113.600	2017 年 9 月 25 日	6.5945	5297.530
2017 年 8 月 22 日	6.6597	5171.310	2017 年 9 月 26 日	6.6076	5282.920
2017 年 8 月 23 日	6.6633	5225.100	2017 年 9 月 27 日	6.6192	5238.690
2017 年 8 月 24 日	6.6525	5197.690	2017 年 9 月 28 日	6.6285	5233.830
2017 年 8 月 25 日	6.6579	5348.700	2017 年 9 月 29 日	6.6369	5259.640
2017 年 8 月 28 日	6.6353	5438.480	2017 年 10 月 9 日	6.6493	5292.290
2017 年 8 月 29 日	6.6293	5450.520	2017 年 10 月 10 日	6.6273	5303.680
2017 年 8 月 30 日	6.6102	5415.820	2017 年 10 月 11 日	6.5841	5312.330
2017 年 8 月 31 日	6.6010	5391.540	2017 年 10 月 12 日	6.5808	5340.820
2017 年 9 月 1 日	6.5909	5379.700	2017 年 10 月 13 日	6.5866	5331.190
2017 年 9 月 4 日	6.5668	5375.410	2017 年 10 月 16 日	6.5839	5358.930
2017 年 9 月 5 日	6.5370	5427.980	2017 年 10 月 17 日	6.5883	5354.620
2017 年 9 月 6 日	6.5311	5384.330	2017 年 10 月 18 日	6.5991	5401.380
2017 年 9 月 7 日	6.5269	5335.180	2017 年 10 月 19 日	6.6093	5394.140
2017 年 9 月 8 日	6.5032	5327.210	2017 年 10 月 20 日	6.6092	5356.710
2017 年 9 月 11 日	6.4997	5301.040	2017 年 10 月 23 日	6.6205	5340.800
2017 年 9 月 12 日	6.5277	5339.720	2017 年 10 月 24 日	6.6268	5378.240
2017 年 9 月 13 日	6.5382	5318.900	2017 年 10 月 25 日	6.6322	5371.970
2017 年 9 月 14 日	6.5465	5273.700	2017 年 10 月 26 日	6.6288	5373.470
2017 年 9 月 15 日	6.5423	5259.260	2017 年 10 月 27 日	6.6473	5453.670
2017 年 9 月 18 日	6.5419	5264.730	2017 年 10 月 30 日	6.6487	5436.060

续表

日期	汇率中间价	上证 180 金融股指数	日期	汇率中间价	上证 180 金融股指数
2017 年 10 月 31 日	6.6397	5405.440	2017 年 12 月 5 日	6.6113	5648.270
2017 年 11 月 1 日	6.6300	5382.250	2017 年 12 月 6 日	6.6163	5578.210
2017 年 11 月 2 日	6.6196	5388.290	2017 年 12 月 7 日	6.6195	5519.160
2017 年 11 月 3 日	6.6072	5398.990	2017 年 12 月 8 日	6.6218	5555.390
2017 年 11 月 6 日	6.6247	5347.800	2017 年 12 月 11 日	6.6152	5594.030
2017 年 11 月 7 日	6.6216	5423.410	2017 年 12 月 12 日	6.6162	5492.310
2017 年 11 月 8 日	6.6277	5430.280	2017 年 12 月 13 日	6.6251	5516.580
2017 年 11 月 9 日	6.6325	5446.840	2017 年 12 月 14 日	6.6033	5462.360
2017 年 11 月 10 日	6.6282	5508.220	2017 年 12 月 15 日	6.6113	5409.950
2017 年 11 月 13 日	6.6347	5535.540	2017 年 12 月 18 日	6.6162	5416.980
2017 年 11 月 14 日	6.6399	5519.210	2017 年 12 月 19 日	6.6098	5515.180
2017 年 11 月 15 日	6.6263	5482.070	2017 年 12 月 20 日	6.6066	5507.110
2017 年 11 月 16 日	6.6286	5519.170	2017 年 12 月 21 日	6.5795	5529.380
2017 年 11 月 17 日	6.6277	5676.260	2017 年 12 月 22 日	6.5821	5483.810
2017 年 11 月 20 日	6.6271	5692.130	2017 年 12 月 25 日	6.5683	5464.220
2017 年 11 月 21 日	6.6356	5796.900	2017 年 12 月 26 日	6.5416	5509.000
2017 年 11 月 22 日	6.6290	5840.520	2017 年 12 月 27 日	6.5421	5401.560
2017 年 11 月 23 日	6.6021	5713.200	2017 年 12 月 28 日	6.5412	5404.860
2017 年 11 月 24 日	6.5810	5718.090	2017 年 12 月 29 日	6.5342	5415.150
2017 年 11 月 27 日	6.5874	5690.960	2018 年 1 月 2 日	6.5079	5502.230
2017 年 11 月 28 日	6.5944	5627.940	2018 年 1 月 3 日	6.4920	5505.850
2017 年 11 月 29 日	6.6011	5614.690	2018 年 1 月 4 日	6.5043	5488.510
2017 年 11 月 30 日	6.6034	5555.260	2018 年 1 月 5 日	6.4915	5496.440
2017 年 12 月 1 日	6.6067	5505.000	2018 年 1 月 8 日	6.4832	5504.440
2017 年 12 月 4 日	6.6105	5535.760	2018 年 1 月 9 日	6.4968	5519.910

续表

日期	汇率中间价	上证 180 金融股指数	日期	汇率中间价	上证 180 金融股指数
2018 年 1 月 10 日	6.5207	5577.250	2018 年 2 月 14 日	6.3428	5451.900
2018 年 1 月 11 日	6.5147	5597.960	2018 年 2 月 22 日	6.3530	5544.120
2018 年 1 月 12 日	6.4932	5635.940	2018 年 2 月 23 日	6.3482	5595.890
2018 年 1 月 15 日	6.4574	5716.500	2018 年 2 月 26 日	6.3378	5631.460
2018 年 1 月 16 日	6.4372	5753.710	2018 年 2 月 27 日	6.3146	5535.800
2018 年 1 月 17 日	6.4335	5820.090	2018 年 2 月 28 日	6.3294	5447.490
2018 年 1 月 18 日	6.4401	5890.930	2018 年 3 月 1 日	6.3352	5472.720
2018 年 1 月 19 日	6.4169	5947.600	2018 年 3 月 2 日	6.3334	5413.600
2018 年 1 月 22 日	6.4112	5926.910	2018 年 3 月 5 日	6.3431	5414.720
2018 年 1 月 23 日	6.4009	6043.610	2018 年 3 月 6 日	6.3386	5470.880
2018 年 1 月 24 日	6.3916	6084.500	2018 年 3 月 7 日	6.3294	5463.640
2018 年 1 月 25 日	6.3724	6016.010	2018 年 3 月 8 日	6.3239	5489.630
2018 年 1 月 26 日	6.3436	6041.040	2018 年 3 月 9 日	6.3451	5518.830
2018 年 1 月 29 日	6.3267	5960.160	2018 年 3 月 12 日	6.3333	5524.090
2018 年 1 月 30 日	6.3312	5876.950	2018 年 3 月 13 日	6.3218	5477.500
2018 年 1 月 31 日	6.3339	5938.340	2018 年 3 月 14 日	6.3205	5431.050
2018 年 2 月 1 日	6.3045	5986.050	2018 年 3 月 15 日	6.3141	5460.590
2018 年 2 月 2 日	6.2885	5980.850	2018 年 3 月 16 日	6.3340	5415.370
2018 年 2 月 5 日	6.3019	6108.760	2018 年 3 月 19 日	6.3320	5478.370
2018 年 2 月 6 日	6.3072	5971.640	2018 年 3 月 20 日	6.3246	5493.280
2018 年 2 月 7 日	6.2882	5816.200	2018 年 3 月 21 日	6.3396	5482.730
2018 年 2 月 8 日	6.2822	5646.260	2018 年 3 月 22 日	6.3167	5451.690
2018 年 2 月 9 日	6.3194	5374.400	2018 年 3 月 23 日	6.3272	5275.990
2018 年 2 月 12 日	6.3001	5333.730	2018 年 3 月 26 日	6.3193	5175.540
2018 年 2 月 13 日	6.3247	5421.020	2018 年 3 月 27 日	6.2816	5182.360

续表

日期	汇率中间价	上证 180 金融股指数	日期	汇率中间价	上证 180 金融股指数
2018 年 3 月 28 日	6. 2785	5119. 600	2018 年 5 月 8 日	6. 3674	5162. 920
2018 年 3 月 29 日	6. 3046	5203. 550	2018 年 5 月 9 日	6. 3733	5151. 870
2018 年 3 月 30 日	6. 2881	5165. 970	2018 年 5 月 10 日	6. 3768	5166. 210
2018 年 4 月 2 日	6. 2764	5148. 900	2018 年 5 月 11 日	6. 3524	5157. 880
2018 年 4 月 3 日	6. 2833	5125. 590	2018 年 5 月 14 日	6. 3345	5204. 720
2018 年 4 月 4 日	6. 2926	5109. 300	2018 年 5 月 15 日	6. 3486	5188. 710
2018 年 4 月 9 日	6. 3114	5140. 470	2018 年 5 月 16 日	6. 3745	5110. 330
2018 年 4 月 10 日	6. 3071	5278. 440	2018 年 5 月 17 日	6. 3679	5084. 730
2018 年 4 月 11 日	6. 2911	5289. 890	2018 年 5 月 18 日	6. 3763	5155. 700
2018 年 4 月 12 日	6. 2834	5220. 530	2018 年 5 月 21 日	6. 3852	5173. 610
2018 年 4 月 13 日	6. 2898	5173. 830	2018 年 5 月 22 日	6. 3799	5127. 260
2018 年 4 月 16 日	6. 2884	5040. 220	2018 年 5 月 23 日	6. 3773	5057. 000
2018 年 4 月 17 日	6. 2771	5008. 180	2018 年 5 月 24 日	6. 3816	5022. 720
2018 年 4 月 18 日	6. 2817	5057. 380	2018 年 5 月 25 日	6. 3867	5004. 130
2018 年 4 月 19 日	6. 2832	5086. 970	2018 年 5 月 28 日	6. 3962	5006. 910
2018 年 4 月 20 日	6. 2897	5014. 060	2018 年 5 月 29 日	6. 4021	4984. 860
2018 年 4 月 23 日	6. 3034	5049. 030	2018 年 5 月 30 日	6. 4207	4858. 380
2018 年 4 月 24 日	6. 3229	5157. 250	2018 年 5 月 31 日	6. 4144	4926. 100
2018 年 4 月 25 日	6. 3066	5106. 390	2018 年 6 月 1 日	6. 4078	4917. 940
2018 年 4 月 26 日	6. 3283	5035. 540	2018 年 6 月 4 日	6. 4208	4975. 670
2018 年 4 月 27 日	6. 3393	5053. 690	2018 年 6 月 5 日	6. 4157	4989. 200
2018 年 5 月 2 日	6. 3670	5056. 180	2018 年 6 月 6 日	6. 4040	4953. 330
2018 年 5 月 3 日	6. 3732	5086. 640	2018 年 6 月 7 日	6. 3919	4966. 390
2018 年 5 月 4 日	6. 3521	5042. 440	2018 年 6 月 8 日	6. 4003	4872. 190
2018 年 5 月 7 日	6. 3584	5086. 030	2018 年 6 月 11 日	6. 4064	4891. 900

续表

日期	汇率中间价	上证 180 金融股指数	日期	汇率中间价	上证 180 金融股指数
2018 年 6 月 12 日	6.4121	4913.990	2018 年 7 月 18 日	6.6914	4435.680
2018 年 6 月 13 日	6.4156	4881.770	2018 年 7 月 19 日	6.7066	4445.720
2018 年 6 月 14 日	6.3962	4906.610	2018 年 7 月 20 日	6.7671	4631.940
2018 年 6 月 15 日	6.4306	4904.890	2018 年 7 月 23 日	6.7593	4700.210
2018 年 6 月 19 日	6.4235	4779.260	2018 年 7 月 24 日	6.7891	4734.220
2018 年 6 月 20 日	6.4586	4742.870	2018 年 7 月 25 日	6.8040	4740.510
2018 年 6 月 21 日	6.4706	4689.530	2018 年 7 月 26 日	6.7662	4689.630
2018 年 6 月 22 日	6.4804	4701.960	2018 年 7 月 27 日	6.7942	4680.940
2018 年 6 月 25 日	6.4893	4610.440	2018 年 7 月 30 日	6.8131	4718.050
2018 年 6 月 26 日	6.5180	4564.120	2018 年 7 月 31 日	6.8165	4725.260
2018 年 6 月 27 日	6.5569	4490.890	2018 年 8 月 1 日	6.8293	4618.410
2018 年 6 月 28 日	6.5960	4473.620	2018 年 8 月 2 日	6.7942	4512.550
2018 年 6 月 29 日	6.6166	4555.520	2018 年 8 月 3 日	6.8322	4502.530
2018 年 7 月 2 日	6.6157	4387.810	2018 年 8 月 6 日	6.8513	4507.520
2018 年 7 月 3 日	6.6497	4430.520	2018 年 8 月 7 日	6.8431	4616.090
2018 年 7 月 4 日	6.6595	4396.740	2018 年 8 月 8 日	6.8313	4544.520
2018 年 7 月 5 日	6.6180	4404.880	2018 年 8 月 9 日	6.8317	4637.330
2018 年 7 月 6 日	6.6336	4452.330	2018 年 8 月 10 日	6.8395	4618.210
2018 年 7 月 9 日	6.6393	4588.070	2018 年 8 月 13 日	6.8629	4557.500
2018 年 7 月 10 日	6.6259	4567.470	2018 年 8 月 14 日	6.8695	4543.580
2018 年 7 月 11 日	6.6234	4489.260	2018 年 8 月 15 日	6.8856	4441.150
2018 年 7 月 12 日	6.6726	4571.850	2018 年 8 月 16 日	6.8946	4458.570
2018 年 7 月 13 日	6.6727	4546.810	2018 年 8 月 17 日	6.8894	4425.510
2018 年 7 月 16 日	6.6758	4472.340	2018 年 8 月 20 日	6.8718	4503.660
2018 年 7 月 17 日	6.6821	4450.020	2018 年 8 月 21 日	6.8360	4550.790

续表

日期	汇率中间价	上证180金融股指数	日期	汇率中间价	上证180金融股指数
2018年8月22日	6.8271	4549.730	2018年9月27日	6.8642	4816.990
2018年8月23日	6.8367	4577.610	2018年9月28日	6.8792	4879.940
2018年8月24日	6.8710	4632.750	2018年10月8日	6.8957	4688.680
2018年8月27日	6.8508	4689.970	2018年10月9日	6.9019	4683.360
2018年8月28日	6.8052	4664.500	2018年10月10日	6.9072	4698.030
2018年8月29日	6.8072	4652.700	2018年10月11日	6.9098	4496.080
2018年8月30日	6.8113	4605.090	2018年10月12日	6.9120	4564.310
2018年8月31日	6.8246	4628.210	2018年10月15日	6.9154	4508.680
2018年9月3日	6.8347	4620.200	2018年10月16日	6.9119	4532.310
2018年9月4日	6.8183	4687.400	2018年10月17日	6.9103	4563.670
2018年9月5日	6.8266	4582.590	2018年10月18日	6.9275	4471.640
2018年9月6日	6.8217	4552.090	2018年10月19日	6.9387	4638.540
2018年9月7日	6.8212	4585.340	2018年10月22日	6.9236	4832.940
2018年9月10日	6.8389	4533.300	2018年10月23日	6.9338	4729.400
2018年9月11日	6.8488	4505.820	2018年10月24日	6.9357	4813.080
2018年9月12日	6.8546	4501.730	2018年10月25日	6.9409	4884.900
2018年9月13日	6.8488	4576.630	2018年10月26日	6.9510	4831.690
2018年9月14日	6.8362	4581.240	2018年10月29日	6.9377	4711.870
2018年9月17日	6.8509	4541.500	2018年10月30日	6.9574	4805.450
2018年9月18日	6.8554	4624.560	2018年10月31日	6.9646	4814.000
2018年9月19日	6.8569	4658.770	2018年11月1日	6.9670	4807.530
2018年9月20日	6.8530	4662.500	2018年11月2日	6.9371	4945.280
2018年9月21日	6.8357	4836.530	2018年11月5日	6.8976	4903.690
2018年9月25日	6.8440	4783.690	2018年11月6日	6.9075	4875.680
2018年9月26日	6.8571	4833.720	2018年11月7日	6.9065	4835.590

续表

日期	汇率中间价	上证 180 金融股指数	日期	汇率中间价	上证 180 金融股指数
2018 年 11 月 8 日	6.9163	4837.900	2018 年 12 月 13 日	6.8769	4718.810
2018 年 11 月 9 日	6.9329	4722.930	2018 年 12 月 14 日	6.8750	4646.550
2018 年 11 月 12 日	6.9476	4748.430	2018 年 12 月 17 日	6.8908	4653.200
2018 年 11 月 13 日	6.9629	4787.870	2018 年 12 月 18 日	6.8854	4599.930
2018 年 11 月 14 日	6.9402	4725.150	2018 年 12 月 19 日	6.8869	4553.180
2018 年 11 月 15 日	6.9392	4795.050	2018 年 12 月 20 日	6.8936	4497.150
2018 年 11 月 16 日	6.9377	4816.860	2018 年 12 月 21 日	6.8825	4441.090
2018 年 11 月 19 日	6.9245	4884.690	2018 年 12 月 24 日	6.9006	4424.560
2018 年 11 月 20 日	6.9280	4775.170	2018 年 12 月 25 日	6.8919	4392.870
2018 年 11 月 21 日	6.9449	4776.030	2018 年 12 月 26 日	6.8845	4366.710
2018 年 11 月 22 日	6.9391	4744.170	2018 年 12 月 27 日	6.8894	4367.170
2018 年 11 月 23 日	6.9306	4670.170	2018 年 12 月 28 日	6.8632	4398.970
2018 年 11 月 26 日	6.9453	4684.250	2019 年 1 月 2 日	6.8482	4335.240
2018 年 11 月 27 日	6.9463	4674.270	2019 年 1 月 3 日	6.8631	4387.200
2018 年 11 月 28 日	6.9500	4723.850	2019 年 1 月 4 日	6.8586	4511.370
2018 年 11 月 29 日	6.9353	4670.620	2019 年 1 月 7 日	6.8517	4495.440
2018 年 11 月 30 日	6.9357	4715.060	2019 年 1 月 8 日	6.8402	4477.860
2018 年 12 月 3 日	6.9431	4818.110	2019 年 1 月 9 日	6.8526	4516.980
2018 年 12 月 4 日	6.8939	4834.040	2019 年 1 月 10 日	6.8160	4503.890
2018 年 12 月 5 日	6.8476	4792.210	2019 年 1 月 11 日	6.7909	4539.710
2018 年 12 月 6 日	6.8599	4715.280	2019 年 1 月 14 日	6.7560	4505.870
2018 年 12 月 7 日	6.8664	4713.080	2019 年 1 月 15 日	6.7542	4582.390
2018 年 12 月 10 日	6.8693	4661.160	2019 年 1 月 16 日	6.7615	4581.750
2018 年 12 月 11 日	6.8996	4666.620	2019 年 1 月 17 日	6.7592	4561.480
2018 年 12 月 12 日	6.9064	4678.400	2019 年 1 月 18 日	6.7665	4643.790

续表

日期	汇率中间价	上证 180 金融股指数	日期	汇率中间价	上证 180 金融股指数
2019 年 1 月 21 日	6.7774	4660.410	2019 年 3 月 4 日	6.7049	5629.300
2019 年 1 月 22 日	6.7854	4609.190	2019 年 3 月 5 日	6.6998	5609.210
2019 年 1 月 23 日	6.7969	4607.970	2019 年 3 月 6 日	6.7053	5701.890
2019 年 1 月 24 日	6.7802	4656.640	2019 年 3 月 7 日	6.7110	5670.560
2019 年 1 月 25 日	6.7941	4710.080	2019 年 3 月 8 日	6.7235	5392.390
2019 年 1 月 28 日	6.7472	4709.770	2019 年 3 月 11 日	6.7202	5413.170
2019 年 1 月 29 日	6.7356	4725.440	2019 年 3 月 12 日	6.7128	5443.910
2019 年 1 月 30 日	6.7343	4694.760	2019 年 3 月 13 日	6.7114	5442.020
2019 年 1 月 31 日	6.7025	4788.020	2019 年 3 月 14 日	6.7009	5408.560
2019 年 2 月 1 日	6.7081	4818.120	2019 年 3 月 15 日	6.7167	5457.740
2019 年 2 月 11 日	6.7495	4848.200	2019 年 3 月 18 日	6.7088	5560.560
2019 年 2 月 12 日	6.7765	4858.840	2019 年 3 月 19 日	6.7062	5529.480
2019 年 2 月 13 日	6.7675	4951.840	2019 年 3 月 20 日	6.7101	5563.050
2019 年 2 月 14 日	6.7744	4928.750	2019 年 3 月 21 日	6.6850	5556.710
2019 年 2 月 15 日	6.7623	4819.760	2019 年 3 月 22 日	6.6944	5522.510
2019 年 2 月 18 日	6.7659	4967.890	2019 年 3 月 25 日	6.7098	5354.710
2019 年 2 月 19 日	6.7642	4984.230	2019 年 3 月 26 日	6.7042	5311.270
2019 年 2 月 20 日	6.7558	5003.190	2019 年 3 月 27 日	6.7141	5359.260
2019 年 2 月 21 日	6.7220	4996.180	2019 年 3 月 28 日	6.7263	5319.270
2019 年 2 月 22 日	6.7151	5174.470	2019 年 3 月 29 日	6.7335	5560.510
2019 年 2 月 25 日	6.7131	5585.700	2019 年 4 月 1 日	6.7193	5661.480
2019 年 2 月 26 日	6.6952	5452.690	2019 年 4 月 2 日	6.7161	5674.330
2019 年 2 月 27 日	6.6857	5488.250	2019 年 4 月 3 日	6.7194	5779.970
2019 年 2 月 28 日	6.6901	5416.930	2019 年 4 月 4 日	6.7055	5835.130
2019 年 3 月 1 日	6.6957	5603.360	2019 年 4 月 8 日	6.7201	5831.520

续表

日期	汇率中间价	上证 180 金融股指数	日期	汇率中间价	上证 180 金融股指数
2019 年 4 月 9 日	6.7142	5792.840	2019 年 5 月 17 日	6.8859	5250.350
2019 年 4 月 10 日	6.7110	5768.350	2019 年 5 月 20 日	6.8988	5255.360
2019 年 4 月 11 日	6.7088	5700.320	2019 年 5 月 21 日	6.8990	5299.410
2019 年 4 月 12 日	6.7220	5707.770	2019 年 5 月 22 日	6.8992	5272.690
2019 年 4 月 15 日	6.7112	5712.050	2019 年 5 月 23 日	6.8994	5223.460
2019 年 4 月 16 日	6.7097	5921.570	2019 年 5 月 24 日	6.8993	5255.870
2019 年 4 月 17 日	6.7110	5886.440	2019 年 5 月 27 日	6.8924	5305.970
2019 年 4 月 18 日	6.6911	5853.970	2019 年 5 月 28 日	6.8973	5336.330
2019 年 4 月 19 日	6.7043	5932.610	2019 年 5 月 29 日	6.8988	5343.870
2019 年 4 月 22 日	6.7035	5771.540	2019 年 5 月 30 日	6.8990	5311.180
2019 年 4 月 23 日	6.7082	5796.830	2019 年 5 月 31 日	6.8992	5288.650
2019 年 4 月 24 日	6.7205	5798.680	2019 年 6 月 3 日	6.8896	5307.730
2019 年 4 月 25 日	6.7307	5701.760	2019 年 6 月 4 日	6.8822	5285.730
2019 年 4 月 26 日	6.7307	5655.470	2019 年 6 月 5 日	6.8903	5296.680
2019 年 4 月 29 日	6.7310	5697.310	2019 年 6 月 6 日	6.8945	5277.890
2019 年 4 月 30 日	6.7286	5702.740	2019 年 6 月 10 日	6.8925	5327.460
2019 年 5 月 6 日	6.7344	5425.970	2019 年 6 月 11 日	6.8930	5450.950
2019 年 5 月 7 日	6.7614	5426.170	2019 年 6 月 12 日	6.8932	5415.710
2019 年 5 月 8 日	6.7596	5325.240	2019 年 6 月 13 日	6.8934	5420.170
2019 年 5 月 9 日	6.7665	5217.470	2019 年 6 月 14 日	6.8937	5384.570
2019 年 5 月 10 日	6.7912	5400.150	2019 年 6 月 17 日	6.8940	5406.970
2019 年 5 月 13 日	6.7954	5284.760	2019 年 6 月 18 日	6.8942	5431.650
2019 年 5 月 14 日	6.8365	5255.770	2019 年 6 月 19 日	6.8893	5495.810
2019 年 5 月 15 日	6.8649	5353.410	2019 年 6 月 20 日	6.8805	5711.230
2019 年 5 月 16 日	6.8688	5357.980	2019 年 6 月 21 日	6.8472	5705.220

续表

日期	汇率中间价	上证 180 金融股指数	日期	汇率中间价	上证 180 金融股指数
2019 年 6 月 24 日	6.8503	5710.290	2019 年 7 月 29 日	6.8821	5597.870
2019 年 6 月 25 日	6.8580	5616.990	2019 年 7 月 30 日	6.8862	5639.480
2019 年 6 月 26 日	6.8701	5569.480	2019 年 7 月 31 日	6.8841	5584.320
2019 年 6 月 27 日	6.8778	5637.890	2019 年 8 月 1 日	6.8938	5532.490
2019 年 6 月 28 日	6.8747	5626.310	2019 年 8 月 2 日	6.8996	5431.190
2019 年 7 月 1 日	6.8716	5740.630	2019 年 8 月 5 日	6.9225	5326.060
2019 年 7 月 2 日	6.8513	5709.820	2019 年 8 月 6 日	6.9683	5281.260
2019 年 7 月 3 日	6.8640	5653.420	2019 年 8 月 7 日	6.9996	5238.120
2019 年 7 月 4 日	6.8705	5640.900	2019 年 8 月 8 日	7.0039	5309.920
2019 年 7 月 5 日	6.8697	5639.490	2019 年 8 月 9 日	7.0136	5283.270
2019 年 7 月 8 日	6.8881	5515.760	2019 年 8 月 12 日	7.0211	5363.170
2019 年 7 月 9 日	6.8853	5490.330	2019 年 8 月 13 日	7.0326	5291.150
2019 年 7 月 10 日	6.8856	5479.920	2019 年 8 月 14 日	7.0312	5284.900
2019 年 7 月 11 日	6.8677	5494.590	2019 年 8 月 15 日	7.0268	5296.930
2019 年 7 月 12 日	6.8662	5533.560	2019 年 8 月 16 日	7.0312	5304.940
2019 年 7 月 15 日	6.8677	5550.080	2019 年 8 月 19 日	7.0365	5428.820
2019 年 7 月 16 日	6.8710	5528.250	2019 年 8 月 20 日	7.0454	5401.620
2019 年 7 月 17 日	6.8827	5509.740	2019 年 8 月 21 日	7.0433	5396.240
2019 年 7 月 18 日	6.8761	5488.130	2019 年 8 月 22 日	7.0490	5396.450
2019 年 7 月 19 日	6.8635	5567.220	2019 年 8 月 23 日	7.0572	5445.240
2019 年 7 月 22 日	6.8759	5519.320	2019 年 8 月 26 日	7.0570	5342.250
2019 年 7 月 23 日	6.8818	5524.150	2019 年 8 月 27 日	7.0810	5380.800
2019 年 7 月 24 日	6.8860	5575.670	2019 年 8 月 28 日	7.0835	5326.220
2019 年 7 月 25 日	6.8737	5633.270	2019 年 8 月 29 日	7.0858	5296.600
2019 年 7 月 26 日	6.8796	5631.120	2019 年 8 月 30 日	7.0879	5306.010

续表

日期	汇率中间价	上证 180 金融股指数	日期	汇率中间价	上证 180 金融股指数
2019 年 9 月 2 日	7.0883	5358.300	2019 年 10 月 15 日	7.0708	5641.610
2019 年 9 月 3 日	7.0884	5357.530	2019 年 10 月 16 日	7.0746	5633.570
2019 年 9 月 4 日	7.0878	5433.130	2019 年 10 月 17 日	7.0789	5634.020
2019 年 9 月 5 日	7.0852	5522.300	2019 年 10 月 18 日	7.0690	5528.010
2019 年 9 月 6 日	7.0855	5572.560	2019 年 10 月 21 日	7.0680	5557.020
2019 年 9 月 9 日	7.0851	5575.960	2019 年 10 月 22 日	7.0668	5562.700
2019 年 9 月 10 日	7.0846	5555.560	2019 年 10 月 23 日	7.0752	5540.770
2019 年 9 月 11 日	7.0843	5594.900	2019 年 10 月 24 日	7.0727	5576.050
2019 年 9 月 12 日	7.0846	5661.520	2019 年 10 月 25 日	7.0749	5559.300
2019 年 9 月 16 日	7.0657	5608.030	2019 年 10 月 28 日	7.0762	5570.240
2019 年 9 月 17 日	7.0730	5507.680	2019 年 10 月 29 日	7.0617	5519.480
2019 年 9 月 18 日	7.0728	5500.610	2019 年 10 月 30 日	7.0582	5505.550
2019 年 9 月 19 日	7.0732	5506.040	2019 年 10 月 31 日	7.0533	5492.360
2019 年 9 月 20 日	7.0730	5508.660	2019 年 11 月 1 日	7.0437	5590.100
2019 年 9 月 23 日	7.0734	5443.890	2019 年 11 月 4 日	7.0382	5623.910
2019 年 9 月 24 日	7.0729	5438.490	2019 年 11 月 5 日	7.0385	5678.340
2019 年 9 月 25 日	7.0724	5430.470	2019 年 11 月 6 日	7.0080	5676.390
2019 年 9 月 26 日	7.0729	5450.410	2019 年 11 月 7 日	7.0008	5673.900
2019 年 9 月 27 日	7.0731	5457.830	2019 年 11 月 8 日	6.9945	5612.960
2019 年 9 月 30 日	7.0729	5381.720	2019 年 11 月 11 日	6.9933	5530.900
2019 年 10 月 8 日	7.0726	5416.200	2019 年 11 月 12 日	6.9988	5540.050
2019 年 10 月 9 日	7.0728	5455.470	2019 年 11 月 13 日	7.0026	5500.620
2019 年 10 月 10 日	7.0730	5467.260	2019 年 11 月 14 日	7.0083	5480.230
2019 年 10 月 11 日	7.0727	5567.990	2019 年 11 月 15 日	7.0091	5467.950
2019 年 10 月 14 日	7.0725	5657.070	2019 年 11 月 18 日	7.0037	5531.610

续表

日期	汇率中间价	上证 180 金融股指数	日期	汇率中间价	上证 180 金融股指数
2019 年 11 月 19 日	7.0030	5542.110	2019 年 12 月 24 日	7.0119	5633.300
2019 年 11 月 20 日	7.0118	5453.680	2019 年 12 月 25 日	7.0067	5616.320
2019 年 11 月 21 日	7.0217	5425.060	2019 年 12 月 26 日	6.9801	5683.680
2019 年 11 月 22 日	7.0306	5398.220	2019 年 12 月 27 日	6.9879	5659.660
2019 年 11 月 25 日	7.0397	5452.630	2019 年 12 月 30 日	6.9805	5767.910
2019 年 11 月 26 日	7.0344	5436.960	2019 年 12 月 31 日	6.9762	5750.650
2019 年 11 月 27 日	7.0349	5427.790	2020 年 1 月 2 日	6.9614	5822.900
2019 年 11 月 28 日	7.0271	5407.430	2020 年 1 月 3 日	6.9681	5830.110
2019 年 11 月 29 日	7.0298	5383.250	2020 年 1 月 6 日	6.9718	5793.830
2019 年 12 月 2 日	7.0262	5394.230	2020 年 1 月 7 日	6.9690	5828.890
2019 年 12 月 3 日	7.0223	5422.570	2020 年 1 月 8 日	6.9450	5714.290
2019 年 12 月 4 日	7.0382	5398.260	2020 年 1 月 9 日	6.9497	5755.830
2019 年 12 月 5 日	7.0521	5444.230	2020 年 1 月 10 日	6.9351	5756.630
2019 年 12 月 6 日	7.0383	5449.200	2020 年 1 月 13 日	6.9263	5802.850
2019 年 12 月 9 日	7.0405	5434.560	2020 年 1 月 14 日	6.8954	5783.760
2019 年 12 月 10 日	7.0400	5423.070	2020 年 1 月 15 日	6.8845	5730.920
2019 年 12 月 11 日	7.0385	5460.360	2020 年 1 月 16 日	6.8807	5692.170
2019 年 12 月 12 日	7.0253	5449.480	2020 年 1 月 17 日	6.8878	5703.040
2019 年 12 月 13 日	7.0156	5593.360	2020 年 1 月 20 日	6.8664	5760.030
2019 年 12 月 16 日	6.9915	5598.210	2020 年 1 月 21 日	6.8606	5663.240
2019 年 12 月 17 日	6.9971	5684.790	2020 年 1 月 22 日	6.8853	5666.430
2019 年 12 月 18 日	6.9969	5694.890	2020 年 1 月 23 日	6.8876	5504.640
2019 年 12 月 19 日	7.0025	5684.380	2020 年 2 月 3 日	6.9249	5092.610
2019 年 12 月 20 日	7.0020	5688.040	2020 年 2 月 4 日	6.9779	5181.850
2019 年 12 月 23 日	7.0117	5602.600	2020 年 2 月 5 日	6.9823	5197.750

续表

日期	汇率中间价	上证 180 金融股指数	日期	汇率中间价	上证 180 金融股指数
2020 年 2 月 6 日	6.9985	5265.380	2020 年 3 月 12 日	6.9641	5245.540
2020 年 2 月 7 日	6.9768	5254.110	2020 年 3 月 13 日	7.0033	5178.670
2020 年 2 月 10 日	6.9863	5244.350	2020 年 3 月 16 日	7.0018	4987.700
2020 年 2 月 11 日	6.9897	5277.570	2020 年 3 月 17 日	7.0094	4990.320
2020 年 2 月 12 日	6.9718	5303.100	2020 年 3 月 18 日	7.0328	4871.300
2020 年 2 月 13 日	6.9785	5246.890	2020 年 3 月 19 日	7.0522	4781.830
2020 年 2 月 14 日	6.9843	5297.440	2020 年 3 月 20 日	7.1052	4868.400
2020 年 2 月 17 日	6.9795	5435.450	2020 年 3 月 23 日	7.0940	4732.170
2020 年 2 月 18 日	6.9826	5386.980	2020 年 3 月 24 日	7.0999	4854.990
2020 年 2 月 19 日	7.0012	5391.600	2020 年 3 月 25 日	7.0742	4945.180
2020 年 2 月 20 日	7.0026	5534.470	2020 年 3 月 26 日	7.0692	4936.560
2020 年 2 月 21 日	7.0210	5507.150	2020 年 3 月 27 日	7.0427	4949.040
2020 年 2 月 24 日	7.0246	5449.910	2020 年 3 月 30 日	7.0447	4925.040
2020 年 2 月 25 日	7.0232	5417.840	2020 年 3 月 31 日	7.0851	4888.880
2020 年 2 月 26 日	7.0126	5400.470	2020 年 4 月 1 日	7.0771	4882.710
2020 年 2 月 27 日	7.0215	5412.700	2020 年 4 月 2 日	7.0995	4931.690
2020 年 2 月 28 日	7.0066	5214.870	2020 年 4 月 3 日	7.1104	4888.450
2020 年 3 月 2 日	6.9811	5352.420	2020 年 4 月 7 日	7.0939	4956.830
2020 年 3 月 3 日	6.9516	5369.120	2020 年 4 月 8 日	7.0483	4929.330
2020 年 3 月 4 日	6.9514	5429.790	2020 年 4 月 9 日	7.0536	4939.900
2020 年 3 月 5 日	6.9403	5570.580	2020 年 4 月 10 日	7.0354	4931.810
2020 年 3 月 6 日	6.9337	5452.180	2020 年 4 月 13 日	7.0300	4892.860
2020 年 3 月 9 日	6.9260	5294.440	2020 年 4 月 14 日	7.0406	4973.550
2020 年 3 月 10 日	6.9389	5383.540	2020 年 4 月 15 日	7.0402	4941.080
2020 年 3 月 11 日	6.9612	5301.800	2020 年 4 月 16 日	7.0714	4947.750

续表

日期	汇率中间价	上证180金融股指数	日期	汇率中间价	上证180金融股指数
2020年4月17日	7.0718	4992.040	2020年5月27日	7.1092	4888.450
2020年4月20日	7.0657	4996.970	2020年5月28日	7.1277	4955.380
2020年4月21日	7.0752	4941.850	2020年5月29日	7.1316	4915.920
2020年4月22日	7.0903	4945.760	2020年6月1日	7.1315	5021.040
2020年4月23日	7.0887	4925.950	2020年6月2日	7.1167	5057.470
2020年4月24日	7.0803	4874.180	2020年6月3日	7.1074	5052.970
2020年4月27日	7.0703	4928.370	2020年6月4日	7.1012	5035.660
2020年4月28日	7.0710	4965.260	2020年6月5日	7.0965	5054.500
2020年4月29日	7.0704	5052.150	2020年6月8日	7.0882	5075.720
2020年4月30日	7.0571	5092.550	2020年6月9日	7.0711	5092.600
2020年5月6日	7.0690	5053.200	2020年6月10日	7.0703	5048.470
2020年5月7日	7.0931	5023.470	2020年6月11日	7.0608	4985.550
2020年5月8日	7.0788	5067.460	2020年6月12日	7.0865	4979.950
2020年5月11日	7.0769	5067.100	2020年6月15日	7.0902	4927.870
2020年5月12日	7.0919	5040.420	2020年6月16日	7.0755	4978.790
2020年5月13日	7.0875	5038.010	2020年6月17日	7.0873	4969.090
2020年5月14日	7.0948	4978.770	2020年6月18日	7.0903	4976.630
2020年5月15日	7.0936	4976.110	2020年6月19日	7.0913	5027.100
2020年5月18日	7.1030	4968.060	2020年6月22日	7.0865	5045.440
2020年5月19日	7.0912	5000.490	2020年6月23日	7.0671	5037.640
2020年5月20日	7.0956	5007.230	2020年6月24日	7.0555	5067.960
2020年5月21日	7.0868	4977.910	2020年6月29日	7.0808	4998.140
2020年5月22日	7.0939	4867.090	2020年6月30日	7.0795	5041.460
2020年5月25日	7.1209	4857.130	2020年7月1日	7.0710	5146.780
2020年5月26日	7.1293	4885.020	2020年7月2日	7.0566	5341.240

续表

日期	汇率中间价	上证 180 金融股指数	日期	汇率中间价	上证 180 金融股指数
2020 年 7 月 3 日	7.0638	5570.060	2020 年 8 月 7 日	6.9408	5512.740
2020 年 7 月 6 日	7.0663	6070.640	2020 年 8 月 10 日	6.9649	5577.080
2020 年 7 月 7 日	7.0310	6012.420	2020 年 8 月 11 日	6.9711	5511.860
2020 年 7 月 8 日	7.0207	6168.130	2020 年 8 月 12 日	6.9597	5519.660
2020 年 7 月 9 日	7.0085	6133.590	2020 年 8 月 13 日	6.9429	5507.260
2020 年 7 月 10 日	6.9943	5902.770	2020 年 8 月 14 日	6.9405	5607.120
2020 年 7 月 13 日	6.9965	5924.670	2020 年 8 月 17 日	6.9362	5813.290
2020 年 7 月 14 日	6.9996	5843.200	2020 年 8 月 18 日	6.9325	5768.180
2020 年 7 月 15 日	6.9982	5712.650	2020 年 8 月 19 日	6.9168	5671.220
2020 年 7 月 16 日	6.9913	5543.000	2020 年 8 月 20 日	6.9274	5593.710
2020 年 7 月 17 日	7.0043	5482.760	2020 年 8 月 21 日	6.9107	5629.310
2020 年 7 月 20 日	6.9928	5704.720	2020 年 8 月 24 日	6.9194	5595.940
2020 年 7 月 21 日	6.9862	5632.380	2020 年 8 月 25 日	6.9183	5590.370
2020 年 7 月 22 日	6.9718	5624.210	2020 年 8 月 26 日	6.9079	5507.310
2020 年 7 月 23 日	6.9921	5561.750	2020 年 8 月 27 日	6.8903	5512.660
2020 年 7 月 24 日	6.9938	5351.030	2020 年 8 月 28 日	6.8891	5642.820
2020 年 7 月 27 日	7.0029	5338.380	2020 年 8 月 31 日	6.8605	5589.360
2020 年 7 月 28 日	6.9895	5346.940	2020 年 9 月 1 日	6.8498	5599.300
2020 年 7 月 29 日	6.9969	5465.860	2020 年 9 月 2 日	6.8376	5567.660
2020 年 7 月 30 日	6.9902	5402.330	2020 年 9 月 3 日	6.8319	5538.910
2020 年 7 月 31 日	6.9848	5432.410	2020 年 9 月 4 日	6.8359	5497.620
2020 年 8 月 3 日	6.9980	5497.970	2020 年 9 月 7 日	6.8386	5427.660
2020 年 8 月 4 日	6.9803	5584.120	2020 年 9 月 8 日	6.8364	5536.660
2020 年 8 月 5 日	6.9752	5521.560	2020 年 9 月 9 日	6.8423	5472.090
2020 年 8 月 6 日	6.9438	5612.620	2020 年 9 月 10 日	6.8331	5439.470

续表

日期	汇率中间价	上证180金融股指数	日期	汇率中间价	上证180金融股指数
2020年9月11日	6.8389	5434.220	2020年10月26日	6.6725	5563.740
2020年9月14日	6.8361	5450.940	2020年10月27日	6.6989	5543.820
2020年9月15日	6.8222	5476.890	2020年10月28日	6.7195	5516.040
2020年9月16日	6.7825	5461.670	2020年10月29日	6.7260	5514.890
2020年9月17日	6.7675	5433.480	2020年10月30日	6.7232	5427.390
2020年9月18日	6.7591	5633.660	2020年11月2日	6.7050	5390.720
2020年9月21日	6.7595	5586.600	2020年11月3日	6.6957	5485.480
2020年9月22日	6.7872	5526.120	2020年11月4日	6.6771	5502.160
2020年9月23日	6.7986	5489.130	2020年11月5日	6.6895	5543.750
2020年9月24日	6.8028	5427.180	2020年11月6日	6.6290	5542.370
2020年9月25日	6.8121	5465.240	2020年11月9日	6.6123	5649.070
2020年9月28日	6.8252	5477.460	2020年11月10日	6.5897	5643.510
2020年9月29日	6.8171	5441.840	2020年11月11日	6.6070	5636.250
2020年9月30日	6.8101	5407.080	2020年11月12日	6.6236	5575.780
2020年10月9日	6.7796	5463.390	2020年11月13日	6.6285	5480.500
2020年10月12日	6.7126	5628.540	2020年11月16日	6.6048	5542.100
2020年10月13日	6.7296	5607.920	2020年11月17日	6.5762	5580.850
2020年10月14日	6.7473	5580.240	2020年11月18日	6.5593	5665.630
2020年10月15日	6.7374	5607.800	2020年11月19日	6.5484	5683.110
2020年10月16日	6.7332	5667.500	2020年11月20日	6.5786	5655.260
2020年10月19日	6.7010	5652.300	2020年11月23日	6.5719	5753.790
2020年10月20日	6.6930	5630.600	2020年11月24日	6.5809	5706.850
2020年10月21日	6.6781	5686.630	2020年11月25日	6.5749	5691.650
2020年10月22日	6.6556	5695.090	2020年11月26日	6.5780	5759.490
2020年10月23日	6.6703	5689.760	2020年11月27日	6.5755	5873.470

续表

日期	汇率中间价	上证 180 金融股指数	日期	汇率中间价	上证 180 金融股指数
2020 年 11 月 30 日	6.5782	5846.510	2021 年 1 月 5 日	6.4760	5578.720
2020 年 12 月 1 日	6.5921	6027.640	2021 年 1 月 6 日	6.4604	5660.690
2020 年 12 月 2 日	6.5611	6012.360	2021 年 1 月 7 日	6.4608	5720.930
2020 年 12 月 3 日	6.5592	5988.860	2021 年 1 月 8 日	6.4708	5725.750
2020 年 12 月 4 日	6.5507	5929.500	2021 年 1 月 11 日	6.4764	5697.260
2020 年 12 月 7 日	6.5362	5817.860	2021 年 1 月 12 日	6.4823	5891.280
2020 年 12 月 8 日	6.5320	5778.420	2021 年 1 月 13 日	6.4605	5840.730
2020 年 12 月 9 日	6.5311	5726.570	2021 年 1 月 14 日	6.4746	5782.290
2020 年 12 月 10 日	6.5476	5700.680	2021 年 1 月 15 日	6.4633	5893.240
2020 年 12 月 11 日	6.5405	5617.260	2021 年 1 月 18 日	6.4845	5953.580
2020 年 12 月 14 日	6.5361	5670.690	2021 年 1 月 19 日	6.4883	5964.270
2020 年 12 月 15 日	6.5434	5634.010	2021 年 1 月 20 日	6.4836	5900.880
2020 年 12 月 16 日	6.5355	5632.070	2021 年 1 月 21 日	6.4696	5925.430
2020 年 12 月 17 日	6.5362	5712.030	2021 年 1 月 22 日	6.4617	5807.900
2020 年 12 月 18 日	6.5315	5643.390	2021 年 1 月 25 日	6.4819	5817.810
2020 年 12 月 21 日	6.5507	5636.470	2021 年 1 月 26 日	6.4847	5718.650
2020 年 12 月 22 日	6.5387	5477.500	2021 年 1 月 27 日	6.4665	5750.780
2020 年 12 月 23 日	6.5558	5506.760	2021 年 1 月 28 日	6.4845	5693.720
2020 年 12 月 24 日	6.5361	5498.220	2021 年 1 月 29 日	6.4709	5654.300
2020 年 12 月 25 日	6.5333	5503.940	2021 年 2 月 1 日	6.4623	5713.610
2020 年 12 月 28 日	6.5236	5518.970	2021 年 2 月 2 日	6.4736	5673.210
2020 年 12 月 29 日	6.5451	5534.960	2021 年 2 月 3 日	6.4669	5689.150
2020 年 12 月 30 日	6.5325	5573.070	2021 年 2 月 4 日	6.4605	5688.550
2020 年 12 月 31 日	6.5249	5695.490	2021 年 2 月 5 日	6.4710	5772.940
2021 年 1 月 4 日	6.5408	5633.080	2021 年 2 月 8 日	6.4678	5779.220

续表

日期	汇率中间价	上证180金融股指数	日期	汇率中间价	上证180金融股指数
2021年2月9日	6.4533	5811.670	2021年3月23日	6.5036	5729.120
2021年2月10日	6.4391	5815.750	2021年3月24日	6.5228	5668.540
2021年2月18日	6.4536	5926.550	2021年3月25日	6.5282	5622.590
2021年2月19日	6.4624	5973.470	2021年3月26日	6.5376	5669.690
2021年2月22日	6.4563	5891.340	2021年3月29日	6.5416	5669.660
2021年2月23日	6.4516	5943.510	2021年3月30日	6.5641	5690.780
2021年2月24日	6.4615	5859.310	2021年3月31日	6.5713	5668.350
2021年2月25日	6.4522	5974.120	2021年4月1日	6.5584	5672.360
2021年2月26日	6.4713	5794.790	2021年4月2日	6.5649	5630.670
2021年3月1日	6.4754	5754.240	2021年4月6日	6.5527	5637.930
2021年3月2日	6.4625	5696.130	2021年4月7日	6.5384	5607.870
2021年3月3日	6.4565	5898.300	2021年4月8日	6.5463	5612.450
2021年3月4日	6.4758	5845.360	2021年4月9日	6.5409	5562.850
2021年3月5日	6.4904	5826.980	2021年4月12日	6.5578	5532.670
2021年3月8日	6.4795	5756.180	2021年4月13日	6.5454	5510.090
2021年3月9日	6.5338	5656.160	2021年4月14日	6.5362	5481.350
2021年3月10日	6.5106	5628.980	2021年4月15日	6.5297	5418.170
2021年3月11日	6.4970	5784.000	2021年4月16日	6.5288	5445.320
2021年3月12日	6.4845	5811.300	2021年4月19日	6.5233	5528.870
2021年3月15日	6.5010	5794.830	2021年4月20日	6.5103	5516.340
2021年3月16日	6.5029	5852.630	2021年4月21日	6.5046	5543.970
2021年3月17日	6.4978	5772.110	2021年4月22日	6.4902	5505.150
2021年3月18日	6.4859	5760.620	2021年4月23日	6.4934	5511.140
2021年3月19日	6.5098	5632.640	2021年4月26日	6.4913	5422.300
2021年3月22日	6.5191	5722.230	2021年4月27日	6.4924	5425.360

续表

日期	汇率中间价	上证 180 金融股指数	日期	汇率中间价	上证 180 金融股指数
2021 年 4 月 28 日	6. 4853	5406. 770	2021 年 6 月 7 日	6. 3963	5658. 650
2021 年 4 月 29 日	6. 4715	5528. 520	2021 年 6 月 8 日	6. 3909	5664. 750
2021 年 4 月 30 日	6. 4672	5438. 280	2021 年 6 月 9 日	6. 3956	5631. 740
2021 年 5 月 6 日	6. 4895	5444. 070	2021 年 6 月 10 日	6. 3972	5618. 360
2021 年 5 月 7 日	6. 4678	5446. 160	2021 年 6 月 11 日	6. 3856	5555. 530
2021 年 5 月 10 日	6. 4425	5417. 600	2021 年 6 月 15 日	6. 4070	5445. 920
2021 年 5 月 11 日	6. 4254	5451. 550	2021 年 6 月 16 日	6. 4078	5470. 890
2021 年 5 月 12 日	6. 4258	5457. 580	2021 年 6 月 17 日	6. 4298	5435. 270
2021 年 5 月 13 日	6. 4612	5426. 180	2021 年 6 月 18 日	6. 4361	5400. 580
2021 年 5 月 14 日	6. 4525	5609. 780	2021 年 6 月 21 日	6. 4546	5349. 240
2021 年 5 月 17 日	6. 4307	5579. 540	2021 年 6 月 22 日	6. 4613	5392. 840
2021 年 5 月 18 日	6. 4357	5581. 210	2021 年 6 月 23 日	6. 4621	5401. 210
2021 年 5 月 19 日	6. 4255	5509. 970	2021 年 6 月 24 日	6. 4824	5427. 340
2021 年 5 月 20 日	6. 4464	5570. 060	2021 年 6 月 25 日	6. 4744	5514. 400
2021 年 5 月 21 日	6. 4300	5488. 670	2021 年 6 月 28 日	6. 4578	5427. 190
2021 年 5 月 24 日	6. 4408	5522. 700	2021 年 6 月 29 日	6. 4567	5360. 030
2021 年 5 月 25 日	6. 4283	5739. 540	2021 年 6 月 30 日	6. 4601	5390. 510
2021 年 5 月 26 日	6. 4099	5771. 160	2021 年 7 月 1 日	6. 4709	5417. 860
2021 年 5 月 27 日	6. 4030	5747. 960	2021 年 7 月 2 日	6. 4712	5275. 560
2021 年 5 月 28 日	6. 3858	5796. 820	2021 年 7 月 5 日	6. 4695	5272. 930
2021 年 5 月 31 日	6. 3682	5765. 630	2021 年 7 月 6 日	6. 4613	5307. 030
2021 年 6 月 1 日	6. 3572	5690. 650	2021 年 7 月 7 日	6. 4762	5293. 030
2021 年 6 月 2 日	6. 3773	5664. 960	2021 年 7 月 8 日	6. 4705	5178. 650
2021 年 6 月 3 日	6. 3811	5625. 800	2021 年 7 月 9 日	6. 4755	5142. 710
2021 年 6 月 4 日	6. 4072	5671. 050	2021 年 7 月 12 日	6. 4785	5152. 870

续表

日期	汇率中间价	上证180金融股指数	日期	汇率中间价	上证180金融股指数
2021年7月13日	6.4757	5141.120	2021年8月17日	6.4765	4942.770
2021年7月14日	6.4806	5044.540	2021年8月18日	6.4915	5162.750
2021年7月15日	6.4640	5165.600	2021年8月19日	6.4853	5045.890
2021年7月16日	6.4705	5147.650	2021年8月20日	6.4984	5019.000
2021年7月19日	6.4700	5136.690	2021年8月23日	6.4969	5025.110
2021年7月20日	6.4855	5085.620	2021年8月24日	6.4805	5070.450
2021年7月21日	6.4835	5065.920	2021年8月25日	6.4728	5009.760
2021年7月22日	6.4651	5121.050	2021年8月26日	6.4730	4928.480
2021年7月23日	6.4650	5119.660	2021年8月27日	6.4863	4960.830
2021年7月26日	6.4763	4938.100	2021年8月30日	6.4677	4878.830
2021年7月27日	6.4734	4802.420	2021年8月31日	6.4679	4946.830
2021年7月28日	6.4929	4828.330	2021年9月1日	6.4680	5105.360
2021年7月29日	6.4942	4816.430	2021年9月2日	6.4594	5152.300
2021年7月30日	6.4602	4751.430	2021年9月3日	6.4577	5147.700
2021年8月2日	6.4660	4842.560	2021年9月6日	6.4529	5172.040
2021年8月3日	6.4610	4838.420	2021年9月7日	6.4533	5267.320
2021年8月4日	6.4655	4804.760	2021年9月8日	6.4674	5249.870
2021年8月5日	6.4691	4784.190	2021年9月9日	6.4615	5204.750
2021年8月6日	6.4625	4791.310	2021年9月10日	6.4566	5277.910
2021年8月9日	6.4840	4902.230	2021年9月13日	6.4497	5271.450
2021年8月10日	6.4842	4982.730	2021年9月14日	6.4500	5122.240
2021年8月11日	6.4831	5001.290	2021年9月15日	6.4492	5087.630
2021年8月12日	6.4754	4969.090	2021年9月16日	6.4330	5031.060
2021年8月13日	6.4799	4966.220	2021年9月17日	6.4527	5048.130
2021年8月16日	6.4717	4988.700	2021年9月22日	6.4693	4958.910

续表

日期	汇率中间价	上证 180 金融股指数	日期	汇率中间价	上证 180 金融股指数
2021 年 9 月 23 日	6.4749	4989.620	2021 年 11 月 4 日	6.3943	4908.550
2021 年 9 月 24 日	6.4599	4947.600	2021 年 11 月 5 日	6.3980	4897.050
2021 年 9 月 27 日	6.4695	4933.580	2021 年 11 月 8 日	6.3959	4904.410
2021 年 9 月 28 日	6.4608	4999.100	2021 年 11 月 9 日	6.3903	4905.260
2021 年 9 月 29 日	6.4662	5002.300	2021 年 11 月 10 日	6.3948	4874.720
2021 年 9 月 30 日	6.4854	4947.010	2021 年 11 月 11 日	6.4145	5008.120
2021 年 10 月 8 日	6.4604	5060.590	2021 年 11 月 12 日	6.4065	4981.410
2021 年 10 月 11 日	6.4479	5124.310	2021 年 11 月 15 日	6.3896	4987.250
2021 年 10 月 12 日	6.4447	5075.950	2021 年 11 月 16 日	6.3924	4944.920
2021 年 10 月 13 日	6.4612	5056.170	2021 年 11 月 17 日	6.3935	4917.530
2021 年 10 月 14 日	6.4414	5027.940	2021 年 11 月 18 日	6.3803	4877.490
2021 年 10 月 15 日	6.4386	5040.050	2021 年 11 月 19 日	6.3825	4940.510
2021 年 10 月 18 日	6.4300	5003.800	2021 年 11 月 22 日	6.3952	4912.860
2021 年 10 月 19 日	6.4307	5057.800	2021 年 11 月 23 日	6.3929	4918.860
2021 年 10 月 20 日	6.4069	5034.770	2021 年 11 月 24 日	6.3903	4923.970
2021 年 10 月 21 日	6.3890	5134.510	2021 年 11 月 25 日	6.3980	4904.210
2021 年 10 月 22 日	6.4032	5149.870	2021 年 11 月 26 日	6.3936	4850.510
2021 年 10 月 25 日	6.3924	5153.210	2021 年 11 月 29 日	6.3872	4821.210
2021 年 10 月 26 日	6.3890	5117.350	2021 年 11 月 30 日	6.3794	4807.950
2021 年 10 月 27 日	6.3856	5049.010	2021 年 12 月 1 日	6.3693	4861.040
2021 年 10 月 28 日	6.3957	5021.770	2021 年 12 月 2 日	6.3719	4892.160
2021 年 10 月 29 日	6.3907	4983.260	2021 年 12 月 3 日	6.3738	4910.570
2021 年 11 月 1 日	6.4192	5035.370	2021 年 12 月 6 日	6.3702	4953.000
2021 年 11 月 2 日	6.4009	4926.940	2021 年 12 月 7 日	6.3738	5004.780
2021 年 11 月 3 日	6.4079	4922.910	2021 年 12 月 8 日	6.3677	5021.460

续表

日期	汇率中间价	上证 180 金融股指数	日期	汇率中间价	上证 180 金融股指数
2021 年 12 月 9 日	6.3498	5089.990	2022 年 1 月 14 日	6.3677	4942.670
2021 年 12 月 10 日	6.3702	5064.030	2022 年 1 月 17 日	6.3599	4952.340
2021 年 12 月 13 日	6.3669	5045.880	2022 年 1 月 18 日	6.3521	5007.490
2021 年 12 月 14 日	6.3675	4993.720	2022 年 1 月 19 日	6.3624	5034.510
2021 年 12 月 15 日	6.3716	4990.980	2022 年 1 月 20 日	6.3485	5146.160
2021 年 12 月 16 日	6.3637	5026.760	2022 年 1 月 21 日	6.3492	5124.290
2021 年 12 月 17 日	6.3651	4987.340	2022 年 1 月 24 日	6.3411	5110.930
2021 年 12 月 20 日	6.3933	4956.150	2022 年 1 月 25 日	6.3418	4998.660
2021 年 12 月 21 日	6.3729	4993.370	2022 年 1 月 26 日	6.3246	5035.460
2021 年 12 月 22 日	6.3703	4949.730	2022 年 1 月 27 日	6.3382	4977.270
2021 年 12 月 23 日	6.3651	4952.980	2022 年 1 月 28 日	6.3746	4911.290
2021 年 12 月 24 日	6.3692	4923.020	2022 年 2 月 7 日	6.3580	5048.880
2021 年 12 月 27 日	6.3686	4920.870	2022 年 2 月 8 日	6.3569	5128.460
2021 年 12 月 28 日	6.3728	4955.890	2022 年 2 月 9 日	6.3653	5117.860
2021 年 12 月 29 日	6.3735	4907.340	2022 年 2 月 10 日	6.3599	5165.290
2021 年 12 月 30 日	6.3674	4939.880	2022 年 2 月 11 日	6.3681	5231.310
2021 年 12 月 31 日	6.3757	4941.690	2022 年 2 月 14 日	6.3664	5092.390
2022 年 1 月 4 日	6.3794	4958.590	2022 年 2 月 15 日	6.3605	5048.350
2022 年 1 月 5 日	6.3779	5009.860	2022 年 2 月 16 日	6.3463	5086.560
2022 年 1 月 6 日	6.3728	4950.480	2022 年 2 月 17 日	6.3321	5077.230
2022 年 1 月 7 日	6.3742	5029.170	2022 年 2 月 18 日	6.3343	5136.970
2022 年 1 月 10 日	6.3653	5046.500	2022 年 2 月 21 日	6.3401	5121.260
2022 年 1 月 11 日	6.3684	5080.320	2022 年 2 月 22 日	6.3487	5065.330
2022 年 1 月 12 日	6.3658	5073.590	2022 年 2 月 23 日	6.3313	5049.600
2022 年 1 月 13 日	6.3542	5067.660	2022 年 2 月 24 日	6.3280	4943.680

续表

日期	汇率中间价	上证 180 金融股指数	日期	汇率中间价	上证 180 金融股指数
2022 年 2 月 25 日	6.3346	4927.300	2022 年 3 月 30 日	6.3566	4688.360
2022 年 2 月 28 日	6.3222	4910.120	2022 年 3 月 31 日	6.3482	4715.790
2022 年 3 月 1 日	6.3014	4953.040	2022 年 4 月 1 日	6.3509	4778.210
2022 年 3 月 2 日	6.3351	4923.400	2022 年 4 月 6 日	6.3799	4825.090
2022 年 3 月 3 日	6.3016	4946.910	2022 年 4 月 7 日	6.3659	4751.700
2022 年 3 月 4 日	6.3288	4889.990	2022 年 4 月 8 日	6.3653	4800.660
2022 年 3 月 7 日	6.3478	4780.820	2022 年 4 月 11 日	6.3645	4697.830
2022 年 3 月 8 日	6.3185	4666.450	2022 年 4 月 12 日	6.3795	4750.590
2022 年 3 月 9 日	6.3178	4576.590	2022 年 4 月 13 日	6.3752	4726.940
2022 年 3 月 10 日	6.3105	4584.790	2022 年 4 月 14 日	6.3540	4743.190
2022 年 3 月 11 日	6.3306	4629.210	2022 年 4 月 15 日	6.3896	4777.470
2022 年 3 月 14 日	6.3506	4527.820	2022 年 4 月 18 日	6.3763	4637.110
2022 年 3 月 15 日	6.3760	4312.840	2022 年 4 月 19 日	6.3720	4604.420
2022 年 3 月 16 日	6.3800	4500.940	2022 年 4 月 20 日	6.3996	4552.150
2022 年 3 月 17 日	6.3406	4539.860	2022 年 4 月 21 日	6.4098	4551.660
2022 年 3 月 18 日	6.3425	4661.280	2022 年 4 月 22 日	6.4596	4607.530
2022 年 3 月 21 日	6.3677	4584.660	2022 年 4 月 25 日	6.4909	4438.490
2022 年 3 月 22 日	6.3664	4643.590	2022 年 4 月 26 日	6.5590	4332.500
2022 年 3 月 23 日	6.3558	4620.700	2022 年 4 月 27 日	6.5598	4336.590
2022 年 3 月 24 日	6.3640	4616.530	2022 年 4 月 28 日	6.5628	4364.750
2022 年 3 月 25 日	6.3739	4592.780	2022 年 4 月 29 日	6.6177	4418.710
2022 年 3 月 28 日	6.3732	4608.970	2022 年 5 月 5 日	6.5672	4395.230
2022 年 3 月 29 日	6.3640	4588.710	2022 年 5 月 6 日	6.6332	4304.500

3.4.2 变量的统计分析

在明确了研究对象的变量及其样本选择区间后，为掌握变量数据特征，我们对变量 *CR* 与 ln*SJ* 进行描述性统计分析。图 3－1 和图 3－2 分别为 2017 年 5 月 27 日至 2022 年 5 月 6 日变量 *CR* 与 ln*SJ* 的变化趋势。

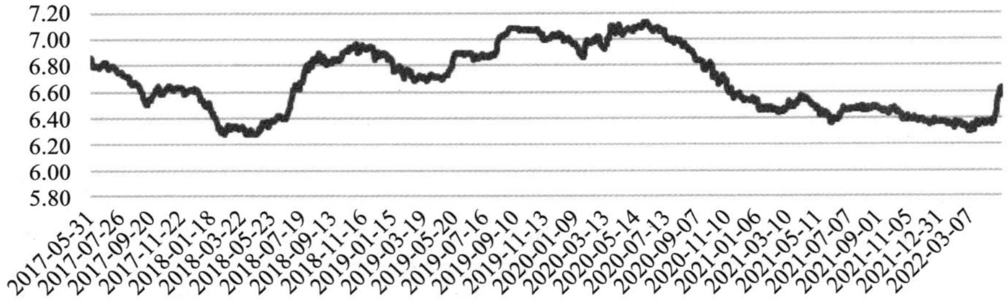

图 3－1　人民币汇率中间价变化趋势

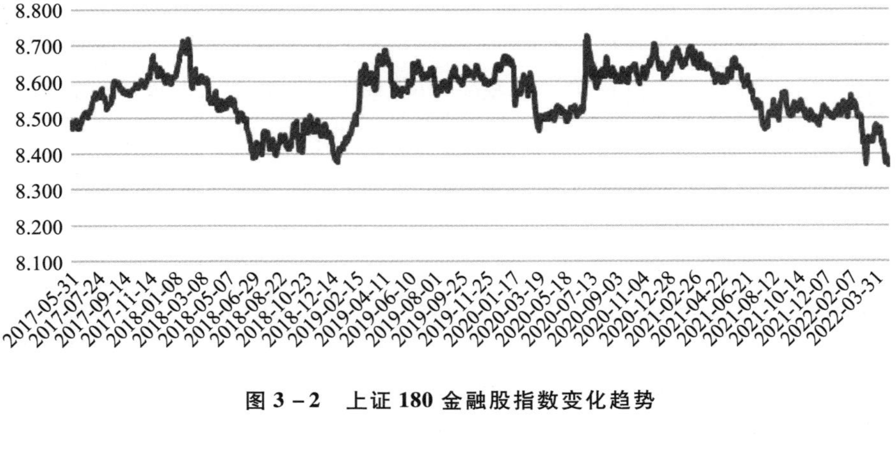

图 3－2　上证 180 金融股指数变化趋势

表 3－2 为人民币汇率中间价（*CR*）、上证 180 金融股指数对数（ln*SJ*）的描述性统计以及 J－B 检验结果。

表 3-2　　　　CR、$\ln SJ$ 的描述性统计

变量	CR	$\ln SJ$
平均值	6.68767	8.561129
中位数	6.69125	8.57495
最大值	7.1316	8.7272
最小值	6.2764	8.3674
标准差	0.249855	0.07632
偏度	0.091775	-0.372398
峰度	1.65752	2.280746
Jarque - Bera	91.79715	53.60243
Probability	0.0000	0.0000

从统计结果可以看出，人民币汇率中间价（CR）偏度为正，其服从右偏分布；上证 180 金融股指数对数（$\ln SJ$）的偏度为负，服从左偏分布。J-B 统计量结果及其 p 值表明，两变量均拒绝了“服从正态分布”的假设，均不服从正态分布。

3.4.3 变量的平稳性检验

对人民币汇率中间价（CR）、上证 180 金融股指数（$\ln SJ$）之间是否存在协整关系的分析，必须对其进行平稳性检验分析。下面按照 4.1 节与 4.2 节中所述方法，分别对两序列进行平稳性检验。首先，对序列进行 R/S 检验，两变量的修正的 R/S 统计量 Q_n^* 如表 3-3 所示。

表 3-3　　各指数的修正的 R/S 统计量

统计量	CR	$\ln SJ$
Q_n^*	514.4793	365.2387
$F(Q_n^*)$	1	1

从表 3-3 检验结果来看，人民币汇率中间价（CR）、上证 180 金融股指数（$\ln SJ$）的修正的 R/S 统计量 Q_n^* 均远大于 3，长记忆性显著，属于长记忆时间序列。

取 m 值分别为 1、2、3、4、5、6，求人民币汇率中间价（CR）与上证 180 金融股指数（$\ln SJ$）对应的修正的 R/S 统计量 Q_n^*，得到表 3-4 和表 3-5 的结果：

表 3-4　　人民币汇率中间价（CR）的修正的 R/S 统计量

m 值	1	2	3	4	5	6
Q_n^*	514.4793	259.5414	158.3540	120.2967	101.6815	80.6601

表 3-5　　上证 180 金融股指数（$\ln SJ$）的修正的 R/S 统计量

m 值	1	2	3	4	5	6
Q_n^*	365.2387	225.4461	152.9048	123.5049	93.8427	70.5812

以人民币汇率中间价（CR）与上证 180 金融股指数（$\ln SJ$）的修正的 R/S 统计量 Q_n^* 和对应的 m 值，进行最小二乘回归，得到 $H_{CR}=0.933$，$H_{\ln SJ}=0.893$。因此，人民币汇率中间价（CR）与上证 180 金融股指数（$\ln SJ$）序列均具有典型的长记忆性特征，为非平稳性时间序列。

3.5　本章小结

针对具有非线性特征的时间序列平稳性检验方法中，在传统单位根检验方法检验水平与功效不佳的情况下，引入了基于长记忆性的非平稳性检验方法和推广的单位根检验方法。在此基础上，以我国人民币汇率、金融股价格指数作为研究对象，进行平稳性检验实证分析。实证结果表明，人民币汇率中间价（CR）与上证 180 金融股指数（$\ln SJ$）序列均具有典型的长记忆性特征，为非平稳性时间序列。

第4章

时间序列线性协整的检验与建模

协整关系描述了经济系统的长期均衡关系。具体来说，它描述了两个或多个非平稳时间序列的均衡关系，虽然每个时间序列的矩，如均值、方差或协方差等随时间变化，但这些序列的某种线性组合（均衡关系）的矩具有不变的特征。

4.1　协整及其表现形式

4.1.1　协整含义

（1）单整（Integration）的定义[47]

对于一个不含确定性趋势的时间序列 $\{y_t\}$，若经过 d 阶差分后具有平稳可逆 ARMA 形式，则称 $\{y_t\}$ 为 d 阶单整的，记为 $\{y_t\} \sim I(d)$，d 称为单整阶。

例如，当一时间序列出现单位根过程，形如：

$$(1-L)y_t = \mu + \psi(L)\varepsilon_t \tag{4-1}$$

其中，L 为一阶滞后算子，并且有：$\psi(L)\varepsilon_t = \sum_{j=0}^{\infty}\psi_j\varepsilon_{t-j}$，$\sum_{j=0}^{\infty}j|\psi_j| < \infty$，$\varepsilon_t \sim i.i.d(0,\sigma^2)$，$\psi(L) \neq 0$。称 $\{y_t\}$ 为一阶单整的，记为 $\{y_t\} \sim I(1)$。

（2）协整（Cointegration）的定义[11]

当同阶单整的多个时序变量间具有某种长期稳定关系，则此时这些变量可以称为协整的。其一般性定义可表述为：

对于一个（$n \times 1$）向量时间序列 $y_t[y=(y_1,y_2,\cdots,y_n)]$，若满足：

①y_t 的各分量序列均为 $I(d)$，即 $y_{i,t} \sim I(d)$；

②存在非零的列向量 α，使 $\alpha' y_t \sim I(d-b)$，$0 < b \leq d$；

则称 y_t 的各分量间存在（d,b）阶协整关系，记作 $y_t \sim CI$

(d,b)，向量 α 则称为 y_t 的协整向量。

满足条件的协整向量可能不是唯一的，假设有 k（显然有 $k<n$）个彼此线性无关的协整向量 $\alpha_i(i=1,2,\cdots,k)$，则这些向量构成一个协整矩阵，记作：$A=(\alpha_1,\alpha_2,\cdots,\alpha_k)$，且 $r(A)=k$。

特别地，如果每一个分量序列 $\{y_{i,t}\}$ 都各自是 I(1)，即非平稳含一个单位根，而各序列的线性组合 $\alpha' y_t$ 是平稳的，即 I(0)，α 是某个非零向量，则称 y_t 为（1,1）阶协整的。

4.1.2 协整系统表现形式

协整表达了系统间的长期均衡关系，反映了变量之间的亦步亦趋的短期动态关系。在这一思想的基础上，1987 年，Engle 和 Granger 正式提出了协整理论，指出了协整系统具有三种主要的表现形式，即向量自回归模型（VAR）、向量移动平均模型（VMA）和误差修正模型（ECM），并且这三种表现形式是等价的。以 VAR 为例，介绍一下它的含义[12]。

设 N 维 I(1) 向量时间序列 y_t 可以表示为 p 阶向量自回归形式：

$$y_t=c+\Phi_1 y_{t-1}+\Phi_2 y_{t-2}+\cdots+\Phi_p y_{t-p}+\varepsilon_t \tag{4-2}$$

上式也可以写成：

$$\Phi(L)y_t=c+\varepsilon_t \tag{4-3}$$

其中，$\Phi(L)y_t=I_N-\Phi_1 L-\cdots-\Phi_p L^p$

由 Wold 分解式可知：$(1-L)y_t=\delta+\psi(L)\varepsilon_t$

上式两边同时乘以 $\Phi(L)$，得：

$$(1-L)\Phi(L)y_t=(1-L)c+(1-L)\varepsilon_t=\Phi(L)\delta+\Phi(L)\psi(L)\varepsilon_t \tag{4-4}$$

即$(1-L)\varepsilon_t=\Phi(1)\delta+\Phi(L)\psi(L)\varepsilon_t$，所以，$\Phi(1)\delta=0$，且$(1-L)I_N=\Phi(L)\psi(L)$，因此，$\Phi(1)\psi(1)=0$。

$\Phi(1)$ 的行向量是协整向量的转置，因而其也能用协整空间的基来线性表述。

设 v_i 是 $\Phi(1)$ 的行向量，如果 y_t 存在 r 个协整关系，则存在某个 r 维向量 d_i 使 $v_i'=d_i'A',i=1,2,\cdots,N$，其中 A 是 y_t 的协整矩阵。

因此，$\Phi(1)=DA'$。其中，$D'=(d_1,d_2,\cdots,d_N)$，因而 y_t 可以表述为下列向量自回归形式：

$$\begin{cases}y_t=c+\phi_1y_{t-1}+\phi_2y_{t-2}+\cdots+\phi_py_{t-p}+\varepsilon_t\\ \phi_1=DA'\end{cases} \tag{4-5}$$

4.2　线性协整系统的估计与检验

由于时间序列数据是计量分析中最经常使用的数据类型，并且实际经济变量的时间序列大多为非平稳过程，协整理论的提出从某种程度上改变了计量模型的建模过程，在对时间序列进行回归分析前，一般都要对其进行平稳性检验和协整检验。最常用的协整检验方法是 Engle - Granger 的 EG 两步法和 Johansen 检验，下面分别进行介绍。

4.2.1 EG 两步法

Engle 与 Granger（1987）提出了检验和估计协整关系的两步法程序[48]，该方法适合于变量间只存在一个协整关系的检验，其实施步骤简单可行，因而成为非常流行的一种检验和估计方法。

假定协整系统 $Y_t=(Y_{1t},Y_{2t})=(y_t,x_t)$ 可以表述为

$$y_t=\beta x_t+u_t \tag{4-6}$$

$$\Delta x_t=\varepsilon_t \tag{4-7}$$

其中，$u_t\sim i.i.d,\ N(0,\sigma_u^2)$，$\varepsilon_t\sim i.i.d,\ \mathrm{N}(0,\sigma_\varepsilon^2)$，$E(u_t,\varepsilon_t)\neq 0$

EG 两步法是指：第一步，先对式（4-6）进行 OLS 估计；第二步，再对其 OLS 残差 $\widehat{u}_t$ 进行单位根检验，若 $\widehat{u}_t\sim \mathrm{I}(0)$，则（$y_t,x_t$）是协整的，并且式（4-6）的 OLS 回归结果即是估计的协整关系。由于 ADF 单位根检验是以存在单位根为原假设，由对残差进行单位根检验转化为协整检验，实际上是检验无协整的原假设。

由于 y_t,x_t 均为 I(1)，故对式（4-6）的 OLS 估计所产生的估计量 $\widehat{\beta}$ 是超一致估计，且 $\widehat{\beta}$ 的分布是一个非标准的正态分布。这一方法可直接扩展到自变量为多个，即 x_t 为向量的情形，其检验和估计步骤以及分布结果均不变。但是，临界值因不同的回归因子个数而不同。

4.2.2 Johansen 检验方法

Johansen 检验是通过建立 VAR 系统，确定存在的协整关系的

个数。其主要思想为[49]：将一个极大似然函数的最大化问题转化为一个正则约束条件下的最大特征根问题。

设有 M 个长度为 T 的变量，将它们构成的序列向量记为 Y_t，Johansen 检验的主要实现步骤为：

第一，对式（4－8）、式（4－9）分别进行最小二乘估计，得到各自的残差矩阵 S_0 和 S_1（均为 $M \times T$ 的矩阵）。

$$\Delta Y_t = \sum_{j=1}^{k} \delta_j \Delta Y_{t-j} + u_t \tag{4-8}$$

$$Y_{t-1} = \sum_{j=1}^{k} \delta_j \Delta Y_{t-j} + u_t \tag{4-9}$$

第二，根据残差矩阵 S_0 和 S_1 构造下列积矩阵：$R_{00} = T^{-1} S_0 S_0{}'$、$R_{01} = T^{-1} S_0 S_1{}'$、$R_{10} = T^{-1} S_1 S_0{}'$、$R_{11} = T^{-1} S_1 S_1{}'$。

第三，求解特征方程：

$$\left| \lambda R_{11} + R_{10} R_{00}^{-1} R_{01} \right| = 0 \tag{4-10}$$

将求得的特征根按从大到小的顺序排列，得：$\lambda_1 \geqslant \lambda_2 \geqslant \cdots \lambda_m \geqslant 0$。

第四，原假设 $H_0: \lambda_{r+1} = \lambda_{r+2} = \cdots = \lambda_m = 0$；备选假设：$H_1: \lambda_i \neq 0,\ i = 1, 2, \cdots, m$。根据上述构造统计量得：

$$\omega(m - r) = -T \sum_{i=r+1}^{m} \ln(1 - \lambda_i) \tag{4-11}$$

式（4－11）称为 Johansen 协整迹检验，接受原假设则说明至多有 $m - r$ 个协整关系。

通过对 EG 两步法和 Johansen 检验的介绍，可以发现同样作为协整检验的方法，两者存在一定的差异。EG 两步法是直接基于残差进行检验，其原理和计算相对比较简单，但由于 OLS 的小样本偏差而导致其检验势偏低。同时，EG 两步法只适用于单一协整关系的估计和检验，这也在一定程度上局限了其应用。Johansen 检验适用于多个协整关系的估计与检验，具有相对较高的检验势，其特点是基于协整系统的 ECM 表述而将一个求极大似然函数的问题转化为一个求特征根和对应的特征向量问题，尽管这一理论非常复杂，但是已经有较为成熟的软件来实现这一估计与检验，因此，这一方法得到广泛应用。

4.3 基于 VAR 模型的协整系统动态分析

在 VAR 模型基础上，可以对变量之间的关系进行动态分析，包括变量间的 Granger 因果关系检验、脉冲响应函数和方差分解。下面对上述分析方法进行简单介绍。

4.3.1 Granger 因果关系检验

Granger 因果关系检验是检验变量之间是否具有长期因果关系常用的一种方法，其最终目的是从两个相互联系的序列当中分辨出哪一个是原因，哪一个是结果。Granger 因果关系是从预测的角度给出的一种因果关系的定义。如果一个变量 X 无助于预测另一个变量 Y，则说 X 不是 Y 的 Granger 原因；相反，如果 X 是 Y 的 Granger 原因，则必须满足以下两个条件[50]：

第一，X 有助于预测 Y，即在关于 Y 的过去值的回归中，添加 X 的过去值作为独立变量应当显著地增加回归的解释能力；

第二，Y 不应当有助于预测 X，其原因是如果 X 有助于预测

Y，Y 也有助于预测 X，则很可能存在一个或几个其他变量，它们既是引起 X 变化的原因，也是引起 Y 变化的原因。

根据 Granger 对两个变量之间因果关系的定义可以构造检验两个变量之间是否存在 Granger 因果关系的模型，即以 Y_t 为被解释变量的方程中是否可以把 X_t 的全部滞后变量剔除掉，模型的具体形式如下[40]：

$$Y_t = \sum_{i=1}^{k} a_i Y_{t-i} + \sum_{i=1}^{k} \beta_i X_{t-i} + \mu_t \qquad (4-12)$$

则检验 X_t 对 Y_t 存在格兰杰因果关系的零假设是：$H_0: \beta_1 = \beta_2 = \cdots = \beta_k = 0$。上述检验的统计量可通过计算 F 统计量来完成。

$$F = \frac{(SSE_r - SSE_u)/k}{SSE_u/(T-kN)} \qquad (4-13)$$

其中，SSE_r 表示施加约束（零假设成立）后的残差平方和。SSE_u 表示不施加约束条件下的残差平方和。T 表示最大滞后期。N 表示模型中所含当期变量个数。根据样本进行回归估计，计算 F 统计量的值。当 F 统计量的值大于临界值时，拒绝零假设，说明 X_t 是 Y_t 的格兰杰原因；当 F 统计量的值小于临界值时，不能拒绝零假设，说明 X_t 不是 Y_t 的格兰杰原因。

4.3.2　脉冲响应函数

脉冲响应函数描述一个内生变量对来自另一内生变量的一个单位变动冲击所产生的响应提供系统受冲击所产生响应的正负方向、调整时滞和稳定过程等信息。现以 VAR（2）模型为例来说明脉冲响应函数的基本思想[51]：

$$\begin{cases} X_t = a_1 X_{t-1} + a_2 X_{t-2} + b_1 Y_{t-1} + b_2 Y_{t-2} + \varepsilon_{1t} \\ Y_t = c_1 X_{t-1} + c_2 X_{t-2} + d_1 Y_{t-1} + d_2 Y_{t-2} + \varepsilon_{2t} \end{cases} \quad t = 1, 2, \cdots, T \tag{4-14}$$

其中，a_i、b_i、c_i、d_i 是参数，扰动项 $\varepsilon_t = (\varepsilon_{1t}, \varepsilon_{2t})'$，假定是具有如下性质的白噪声向量：

$\forall t \quad E(\varepsilon_{it}) = 0, \text{var}(\varepsilon_{it}) = E(\varepsilon_t \varepsilon_t') = \sum = \{\sigma_{ij}\}, i = 1, 2$

$\forall t \neq s \quad E(\varepsilon_{it} \varepsilon_{is}) = 0, i = 1, 2$

假定上述系统从 0 期开始活动，且设 $X_{-1} = X_{-2} = Y_{-1} = Y_{-2} = 0$，设于第 0 期给定了扰动项 $\varepsilon_0 = (\varepsilon_{10}, \varepsilon_{20})' = (1, 0)'$，并且其后均为 0，即 $\varepsilon_t = (\varepsilon_{1t}, \varepsilon_{2t})' = (0, 0)' (t = 1, 2, \cdots, T)$，称此为第 0 期给 X 以脉冲，X_t 与 Y_t 的响应是：$t = 0$ 时，$X_0 = 1$，$Y_0 = 0$。

将此结果代入式（4－14）中，得到 $t = 1$ 时，$X_1 = a_1$，$Y_1 = c_1$。

再将结果代入式（4－14）中，得到 $t = 2$ 时，$X_2 = a_1^2 + a_2 + b_1 c_1$，$Y_2 = c_1 a_1 + c_2 + c_1 d_1$。

继续这样计算下去，求得的结果 $X_0, X_1, X_2, X_3, X_4, \cdots$ 称为由 X 的脉冲引起的 X 的响应函数。同样，求得的 $Y_0, Y_1, Y_2, Y_3, Y_4, \cdots$ 称为由 X 的脉冲引起的 Y 的响应函数。

当然，第 0 期的脉冲反过来，从 $\varepsilon_0 = (\varepsilon_{10}, \varepsilon_{20})' = (0, 1)'$ 出发，可以求出由 Y 的脉冲引起的 X 的响应函数和 Y 的响应函数。

4.3.3 方差分解

方差分解是通过分析每一结构冲击对内生变量变化（通常用

方差来度量）的贡献度，进一步评价不同结构冲击的重要性。因此，方差分解给出对 VAR 模型中的变量产生影响的每个随机扰动的相对重要性的信息。其基本思想如下所述[52]：

$$Y_{it} = \sum_{j=1}^{k}(c_{ij}^{0}\varepsilon_{jt} + c_{ij}^{1}\varepsilon_{jt-1} + c_{ij}^{2}\varepsilon_{jt-2} + \cdots), \quad (4-15)$$

$$i = 1,2,\cdots,k,\ t = 1,2,\cdots,T$$

各个括号中的内容是第 j 个扰动项 ε_j 从无限过去到现在时点对 Y_i 影响的总和。求其方差，假定 ε_j 无序列相关，则

$$E[(c_{ij}^{0}\varepsilon_{jt} + c_{ij}^{1}\varepsilon_{jt-1} - c_{ij}^{2}\varepsilon_{jt-2} + \cdots)^2] = \sum_{q=0}^{\infty}(c_{ij}^{q})^2\sigma_{jj},\ i,j = 1,2,\cdots,k \quad (4-16)$$

这是把第 j 个扰动项对第 i 个变量从无限过去到现在时点的影响，用方差加以评价的结果。此处还假定扰动项向量的协方差矩阵 Σ 是对角矩阵，则 Y_i 的方差是上述方差的 k 项简单和：

$$\mathrm{var}(Y_{it}) = \sum_{j=1}^{k}\left\{\sum_{q=0}^{\infty}(c_{jj}^{q})^2\sigma_{jj}\right\},\ i = 1,2,\cdots,k,\ t = 1,2,\cdots,T \quad (4-17)$$

Y_i 的方差可以分解成 k 种不相关的影响。为了测定各个扰动项相对 Y_i 的方差有多大程度的贡献，本书定义了如下尺度：

$$RVC_{j\to i}(\infty) = \frac{\sum_{q=0}^{\infty}(c_{ij}^{q})^2\sigma_{jj}}{\mathrm{var}(Y_{it})} = \frac{\sum_{q=0}^{\infty}(c_{ij}^{q})^2\sigma_{jj}}{\sum_{j=1}^{k}\left\{\sum_{q=0}^{\infty}(c_{jj}^{q})^2\sigma_{jj}\right\}},\ i,j = 1,2,\cdots,k \quad (4-18)$$

即相对方差贡献率（RVC）是根据第 j 个变量基于冲击的方差对 Y_i 的方差的相对贡献度来观测第 j 个变量对第 i 个变量的

影响。

实际上，不可能用直到∞的 c_{ij}^{q}项和来评价。若模型满足平稳性条件，则 c_{ij}^{q}随着 q 的增大呈几何数性衰减，所以只需取有限项。

4.4 基于 VAR 与季节调整数据的我国价格传导机制实证分析

从改革开放后我国主要物价指数的变化情况可以看出，各类物价指数年度波动趋势基本一致，变化关系密切。而以高频（比如月度）数据对它们进行研究，则会发现各物价指数存在一定的传导关系。下面就选取合适的数据形式，对本书选取的几类物价指数间的传导机制进行研究。

4.4.1 价格传导机制及影响因素分析

(1) 价格传导机制内涵及分类

价格传导机制是指市场经济条件下，价格体系中某种商品或服务价格变化引起其他商品或服务价格相应变化的内在规律与作用方式①。研究价格传导机制一方面可以了解产业部门之间的垂

① 杜军岗，张怀强．基于 VAR 与季节调整数据的价格传导机制实证分析［J］．统计与决策，2020（14）：116－118.

直关系（即产业链），对优化产业结构起到指导作用；另一方面有利于控制通货膨胀，稳定物价。价格传导机制是通过不同种类价格指数的变化规律来体现的。价格传导链条为生产领域←→流通领域←→消费领域。一般来说，各个产业链条上的价格变动代表的指数变量为：原材料、燃料、动力购进价格指数（MPI）、工业品出厂价格指数（PPI）、居民消费价格指数（CPI）。

根据价格传导方向的不同，价格传导形式可以分为成本推动型和需求拉动型。成本推动型即上游生产领域商品和服务价格变化通过成本引起流通领域和下游消费领域相应的价格变化，一般表现为上游原材料的价格波动通过成本传输使加工企业的生产固定成本增加，在不压缩利润空间的情况下，其销售价格相应变动，通过流通领域进而在最后一环节居民消费价格水平方面引起相应变动。需求拉动型即下游消费领域商品的需求大于供给，使消费商品价格上涨，在库存与资源限制下使商品加工企业的供给小于需求，进而促使原材料的供给小于需求，使整个销售—加工—原料产业链条的价格上涨。判断价格传导属于成本推动型还是需求拉动型，比较简单的方法是观察代表各个产业链条上价格变动的价格指数间的变动关系，如果是居民消费价格指数或零售价格指数变动引起工业品出厂价格指数、原材料、燃料动力购进价格指数变动，那么就是需求拉动型。反之，属于成本推动型。

（2）价格传导的影响因素

价格传导会受许多影响因素的制约，主要有三个方面：

第一，供求关系。从商品价值构成理论上看，成本上升是商品价格上涨的重要动因。但是能否实现，则取决于市场上商品的供求关系。在短缺经济条件下，成本上升直接导致商品涨价，这已被我国20世纪80年代和90年代高通货膨胀时期的历史所证实。而在商品供大于求格局的情况下，成本上升对商品涨价的推动则缺乏必要的市场环境，这在经济危机情况下比较普遍。由于市场的供求关系以及企业库存等原因，价格传导会有一定的滞后。

第二，价格指数构成。因为我们考察价格传导机制依据的是代表各领域的价格指数的表现，所以，价格指数的构成会对价格传导机制的研究产生影响，比如PPI统计对象包括生产资料和生活资料两部分，生活资料所占的比例约1/3，生活资料出厂价格的变动对PPI的总体影响较小。而CPI作为下游消费品和服务项目的价格统计指数，生活资料占的比重很大，所以价格指数不同的商品构成，在客观上并不能保证它们的变动幅度和变动方向总能保持一致。

第三，政府价格管制等政策实施。在特定环境下，对于部分商品的价格，政府都会出台一定的政策进行管制，比如能源中的煤炭，为了保证经济发展的需要，在很长时期价格都没有发生大的波动。部分食品价格在波动剧烈的时候，也会受到政府管制。以上这些方面的因素都使价格传导关系变得复杂，价格传导不会那么理想化。

我国对于PPI和CPI之间的关系进行了大量实证分析研究，并依据其样本期间和研究方法得出了不尽相同的结果。如文献［53］—［55］对PPI与CPI建立了回归模型，对两者进行深入分析，认为价格传导上存在倒挂现象，PPI向CPI的传导受阻；

文献［56］则通过误差修正模型得出了 PPI 向 CPI 单向传导的结论；而文献［57］认为 CPI 和 PPI 在常态下为非稳定的时间序列，并且两者间不存在长期均衡关系，即协整关系。这些文献通过对我国物价指数历史数据的实证分析，对认识我国的价格传导机制具有重要作用。

通过对上述文献以及其他相关文献［58］的研读，本书发现在实证分析过程中有许多问题没有得到正视，导致研究结论存在较大差异。首先，由于季节性因素影响，且我国价格指数的传递在年内已经完成，历史数据应该选择经过季节调整后的月度环比指数；其次，在对各价格指数的时间序列进行建模分析时，应该考虑序列协整性问题，避免伪回归；再次，建模方法的选择应避免主观规定变量的内生性或外生性；最后，应当考虑整个产业链价格传递过程，建立完整的价格传导模型。基于此，本研究对近年来我国 MPI、PPI、CPI 的月度环比数据进行季节性调整，然后对各序列进行协整检验，最后采用 VAR 模型建立相应的价格传递方程，以期对我国价格传导机制有新的认识。

4.4.2　数据的选取和调整

（1）样本的选择

本书选取 2008—2018 年我国 MPI、PPI、CPI 指数。我国物价指数分为月度、季度和年度数据，一般公布的是同比数据。为了反映社会价格的连续变化波动情况，本书采用合适的方法对同比数据进行转换，得到环比数据。在数据频度上，则选取 2008 年 1 月至 2018 年 12 月的月度数据。

对于 CPI、PPI、MPI 月度数据来说，国家公布的一般是同比数据（以上年价格为 100），其比较的基点为上年同一时期，无法反映物价水平的短期连续波动情况。因此，需要进行适当的转换，将其转换为月度环比数据。同时，由于月度数据存在季度性因素的影响，数据基本规律不能被真实反映出来。因此，有必要对转换后的数据再进行季节性调整，然后再进行相关的数据分析。

（2）同比数据向环比数据的转换

对于月度同比数据向环比数据的转换[59]，本书以月度 CPI 为对象进行分析。令基期居民消费价格水平为 P_0，t 期居民消费价格水平为 P_t，t 期 CPI 同比价格指数为 $CPIt_t$，t 期 CPI 环比价格指数为 $CPIh_t$。

由环比的定义可知，t 期 CPI 环比价格指数 $CPIh_t$ 与居民消费价格水平 P_t 之间的关系为：

$$CPIh_t = P_t / P_{t-1} \tag{4-19}$$

由式（4－19）可得，$P_t = P_{t-1} \cdot CPIh_t$，用下标 $t-1$ 替换 t，可得 $P_{t-1} = P_{t-2} \cdot CPIh_{t-1}$，连续迭代可得：

$$P_t = P_0 \cdot CPIh_1 \cdot CPIh_2 \cdot \cdots \cdot CPIh_t = P_0 \cdot \prod_{i=1}^{t} CPIh_i \tag{4-20}$$

通常可令基期的居民消费价格水平 $P_0 = 1$。根据式（4－20）可知，t 期的居民消费价格水平就是从第 1 期到第 t 期的环比居民消费价格指数的连乘之积。

由同比的定义可知，同比居民消费价格指数 $CPIt_t$ 与居民消费价格水平 P_t 间的关系为：

$$CPIt_t = P_t / P_{t-12} \times 100 \tag{4-21}$$

将式（4－20）代入式（4－21），得：

$$\begin{aligned} CPIt_t &= P_0 \cdot \prod_{i=1}^{t} CPIh_i / P_0 \cdot \prod_{i=1}^{t-12} CPIh_i = \prod_{i=t-11}^{t} CPIh_i \times 10^{-24} \\ &= CPIh_t \cdot CPIh_{t-1} \cdot CPIh_{t-2} \cdot \cdots \cdot CPIh_{t-11} \times 10^{-24} \end{aligned} \tag{4-22}$$

式（4－22）表明，t 期的同比居民消费价格指数就等于从 t 期往前到 $t-11$ 期的 12 个环比居民消费价格指数的乘积。

由式（4－22）可以得到由同比指数向后推算环比指数的公式。假定已有 $t-11$、$t-10$、…、$t-1$ 期的环比指数和 t 期的同比指数，则 t 期的环比指数 $CPIh_t$ 为：

$$\begin{aligned} CPIh_t &= CPIt_t / (CPIh_{t-1} \cdot CPIh_{t-2} \cdot \cdots \cdot CPIh_{t-11}) \times 10^{22} \\ &= CPIt_t / \prod_{i=t-11}^{t-1} CPIh_i \times 10^{22} \end{aligned} \tag{4-23}$$

当早期物价指数的环比数据无法查找时，则可以根据式（4－23）进行逆运算。假定已有 $t-10$、$t-1$、…、t 期的环比指数和 t 期的同比指数，则 $t-11$ 期的环比指数 $CPIh_{t-11}$ 为：

$$\begin{aligned} CPIh_{t-11} &= CPIt_t / (CPIh_t \cdot CPIh_{t-1} \cdot \cdots \cdot CPIh_{t-10}) \times 10^{22} \\ &= CPIt_t / \prod_{i=t-10}^{t} CPIh_i \times 10^{22} \end{aligned} \tag{4-24}$$

根据式（4－24），可以对早期的物价指数的环比数据进行换算。PPI 与 MPI 的同比数据与环比数据的转换原理与 CPI 同比数据与环比数据的转换原理类似。

利用上述同比数据与环比数据的转换原理，在已有物价指数月度同比指数及环比指数基础上，本书对 2008 年 1 月至 2018 年 12 月的 CPI、PPI、MPI 的月度同比数据向环比数据转换，原始数据及处理如表 4－1 所示。

表 4-1　　　2008 年 1 月至 2018 年 12 月 CPI、PPI、MPI 月度数据

时间	CPI 同比	CPI 环比	PPI 同比	PPI 环比	MPI 同比	MPI 环比
2008 年 1 月	107.10	101.20	103.10	102.88	108.90	101.61
2008 年 2 月	108.70	102.60	103.00	100.31	109.70	102.25
2008 年 3 月	108.30	99.30	102.50	100.47	111.00	102.81
2008 年 4 月	108.50	100.10	101.90	100.28	111.80	100.68
2008 年 5 月	107.70	99.60	102.40	100.19	111.90	101.93
2008 年 6 月	107.10	99.80	103.50	100.19	113.50	101.74
2008 年 7 月	106.30	100.10	103.60	100.37	115.40	103.50
2008 年 8 月	104.90	99.90	103.40	100.19	115.30	98.98
2008 年 9 月	104.60	100.00	103.50	100.13	114.00	97.48
2008 年 10 月	104.00	99.70	102.90	99.83	111.00	97.47
2008 年 11 月	102.40	99.20	102.80	99.48	104.70	93.62
2008 年 12 月	101.20	99.80	103.10	99.32	98.70	97.12
2009 年 1 月	101.00	100.90	103.30	96.65	94.70	97.49
2009 年 2 月	98.40	100.00	102.60	99.43	92.90	100.30
2009 年 3 月	98.80	99.70	102.70	99.27	91.10	100.82
2009 年 4 月	98.50	99.80	102.90	99.48	90.40	99.91
2009 年 5 月	98.60	99.70	102.80	99.56	89.60	101.03
2009 年 6 月	98.30	99.50	102.50	99.60	88.80	100.84
2009 年 7 月	98.20	100.00	102.40	99.64	88.30	102.92
2009 年 8 月	98.80	100.50	102.60	99.79	88.60	99.31
2009 年 9 月	99.20	100.40	102.70	99.94	89.90	98.91
2009 年 10 月	99.50	99.90	103.20	100.07	91.60	99.31
2009 年 11 月	100.60	100.30	104.60	100.42	96.40	98.52
2009 年 12 月	101.90	101.00	105.40	100.69	103.00	103.77
2010 年 1 月	101.50	100.60	106.10	104.32	108.00	107.46
2010 年 2 月	102.70	101.20	106.60	100.52	110.30	109.06

续表

时间	CPI 同比	CPI 环比	PPI 同比	PPI 环比	MPI 同比	MPI 环比
2010 年 3 月	102.40	99.30	108.00	100.33	111.50	109.47
2010 年 4 月	102.80	100.20	108.10	100.38	112.00	109.05
2010 年 5 月	103.10	99.90	108.20	100.27	112.20	108.49
2010 年 6 月	102.90	99.40	108.80	100.09	110.80	106.42
2010 年 7 月	103.30	100.40	110.00	99.84	108.50	103.90
2010 年 8 月	103.50	100.60	110.10	99.82	107.50	102.52
2010 年 9 月	103.60	100.60	109.10	99.87	107.10	101.80
2010 年 10 月	104.40	100.70	106.60	99.95	108.10	102.52
2010 年 11 月	105.10	101.10	102.00	100.06	109.70	103.67
2010 年 12 月	104.60	100.50	98.90	100.03	109.50	103.49
2011 年 1 月	104.90	101.00	96.70	106.64	109.70	104.03
2011 年 2 月	104.90	101.20	95.50	100.28	110.40	105.15
2011 年 3 月	105.40	99.80	94.00	100.11	110.50	105.63
2011 年 4 月	105.30	100.10	93.40	99.94	110.40	105.84
2011 年 5 月	105.50	100.10	92.80	99.96	110.20	105.88
2011 年 6 月	106.40	100.30	92.20	100.02	110.50	106.22
2011 年 7 月	106.50	100.50	91.80	100.07	111.00	106.49
2011 年 8 月	106.20	100.30	92.10	100.03	110.60	105.74
2011 年 9 月	106.10	100.50	93.00	99.93	110.00	104.80
2011 年 10 月	105.50	100.10	94.20	99.81	108.00	102.69
2011 年 11 月	104.20	99.80	97.90	99.64	105.10	100.02
2011 年 12 月	104.10	100.30	101.70	99.61	103.50	98.80
2012 年 1 月	104.50	101.50	104.30	99.90	102.00	99.70
2012 年 2 月	103.20	99.90	105.40	100.10	101.00	100.10
2012 年 3 月	103.60	100.20	105.90	100.30	100.10	100.10
2012 年 4 月	103.40	99.90	106.80	100.20	99.20	99.90

续表

时间	CPI 同比	CPI 环比	PPI 同比	PPI 环比	MPI 同比	MPI 环比
2012 年 5 月	103. 00	99. 70	107. 10	99. 60	98. 50	99. 70
2012 年 6 月	102. 20	99. 40	106. 40	99. 30	97. 50	99. 20
2012 年 7 月	101. 80	100. 10	104. 80	99. 20	96. 50	99. 20
2012 年 8 月	102. 00	100. 60	104. 30	99. 50	95. 90	99. 50
2012 年 9 月	101. 90	100. 30	104. 30	99. 90	95. 90	100. 10
2012 年 10 月	101. 70	99. 90	105. 00	100. 20	96. 70	100. 10
2012 年 11 月	102. 00	100. 10	106. 10	99. 90	97. 20	99. 80
2012 年 12 月	102. 50	100. 80	105. 90	99. 90	97. 60	99. 90
2013 年 1 月	102. 00	101. 00	106. 60	100. 20	98. 10	100. 30
2013 年 2 月	103. 20	101. 10	107. 20	100. 20	98. 10	100. 20
2013 年 3 月	102. 10	99. 10	107. 30	100. 00	98. 00	99. 90
2013 年 4 月	102. 40	100. 20	106. 80	99. 40	97. 30	99. 40
2013 年 5 月	102. 10	99. 40	106. 80	99. 40	97. 00	99. 40
2013 年 6 月	102. 70	100. 00	107. 10	99. 40	97. 30	99. 50
2013 年 7 月	102. 70	100. 10	107. 50	99. 70	97. 80	99. 60
2013 年 8 月	102. 60	100. 50	107. 30	100. 10	98. 40	100. 10
2013 年 9 月	103. 10	100. 80	106. 50	100. 20	98. 40	100. 20
2013 年 10 月	103. 20	100. 10	105. 00	100. 00	98. 40	100. 10
2013 年 11 月	103. 00	99. 90	102. 70	100. 00	98. 50	100. 00
2013 年 12 月	102. 50	100. 30	101. 70	100. 00	98. 60	100. 00
2014 年 1 月	102. 50	101. 00	100. 70	99. 90	98. 30	99. 90
2014 年 2 月	102. 00	100. 50	100. 00	99. 80	97. 90	99. 70
2014 年 3 月	102. 40	99. 50	99. 70	99. 70	97. 50	99. 50
2014 年 4 月	101. 80	99. 70	99. 30	99. 80	97. 70	99. 60
2014 年 5 月	102. 50	100. 10	98. 60	99. 90	98. 20	99. 90
2014 年 6 月	102. 30	99. 90	97. 90	99. 80	98. 50	99. 90

续表

时间	CPI 同比	CPI 环比	PPI 同比	PPI 环比	MPI 同比	MPI 环比
2014 年 7 月	102.30	100.10	97.10	99.90	98.90	100.00
2014 年 8 月	102.00	100.20	96.50	99.80	98.60	99.90
2014 年 9 月	101.60	100.50	96.40	99.60	98.10	99.40
2014 年 10 月	101.60	100.00	97.20	99.60	97.50	99.40
2014 年 11 月	101.40	99.80	97.80	99.50	96.80	99.30
2014 年 12 月	101.50	100.30	98.10	99.40	96.00	99.20
2015 年 1 月	100.80	100.30	98.40	98.90	94.80	98.70
2015 年 2 月	101.40	101.20	98.40	99.30	94.20	99.00
2015 年 3 月	101.40	99.50	98.10	99.90	94.30	99.70
2015 年 4 月	101.50	99.80	97.40	99.70	94.50	99.80
2015 年 5 月	101.20	99.80	97.10	99.90	94.50	100.00
2015 年 6 月	101.40	100.00	97.30	99.60	94.40	99.80
2015 年 7 月	101.60	100.30	97.70	99.30	93.90	99.40
2015 年 8 月	102.00	100.50	98.40	99.20	93.40	99.30
2015 年 9 月	101.60	100.10	98.70	99.60	93.20	99.40
2015 年 10 月	101.30	99.70	98.50	99.60	93.10	99.40
2015 年 11 月	101.50	100.00	98.60	99.50	93.10	99.30
2015 年 12 月	101.60	100.50	98.60	99.40	93.20	99.30
2016 年 1 月	101.80	100.50	98.40	99.50	93.70	99.30
2016 年 2 月	102.30	101.60	98.00	99.70	94.20	99.50
2016 年 3 月	102.30	99.60	97.70	100.50	94.80	100.30
2016 年 4 月	102.30	99.80	98.00	100.70	95.60	100.60
2016 年 5 月	102.00	99.50	98.60	100.50	96.20	100.60
2016 年 6 月	101.90	99.90	98.90	99.80	96.60	100.20
2016 年 7 月	101.80	100.20	99.10	100.20	97.40	100.30
2016 年 8 月	101.30	100.10	98.80	100.20	98.30	100.20

续表

时间	CPI 同比	CPI 环比	PPI 同比	PPI 环比	MPI 同比	MPI 环比
2016 年 9 月	101. 90	100. 70	98. 20	100. 50	99. 40	100. 40
2016 年 10 月	102. 10	99. 90	97. 80	100. 70	100. 90	100. 90
2016 年 11 月	102. 30	100. 10	97. 30	101. 50	103. 50	101. 80
2016 年 12 月	102. 10	100. 20	96. 70	101. 60	106. 30	101. 90
2017 年 1 月	102. 50	101. 00	95. 70	100. 80	108. 40	101. 20
2017 年 2 月	100. 80	99. 80	95. 20	100. 60	109. 90	100. 80
2017 年 3 月	100. 90	99. 70	95. 40	100. 30	110. 00	100. 50
2017 年 4 月	101. 20	100. 10	95. 40	99. 60	108. 90	99. 70
2017 年 5 月	101. 50	99. 90	95. 40	99. 70	109. 70	99. 70
2017 年 6 月	101. 50	99. 80	95. 20	99. 80	107. 30	99. 60
2017 年 7 月	101. 40	100. 10	94. 60	100. 20	107. 00	100. 00
2017 年 8 月	101. 80	100. 40	94. 10	100. 90	107. 70	100. 80
2017 年 9 月	101. 60	100. 50	106. 90	101. 00	108. 50	101. 20
2017 年 10 月	101. 90	100. 10	106. 90	100. 70	108. 40	100. 90
2017 年 11 月	101. 70	100. 00	105. 80	100. 50	107. 10	100. 60
2017 年 12 月	101. 80	100. 30	104. 90	100. 80	105. 90	100. 80
2018 年 1 月	101. 50	100. 60	104. 30	100. 30	105. 20	100. 50
2018 年 2 月	102. 90	101. 20	103. 70	99. 90	104. 40	100. 10
2018 年 3 月	102. 10	98. 90	103. 10	99. 80	103. 70	99. 70
2018 年 4 月	101. 80	99. 80	103. 40	99. 80	103. 70	99. 70
2018 年 5 月	101. 80	99. 80	104. 10	100. 40	104. 30	100. 30
2018 年 6 月	101. 90	99. 90	104. 70	100. 30	105. 10	100. 40
2018 年 7 月	102. 10	100. 30	104. 60	100. 10	105. 20	100. 10
2018 年 8 月	102. 30	100. 70	104. 10	100. 40	104. 80	100. 50
2018 年 9 月	102. 50	100. 70	103. 60	100. 60	104. 20	100. 60
2018 年 10 月	102. 50	100. 20	103. 30	100. 40	104. 00	100. 70

续表

时间	CPI 同比	CPI 环比	PPI 同比	PPI 环比	MPI 同比	MPI 环比
2018 年 11 月	102.20	99.70	102.70	99.80	103.30	100.00
2018 年 12 月	101.90	100.00	100.90	99.00	101.60	99.10

（3）月度数据的季节性调整

季节性调整（seasonal adjustment）就是利用科学的方法，将季节性因素从序列中测定、分离、抵消和调整，使这些序列真实地反映基本的发展规律[60]。

第一个被广泛应用的季节调整方法是由美国普查局 Shiskin 等人于 1965 年开发的 X－11 方法，后来逐步完善，形成标准X－11 方法[61]，其思想是用滑动平均来估计趋势成份和季节成份。然而，X－11 在估计趋势成份和季节成份时，在序列的两端无法使用对称权重，只能用非对称权重。一方面，非对称权重可以导致成份估计不准；另一方面，当新数据来临而重新估计时，初始的各成份估计在序列尾部可能会发生较大变动，变动的成份估计会降低 X－11 方法的可信度。为此，加拿大统计局于 1980 年在 X－11 方法基础上开发了 X－11－ARIMA[62]，较好地解决了对称权重问题。1998 年，美国普查局在 X－11－ARIMA 基础上开发了 X－12－ARIMA[63]。

本书基于 X－12－ARIMA 原理，利用 Eviews 软件提供的 X－12－ARIMA 方法的乘法模型，对前面通过转换得到的 2008 年 1 月至 2018 年 12 月 11 年的 CPI、PPI、MPI 的月度环比数据进行季节性调整，得到调整后的时间序列 CPI_SA、PPI_SA 和 MPI_SA，如表 4－2 所示。各物价指数季节性调整前后趋势对比如图 4－1 和图 4－2 所示。另外，为了避免后续建模过程中存在异方差现象，我们对 MPI_SA、PPI_SA 和 CPI_SA 取自然对数得到 LNMPI_SA、LNPPI_SA 和 LNCPI_SA，作为变量进行相应的计量分析和建模。

表 4-2　　季节性调整后的各物价指数月度环比指数

时间	CPI_SA	PPI_SA	MPI_SA	时间	CPI_SA	PPI_SA	MPI_SA
2008 年 1 月	100.60	101.86	101.69	2009 年 11 月	100.55	100.53	99.41
2008 年 2 月	101.71	100.48	100.23	2009 年 12 月	100.77	100.56	104.83
2008 年 3 月	100.08	100.45	100.25	2010 年 1 月	99.98	103.46	107.57
2008 年 4 月	100.25	100.34	99.54	2010 年 2 月	100.36	100.53	107.26
2008 年 5 月	100.00	100.30	100.15	2010 年 3 月	100.06	100.20	107.42
2008 年 6 月	100.26	100.33	100.68	2010 年 4 月	100.38	100.43	107.75
2008 年 7 月	100.06	100.52	103.96	2010 年 5 月	100.32	100.44	107.12
2008 年 8 月	99.71	100.35	100.55	2010 年 6 月	99.83	100.31	105.74
2008 年 9 月	99.78	100.25	99.99	2010 年 7 月	100.38	100.05	104.25
2008 年 10 月	99.79	99.97	99.16	2010 年 8 月	100.40	99.96	103.61
2008 年 11 月	99.44	99.60	94.53	2010 年 9 月	100.35	99.94	103.46
2008 年 12 月	99.58	99.17	98.22	2010 年 10 月	100.82	100.02	103.71
2009 年 1 月	100.29	95.75	97.59	2010 年 11 月	101.35	100.15	104.47
2009 年 2 月	99.15	99.55	98.38	2010 年 12 月	100.28	99.91	104.34
2009 年 3 月	100.48	99.21	98.51	2011 年 1 月	100.37	105.93	104.13
2009 年 4 月	99.96	99.53	98.71	2011 年 2 月	100.38	100.19	103.90
2009 年 5 月	100.11	99.69	99.43	2011 年 3 月	100.55	99.94	104.25
2009 年 6 月	99.96	99.77	99.93	2011 年 4 月	100.31	99.99	104.84
2009 年 7 月	99.97	99.81	103.33	2011 年 5 月	100.52	100.14	105.04
2009 年 8 月	100.30	99.95	100.71	2011 年 6 月	100.70	100.27	105.86
2009 年 9 月	100.17	100.04	101.14	2011 年 7 月	100.48	100.30	106.68
2009 年 10 月	100.00	100.18	100.83	2011 年 8 月	100.10	100.15	106.32

续表

时间	CPI_SA	PPI_SA	MPI_SA	时间	CPI_SA	PPI_SA	MPI_SA
2011 年 9 月	100. 23	99. 96	105. 68	2014 年 1 月	100. 39	99. 74	100. 08
2011 年 10 月	100. 24	99. 83	103. 39	2014 年 2 月	99. 71	99. 73	99. 76
2011 年 11 月	100. 04	99. 72	100. 69	2014 年 3 月	100. 17	99. 46	99. 21
2011 年 12 月	100. 08	99. 51	99. 44	2014 年 4 月	99. 96	99. 92	99. 56
2012 年 1 月	100. 88	99. 41	99. 77	2014 年 5 月	100. 54	99. 96	99. 74
2012 年 2 月	99. 10	99. 95	99. 45	2014 年 6 月	100. 26	100. 09	99. 89
2012 年 3 月	100. 92	100. 09	99. 31	2014 年 7 月	100. 09	100. 10	100. 03
2012 年 4 月	100. 12	100. 27	99. 34	2014 年 8 月	99. 99	99. 88	99. 84
2012 年 5 月	100. 13	99. 78	99. 26	2014 年 9 月	100. 17	99. 49	99. 39
2012 年 6 月	99. 79	99. 56	99. 08	2014 年 10 月	100. 16	99. 48	99. 36
2012 年 7 月	100. 09	99. 43	99. 28	2014 年 11 月	100. 03	99. 39	99. 34
2012 年 8 月	100. 40	99. 59	99. 64	2014 年 12 月	100. 13	99. 31	99. 21
2012 年 9 月	100. 02	99. 88	100. 35	2015 年 1 月	99. 70	98. 84	98. 89
2012 年 10 月	100. 06	100. 16	100. 39	2015 年 2 月	100. 40	99. 32	99. 16
2012 年 11 月	100. 32	99. 94	100. 25	2015 年 3 月	100. 17	99. 70	99. 47
2012 年 12 月	100. 58	99. 84	100. 32	2015 年 4 月	100. 08	99. 88	99. 82
2013 年 1 月	100. 40	99. 89	100. 41	2015 年 5 月	100. 25	99. 90	99. 88
2013 年 2 月	100. 30	100. 07	99. 99	2015 年 6 月	100. 34	99. 89	99. 86
2013 年 3 月	99. 79	99. 76	99. 47	2015 年 7 月	100. 30	99. 49	99. 50
2013 年 4 月	100. 44	99. 47	99. 21	2015 年 8 月	100. 28	99. 28	99. 32
2013 年 5 月	99. 83	99. 52	99. 19	2015 年 9 月	99. 75	99. 46	99. 38
2013 年 6 月	100. 38	99. 68	99. 45	2015 年 10 月	99. 87	99. 46	99. 32
2013 年 7 月	100. 09	99. 92	99. 61	2015 年 11 月	100. 25	99. 34	99. 23
2013 年 8 月	100. 30	100. 19	100. 02	2015 年 12 月	100. 35	99. 23	99. 12
2013 年 9 月	100. 49	100. 14	100. 18	2016 年 1 月	99. 89	99. 47	99. 40
2013 年 10 月	100. 26	99. 90	100. 15	2016 年 2 月	100. 79	99. 79	99. 66
2013 年 11 月	100. 12	99. 96	100. 26	2016 年 3 月	100. 25	100. 32	100. 10
2013 年 12 月	100. 11	99. 95	100. 23	2016 年 4 月	100. 09	100. 98	100. 71

续表

时间	CPI_SA	PPI_SA	MPI_SA	时间	CPI_SA	PPI_SA	MPI_SA
2016 年 5 月	99. 96	100. 48	100. 56	2017 年 9 月	100. 12	100. 76	101. 04
2016 年 6 月	100. 21	100. 09	100. 38	2017 年 10 月	100. 28	100. 49	100. 65
2016 年 7 月	100. 20	100. 40	100. 51	2017 年 11 月	100. 25	100. 30	100. 42
2016 年 8 月	99. 87	100. 27	100. 28	2017 年 12 月	100. 20	100. 50	100. 35
2016 年 9 月	100. 33	100. 30	100. 35	2018 年 1 月	100. 01	100. 30	100. 37
2016 年 10 月	100. 08	100. 53	100. 74	2018 年 2 月	100. 37	100. 06	100. 20
2016 年 11 月	100. 35	101. 31	101. 65	2018 年 3 月	99. 52	99. 62	99. 62
2016 年 12 月	100. 07	101. 35	101. 53	2018 年 4 月	100. 12	100. 19	100. 07
2017 年 1 月	100. 39	100. 79	101. 16	2018 年 5 月	100. 25	100. 38	100. 46
2017 年 2 月	99. 00	100. 75	100. 92	2018 年 6 月	100. 20	100. 64	100. 71
2017 年 3 月	100. 34	100. 12	100. 37	2018 年 7 月	100. 29	100. 34	100. 48
2017 年 4 月	100. 41	99. 94	99. 96	2018 年 8 月	100. 48	100. 47	100. 52
2017 年 5 月	100. 36	99. 67	99. 78	2018 年 9 月	100. 31	100. 34	100. 39
2017 年 6 月	100. 10	100. 11	99. 87	2018 年 10 月	100. 38	100. 18	100. 38
2017 年 7 月	100. 10	100. 43	100. 32	2018 年 11 月	99. 95	99. 59	99. 81
2017 年 8 月	100. 18	100. 98	100. 86	2018 年 12 月	99. 93	98. 67	98. 63

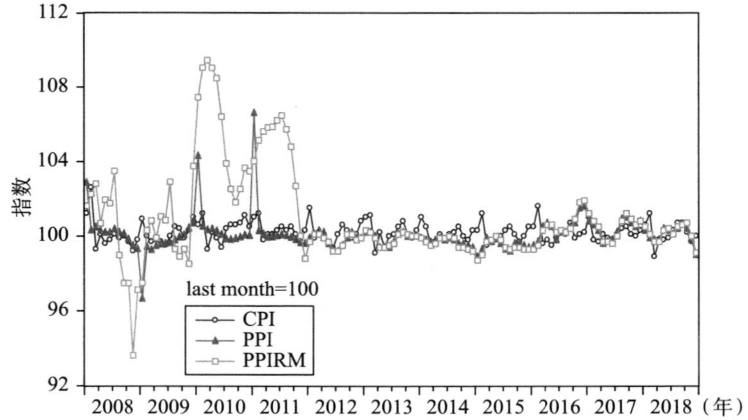

图 4－1　我国 2008—2018 年月度环比指数变化趋势

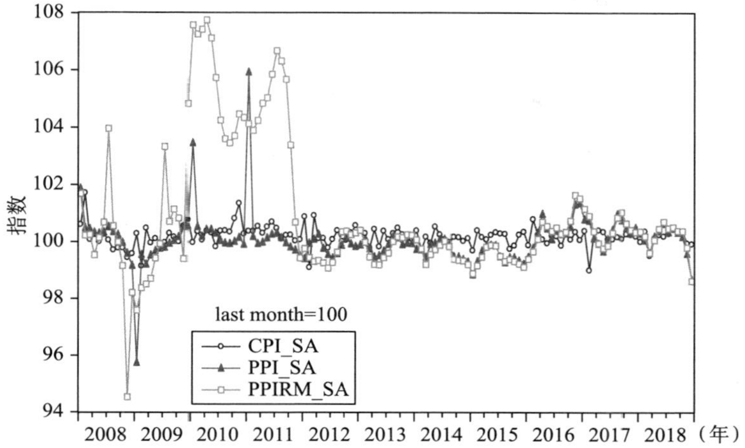

图 4－2 我国 2008—2018 年季节性调整后的月度环比指数变化趋势

4.4.3 变量的平稳性及协整性检验

（1）变量的平稳性检验

在利用 VAR 模型进行实证研究前，为了避免伪回归，必须检验序列变量是否为平稳的时间序列。同时，对变量的协整检验，也必须利用平稳性检验的结果。本书对 LNMPI_SA、LNPPI_SA 和 LNCPI_SA 的平稳性采取了单位根的 ADF 检验方法和 PP 检验方法。其中，检验过程中滞后期的选择采用 AIC 最小准则，以保证残差值非自相关，结果如表 4－3、表 4－4 所示。

表 4－3 LNMPI_SA、LNPPI_SA 和 LNCPI_SA 的 ADF 检验数据

变量	检验值	1% 临界值	5% 临界值	概率	检验结果
LNMPI_SA	0.042	－2.584	－1.943	0.694	不平稳
D(LNMPI_SA)	－3.820	－2.584	－1.943	0.000	平稳
LNPPI_SA	－0.263	－2.584	－1.943	0.590	不平稳

续表

变量	检验值	1% 临界值	5% 临界值	概率	检验结果
D(LNPPI_SA)	-11.807	-2.584	-1.943	0.000	平稳
LNCPI_SA	-0.295	-2.584	-1.943	0.578	不平稳
D(LNCPI_SA)	-11.459	-2.584	-1.943	0.000	平稳

表 4-4　　LNMPI_SA、LNPPI_SA 和 LNCPI_SA 的 PP 检验数据

变量	检验值	1% 临界值	5% 临界值	概率	检验结果
LNMPI_SA	-0.359	-2.584	-1.943	0.554	不平稳
D(LNMPI_SA)	-12.631	-2.584	-1.943	0.000	平稳
LNPPI_SA	-0.949	-2.584	-1.943	0.304	不平稳
D(LNPPI_SA)	-35.907	-2.584	-1.943	0.000	平稳
LNCPI_SA	-0.338	-2.584	-1.943	0.562	不平稳
D(LNCPI_SA)	-32.612	-2.584	-1.943	0.000	平稳

以上的检验结果表明：LNMPI_SA、LNPPI_SA 和 LNCPI_SA 都是 I(1) 的，说明这些时间序列经过一阶差分后是平稳的，PP 单位根检验也支持了 ADF 检验的结果。

（2）变量的协整性检验

通过平稳性检验发现，LNMPI_SA、LNPPI_SA 和 LNCPI_SA 都为 I(1) 序列，属于同阶序列，它们经过一阶差分后都是平稳序列，可以进行协整性检验[12-14]。本书待检验变量数为 3，宜采用 JJ 检验方法进行协整研究，以验证 LNMPI_SA、LNPPI_SA 和 LNCPI_SA 是否存在长期均衡关系，检验结果如表 4-5 和表 4-6 所示。通过迹检验和最大特征值检验发现，在 95% 的置信水平上，LNMPI_SA、LNPPI_SA 和 LNCPI_SA 之间存在协整关系的假设成立，三者之间存在长期均衡关系，具有共同的发展趋势。

表 4－5　变量的协整检验数据（迹检验）

原假设	特征根	迹统计量	5%临界值	概率
0 个协整向量	0.186	52.630	29.797	0.000
至多 1 个协整向量	0.160	26.466	15.495	0.001
至多 2 个协整向量	0.034	4.360	3.841	0.037

表 4－6　变量的协整检验数据（最大特征值检验）

原假设	特征根	最大特征值统计量	5%临界值	概率
0 个协整向量	0.186	26.164	21.132	0.009
至多 1 个协整向量	0.160	22.105	15.265	0.002
至多 2 个协整向量	0.034	4.360	3.841	0.037

4.4.4 VAR 模型的建立与分析

（1）滞后期的选取

关于模型的滞后期选择，本书综合考虑 LR、FPE、AIC、SC 和 HQ 等检验标准。通过对 LNMPI_SA、LNPPI_SA 和 LNCPI_SA 向量自回归模型（VAR）不同的滞后阶数的选择，当滞后 1 阶时，AIC、SC 值最佳，结果见表 4－7。

表 4－7　建立的 VAR 方程滞后阶数确定检验值

Lag	LogL	LR	FPE	AIC	SC	HQ
0	1261.041	NA	3.09e－13	－20.29099	－20.22276	－20.26327
1	1376.043	222.5835	5.60e－14*	－22.00069*	－21.72776*	－21.88982*
2	1384.990	16.88384	5.60e－14	－21.99984	－21.52221	－21.80581
3	1390.943	10.94580	5.89e－14	－21.95069	－21.26836	－21.67351
4	1394.808	6.919100	6.40e－14	－21.86786	－20.98084	－21.50753

续表

Lag	LogL	LR	FPE	AIC	SC	HQ
5	1406.352	20.10943*	6.16e-14	-21.90890	-20.81718	-21.46542
6	1409.911	6.027308	6.74e-14	-21.82114	-20.52472	-21.29451
7	1416.169	10.29586	7.08e-14	-21.77692	-20.27580	-21.16713
8	1422.363	9.890408	7.45e-14	-21.73166	-20.02585	-21.03872

（2）模型的建立

根据以上的分析，建立 LNMPI_SA、LNPPI_SA 和 LNCPI_SA 的滞后阶数 $p=1$ 的 VAR 模型：

$$Y_t=\begin{bmatrix}0.860 & 0.040 & 0.571\\ 0.085 & 0.215 & 0.396\\ 0.026 & 0.078 & -0.069\end{bmatrix}Y_{t-1}+\begin{bmatrix}-2.168\\ 1.399\\ 4.443\end{bmatrix}$$

其中，$Y_t=(LNMPI\_SA, LNPPI\_SA, LNCPI\_SA)'_t$。

对于建立的 VAR 模型的稳定性检验结果如图 4-3 所示，其特征根均落在单位圆内，说明模型的稳定性较好。

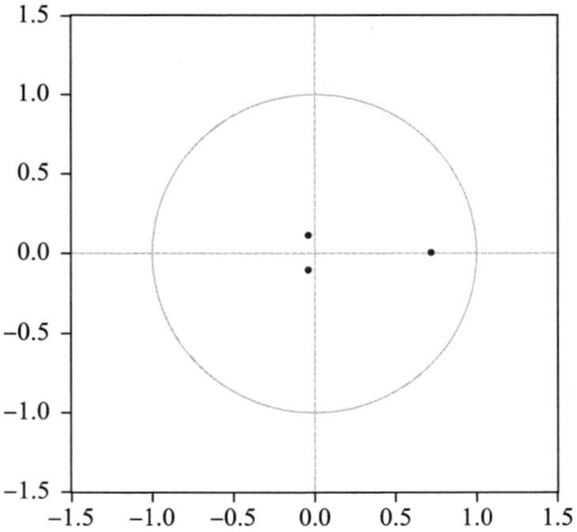

图 4-3 VAR 模型特征根分布

4.4.5　基于模型的价格传导机制分析

基于 VAR 模型，进行 Granger 因果关系检验，以反映各个价格指数的影响关系。

(1) Granger 因果关系检验

与本书相关的 Granger 检验结果如表 4－8 所示。

表 4－8　VAR 模型的 Granger 因果关系检验结果

原假设	F－Statistic	Prob.
D(LNPPI_SA) 不是 D(LNCPI_SA) 的 Granger 原因	0.6072	0.607
D(LNCPI_SA) 不是 D(LNPPI_SA) 的 Granger 原因	7.419	0.007
D(LNMPI_SA) 不是 D(LNCPI_SA) 的 Granger 原因	7.928	0.006
D(LNCPI_SA) 不是 D(LNMPI_SA) 的 Granger 原因	4.492	0.036
D(LNMPI_SA) 不是 D(LNPPI_SA) 的 Granger 原因	9.834	0.002
D(LNPPI_SA) 不是 D(LNMPI_SA) 的 Granger 原因	0.074	0.786

检验结果表明，在 95% 的置信水平下，CPI 可以实现与 PPI 相互传导，两者互为 Granger 原因，说明我国中下游市场的价格传导机制是比较顺畅的；MPI 可以实现对 PPI 的传导，反向效果并不显著；CPI 与 MPI 之间效应比较显著，互为 Granger 原因，原材料市场价格变化能影响到消费品价格比较容易理解，而消费品价格变化影响到原材料价格主要是由于 CPI 的统计对象一部分是 MPI 部分统计对象的上游产品，这一点在短期作用上更加明显。

所以，在这个时期我国的价格传导过程中，处于上游市场的 MPI 可以带动中游市场的 PPI，进而影响最终消费市场 CPI；而反过来，却因为 PPI 对 MPI 的影响不显著，价格传递的链条不完整。这说明，我国价格传导具有一定程度的成本推动特点，社会价格水平受原材料、燃料等初级产品成本波动影响较大[64]。价格传导是否存在时滞，动态影响规律如何，还需通过脉冲响应函数进行分析。

（2）脉冲响应函数分析

基于本书的 VAR 模型，对通过 Granger 检验得出的传导关系进行脉冲响应函数分析，选择时间滞后为 10 期（单位：月）。

首先，给 LNMPI_SA 一个标准差大小的冲击，观察 LNPPI_SA 的脉冲响应函数，动态变化趋势如图 4－4 所示。从图中可以发现，当给 LNMPI_SA 一个冲击后，对 LNPPI_SA 具有一个正向滞后一期的影响，即在冲击之后的第 1 个月影响体现出来。其次，这种影响程度逐渐减弱。而且通过方差分解显示，对于 LN-PPI_SA 来说，LNMPI_SA 对其变化的贡献率在第 1 期（月）增长最快，之后逐渐衰弱。这些分析结果说明，MPI 对 PPI 的传导具有 1 个月的时滞。说明短期内原材料市场价格的波动不会使工业品市场价格马上作出响应，这主要是由于企业库存等原因造成的。

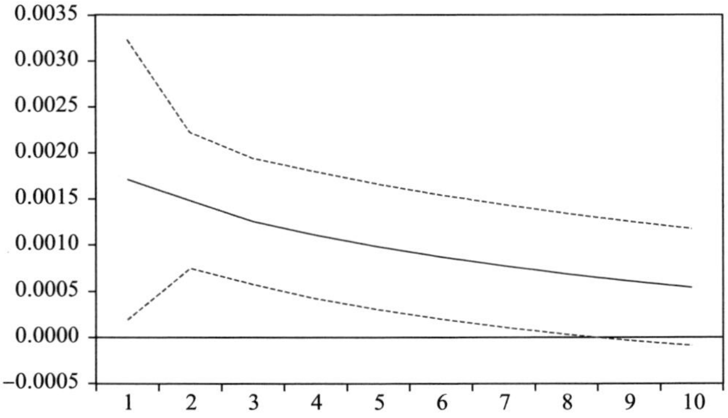

图 4－4　LNPPI_SA 对 LNMPI_SA 冲击的响应

然后，给 LNPPI_SA 一个标准差大小的冲击，观察 LNCPI_SA 的脉冲响应函数，动态变化趋势如图 4－5 所示。从图 4－5 可以发现，当给 LNPPI_SA 一个冲击后，LNCPI_SA 具有一个正向的响应，并且这种影响在第 2 期（月）达到最高点，随后影响迅速减弱，第 3 期（月）变为 0。方差分解显示，对于 LNCPI_SA 来说，LNPPI_SA 对其变化的贡献率在第 2 期（月）增长最快，在第 3（月）后趋于零。这些分析结果说明，PPI 对 CPI 的传导具有 2 个月的时滞，在第 3 个月以后这种冲击影响消失。

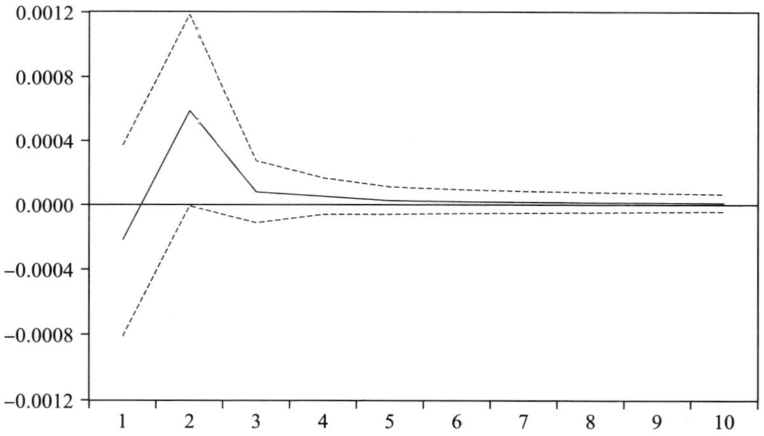

图 4－5　LNCPI_SA 对 LNPPI_SA 冲击的响应

（3）结论

本书基于季节性调整后的我国月度环比价格指数，利用 VAR 模型对我国的价格传导机制进行了研究。通过对本书建立的 VAR 模型进行 Granger 因果关系检验和脉冲响应函数分析，得出以下结论：在选取的样本期，我国价格传导机制具有成本推动的特点，MPI 向 PPI 传导、PPI 向 CPI 传导的效应显著，但传导各有 1 个月和 2 个月的时滞。并且 PPI 对 CPI 传导的影响在第 3 个月后消失，MPI 对 PPI 传导持续性较强，随后市场价格进入新的均衡状态。结论表明，目前我国市场价格受上游原材料市场影响较大，生产领域价格的波动会对整个社会产业链价格产生冲击和影响，应该重视上游市场价格波动带来的社会价格波动风险。

4.5 本章小结

主要介绍了协整的定义、表现形式和线性协整系统的估计、检验，以及基于 VAR 模型的协整系统动态分析方法。在此基础上，本章考虑季节性因素影响和年内价格传导已完成等因素，基于季节性调整后的月度环比价格指数，利用 VAR 模型对我国的价格传导机制进行了研究。实证表明，我国 MPI、PPI、CPI 月度环比指数不是平稳数列，但满足协整性要求，三者存在长期均衡关系。对三者建立 VAR 模型，通过 Granger 因果关系检验和脉冲响应函数分析，得出以下结论：我国价格传导具有成本推动的特点，MPI 向 PPI 传导、PPI 向 CPI 传导的效应显著，但传导都有一定的时滞。该结论表明，目前我国市场价格受上游原材料市场影响较大，生产领域价格的波动会对整个社会产业链价格产生冲击和影响，应该重视上游市场价格波动带来的社会价格波动风险。

第5章

非线性时间序列阈值协整的非参数检验与建模

自 1987 年 Granger 将协整（cointegration）的概念引入时间序列分析后，对宏观经济变量之间关系的研究进入了一个新的时代。基于协整理论的建模方法克服了时间序列非平稳性导致的伪回归现象，可以描述非平稳时间序列之间的长期均衡关系，可以刻画非平稳时间序列短期偏离向长期均衡的调整机制。传统的协整理论是基于线性的，且对短期偏离向长期均衡的这种调整的假设是连续的，且认为调整的速度是不变的、对称的。但是从现实的宏观经济变量变化态势看，很多时候宏观经济变量本身具有非线性、非平稳性，它们之间的协整关系因为不完全信息、不对称的调整成本以及市场分割或不同制度的原因，导致变量的短期偏离向长期均衡的调整也呈现非线性、非对称性等特征。此时，宏观经济变量时间序列之间的关系用非线性非平稳来刻画更合适。例如，社会工资水平与物价指数之间的关系。众所周知，社会工资水平受社会价格水平影响，但其本身还具有典型的刚性特征，即易涨不易跌，而物价指数则是波动变化、有涨有跌。它们之间的关系不再适应线性协整理论的研究，更多地体现一种阈值协整关系。

5.1　阈值协整的提出与模型表示

5.1.1　阈值协整的提出

协整反映了经济系统内部各变量之间的长期均衡关系以及当受到外部冲击时，系统进行自我修复以趋向原有的均衡态。线性协整对这种修复暗含了三个重要假定[43]：一是短期偏离向长期均衡的调整是连续的；二是每个时期都以相同的速度向长期均衡调整；三是短期偏离向长期均衡的调整是对称的。显然，这种假定显得过于苛刻。

研究表明，由于体制障碍、交易费用、政府干预等因素的影响，宏观经济系统的调整往往表现为非对称行为。非连续的调整的一种简单的表现形式就是阈值（Threshold）行为，即只有当外部冲击达到一定程度时，系统才会产生一定的调整，重新达到均衡状态。例如工资水平的调整及下降时的刚性现象，许多价格传导现象也具有这种调整机制。

为了描述这种非线性的特殊调整行为，Balke 和 Fomby（1997）将非线性引入协整系统中，提出了阈值协整（Threshold Cointegration）的概念（也称为门限协整），将传统线性协整理论与阈值自回归模型结合，并构建了阈值协整模型来刻画这种离散的调整行为[65]。简单来说，阈值协整表达了变量间的长期均衡关系，对长期均衡关系的偏离通过调整机制来修正，而这种调整机制具有阈值行为。在阈值协整系统中，系统的调整不仅会受到协整向量的影响，还要受到阈值的影响，因而模型的设定必须同时考虑到协整和阈值这两方面因素。

5.1.2 阈值协整的模型表示

考虑一个双变量系统（y_t, x_t），它们之间满足以下关系：

$$y_t + \alpha x_t = z_t \quad 其中，z_t = \rho^{(i)} z_{t-1} + \varepsilon_t \tag{5-1}$$

$$y_t + \beta x_t = B_t \quad 其中，B_t = B_{t-1} + \eta_t \tag{5-2}$$

ε_t 和 η_t 为 i. i. d 的零均值随机变量。式（5－1）代表 y_t 和 x_t 之间的均衡关系，这里 z_t 为对均衡的偏离，协整向量为（$1, \alpha$）。在式（5－2）中，B_t 代表了 y_t 和 x_t 的共同随机趋势。与存在一个不变参数的线性自回归不同，这里均衡偏离 z_t 服从阈值自回归形式[66]。

根据阈值自回归形式的不同，可以分为：

均衡阈值自回归（Equilibrium－TAR，EQ－TAR）形式：

$$z_t = \begin{cases} z_{t-1} + \varepsilon_t, & if \quad |z_{t-1}| \leqslant \theta \\ \rho z_{t-1} + \varepsilon_t, & if \quad |z_{t-1}| > \theta \end{cases} \tag{5-3}$$

带通阈值自回归（Band－TAR）形式：

$$z_t = \begin{cases} \theta(1-\rho) + \rho z_{t-1} + \varepsilon_t, & if \quad z_{t-1} > \theta \\ z_{t-1} + \varepsilon_t, & if \quad |z_{t-1}| \leqslant \theta \\ -\theta(1-\rho) + \rho z_{t-1} + \varepsilon_t, & if \quad z_{t-1} < \theta \end{cases} \tag{5-4}$$

趋回漂移阈值自回归（Returning Drift Threshold，RD－TAR）形式：

$$z_t=\begin{cases}-\mu+z_{t-1}+\varepsilon_t, & if \quad z_{t-1}>\theta \\ z_{t-1}+\varepsilon_t, & if \quad |z_{t-1}|\leqslant\theta \\ -\mu+z_{t-1}+\varepsilon_t & if \quad z_{t-1}<\theta\end{cases} \tag{5-5}$$

在 EQ－TAR 中，当过程在区间 $[-\theta,\theta]$ 外时，有一个指向均衡值（这里为 0）的趋势。与之相应的 ECM 对偏离均衡作出反应，误差修正的强度部分依赖于变量偏离均衡关系的大小。EQ－TAR 隐含的经济意义为，在可控的背景下，系统试图将控制变量调整回一个特定的均衡值。而 Band－TAR 则是指系统将变量调回一个均衡区域 $[-\theta,\theta]$，但并不必调回到均衡点。RD－TAR 是指在每个体制下都有一个单位根，但当过程超出了阈值，漂移参数 μ 将过程移回均衡区域。RD－TAR 模型有漂移回一个均衡区域而非一个均衡点的性质。

以上三种阈值自回归模型形式中，模型的转移变量均为 z_{t-1}，即 $\{z_t\}$ 序列中的滞后一期值。因此均属于自激励阂值自回归模型（Self－exciting Threshold Auto－regressive Model，SETAR）范畴。与此对应，当采用 z_t 的滞后一期变化量作为转移变量时，即 Δz_{t-1} 为转移变量，上述三类模型则成为冲量阈值自回归（Momentum Threshold Auto－regressive Model，M－TAR）模型。阈值协整系统中不同机制的划分区间，则取决于 $\{z_t\}$ 序列中的滞后一期值的变化大小。根据阈值个数多少，各类阈值协整形式又分为二机制阈值协整和三机制阈值协整。

5.2 阈值协整的检验和估计

阈值协整的检验和估计是阈值协整研究的重要内容。阈值协整检验和估计方法主要有两个不同的发展方向，第一种是基于残差的阈值协整检验，即检验协整误差项是否存在阈值自回归模式，也就是说回归模型的误差项是否是 TAR 或 M－TAR 模式的生成机制。第二种则是基于阈值协整的 TVECM 模型来检验阈值协整。

5.2.1 基于残差的阈值协整检验

Balke 和 Fomby 提出的检验阈值协整的两步法，沿承了传统协整检验的 EG 两步法思想，是基于残差的阈值协整检验方法。该方法首先对时间序列的全局行为进行检验，即非协整针对协整，其次，对时间序列的局部行为进行检验，即线性协整和非线性协整（阈值协整）。以两机制 TAR 模型为例，假设短期中变量对协整均衡的偏离为：

$$z_t=\begin{cases}\alpha_1 z_{t-1}+\varepsilon_t, & if \quad z_{t-1}\leqslant\theta\\ \alpha_2 z_{t-1}+\varepsilon_t, & if \quad z_{t-1}>\theta\end{cases} \tag{5-6}$$

也可表示为：

$$\Delta z_t=\alpha_1 z_{t-1}1\{z_{t-1}\leqslant\theta\}+\alpha_2 z_{t-1}1\{z_{t-1}>\theta\}+\varepsilon_t \tag{5-7}$$

其中，ε_t 为白噪声过程，$1\{A\}$ 为示性函数，A 为真时，取 1，否则取 0。原假设 z_t 是非平稳的，存在单位根，即 H_0：$\alpha_1=$

$\alpha_2=0$。检验步骤可由图 5－1 表出：

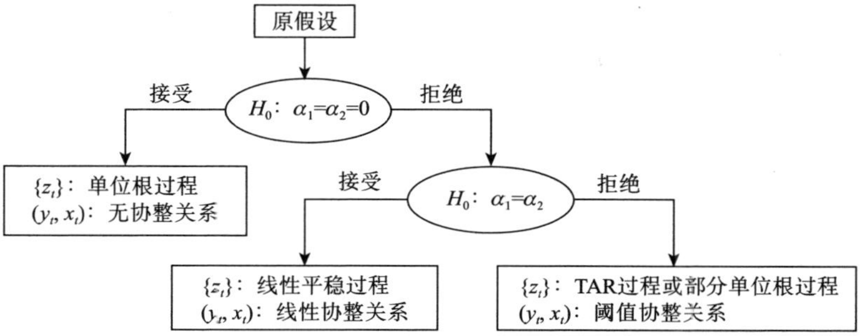

图 5－1　阈值协整的两步法检验流程图

在第一步的全局协整行为检验中，可以采用传统协整检验方法，既可以采用单方程 EG 两步法，也可以采用 Johansen 系统协整检验法。

在第二步的局部的阈值行为检验中，针对均衡误差 z_t，检验其阈值非线性。对于给定的所有可能的阈值，通过排序自回归，利用 OLS 方法估计方程，计算其残差平方和。估计的阈值就是使残差平方和最小的潜在阈值。检验原假设为无结构变化，备择假设为两结构变化。检验统计量采用 SUP－Wald 统计量。

在上述检验方法中，协整向量是已知的或者直接利用线性估计得到的，进而基于协整模型的残差进行阈值协整检验。而线性协整向量与阈值向量是否具有一致性，并没有严格的证明。因此，基于残差行的阈值协整检验也是值得斟酌的。由于这些问题的存在，许多学者提出了基于阈值协整的 TVECM 模型来检验阈值协整。

5.2.2　基于模型的阈值协整检验

通过建立宏观经济变量之间协整模型的方法，对其阈值协整关系进行检验分为两个方向：第一种是假设宏观经济变量之间协整向量是已知的，来检验宏观经济变量之间是属于线性协整关系还是存在非线性的阈值协整关系，学者 Myunghwan Seo（2006）以及 Lo 和 Zivot（2001）对此进行了系统研究；第二种是将宏观经济变量之间的协整向量由已知扩展到未知，首先对变量之间的协整向量进行估计，再就其协整关系判断是否存在非线性的阈值协整关联，学者 Seo（2002、2003）对此进行了研究。在实证研究中，宏观经济变量之间的协整向量大都是未知的，因此本书重点对第二种方法进行研究。

假设有两个宏观经济时间序列 X_t、Y_t，两者的协整向量为 α（2×1 的向量），假定两序列为两机制的阈值协整，则可以建立如下模型：

$$X_t = \alpha_0 + \alpha_1 \times Y_t + u_t \tag{5-8}$$

$$\begin{cases} \Delta X_t = (a_{10} + a_{11}u_{t-1}(\alpha) + \sum_{i=1}^{k} a_{1i}\Delta X_{t-i} + \sum_{j=1}^{k} a_{1j}\Delta Y_{t-i})e_{1t} \\ \qquad + (b_{10} + b_{11}u_{t-1}(\alpha) + \sum_{i=1}^{k} b_{1i}\Delta X_{t-i} + \sum_{j=1}^{k} b_{1j}\Delta Y_{t-i})e_{2t} + \phi_{1t} \\ \Delta Y_t = (a_{20} + a_{21}u_{t-1}(\alpha) + \sum_{i=1}^{k} a_{2i}\Delta X_{t-i} + \sum_{j=1}^{k} a_{2j}\Delta Y_{t-i})e_{1t} \\ \qquad + (b_{20} + b_{21}u_{t-1}(\alpha) + \sum_{i=1}^{k} b_{1i}\Delta X_{t-i} + \sum_{j=1}^{k} b_{2j}\Delta Y_{t-i})e_{2t} + \phi_{2t} \\ e_{1t}(\alpha,\gamma) = 1(u_{t-1}(\alpha) \leqslant 1) \\ e_{2t}(\alpha,\gamma) = 1(u_{t-1}(\alpha) > 1) \end{cases} \tag{5-9}$$

式中，协整向量 $\alpha=(\alpha_0,\alpha_1)$ 代表了变量 X 与 Y 之间的长期

均衡关系；误差修正项 $u_{t-1}(\alpha)$ 作为转移变量对 TVECM 系统进行划分；阈值为 γ；1(.) 表示示性函数，当 $u_{t-1}(\alpha)\leqslant\gamma$ 时，e_{1t} 取 1，e_{2t} 取 0；否则，e_{1t} 取 0，e_{2t} 取 1。根据误差修正项 $u_{t-1}(\alpha)$ 的不同取值，可以将短期内 X 与 Y 的调节划分成两机制，即对前一期均衡状态的偏离程度决定了当期 X 与 Y 处于哪一个机制，从而决定了当期 X 与 Y 如何调节。而误差调整系数 a_{i1}，b_{i1} 则分别反映了不同的机制下 X 与 Y 短期的偏离向长期均衡态的调节速度。当 $u_{t-1}(\alpha)\leqslant\gamma$ 时，系统处于第一种机制下，调整速度为 $A_1=(a_{11},a_{21})$；当 $u_{t-1}(\alpha)>\gamma$ 时，系统处于第二种机制下，调整速度为 $A_2=(b_{11},b_{21})$。因此，如果 A_1 与 A_2 差异较大，则表明 X 与 Y 的短期调整存在差异，即 X 与 Y 之间存在非对称调整行为。

在式（5－9）中，协整向量 α 和阈值 γ 均未知。本书采用 Hansen 和 Seo 的方法[13]，对阈值协整向量 α 进行估计和检验。为此，式（5－9）可扩展为：

$$\Delta x_t = B_1'X_{t-1}(\alpha)e_{1t}(\alpha,\gamma) + B_2'X_{t-1}(\alpha)e_{2t}(\alpha,\gamma) + \varepsilon_t \tag{5-10}$$

式中，X_t 为 $q\times T$ 维矩阵；$X_{t-1}(\alpha)=(1,u_{t-1}(\alpha),\Delta x_{t-1})'$。

式（5－10）的极大似然函数为：

$$L(B_1,B_2,\sum,\alpha,\gamma) = -\frac{T}{2}\ln\left|\sum\right| - \frac{1}{2}\sum_{t=1}^{T}(\varepsilon_t(B_1,B_2,\alpha,\gamma)'\sum{}^{-1}\varepsilon_t(B_1,B_2,\alpha,\gamma)) \tag{5-11}$$

式（5－11）中，$\varepsilon_t = \Delta x_t - B_1'X_{t-1}(\alpha)e_{1t}(\alpha,\gamma) - B_2'X_{t-1}(\alpha)e_{2t}(\alpha,\gamma)$；$\sum = E(\varepsilon_t\varepsilon_t')$。

由此对两时间序列的阈值协整的检验，就转换为对 B_1 和 B_2

统计差异显著性的检验。

此时式（5－9）的极大似然统计量 $MLE(\hat{B}_1, \hat{B}_2, \hat{\sum}, \hat{\alpha}, \hat{\gamma})$ 就是式（5－11）的极大似然函数 $L(B_1, B_2, \sum, \alpha, \gamma)$ 的极大值[67]。本书可使用文献［68］中的格子搜索法获得 $MLE(\hat{B}_1, \hat{B}_2, \hat{\sum}, \hat{\alpha}, \hat{\gamma})$。

对设定的 X 与 Y 的 TVECM 模型（5－8）与模型（5－9），使用以下检验过程来分析模型中两个调整机制的差异性：

令原假设为 H_0：$B_1 = B_2$，表示 X 与 Y 之间是线性协整关系；备择假设为 H_0：$B_1 \neq B_2$，表示 X 与 Y 之间存在两机制的阈值协整关系。

令 $X_1(\alpha,\gamma)$和 $X_2(\alpha,\gamma)$ 分别表示 $X_{t-1}(\alpha,\gamma)e_{1t}$和 $X_{t-1}(\alpha,\gamma)e_{2t}$的列堆栈矩阵；$\psi_1(\alpha,\gamma)$和 $\psi_2(\alpha,\gamma)$表示 $\tilde{u}\otimes X_{t-1}(\alpha)e_{1t}(\alpha,\gamma)$ 和 $\tilde{u}\otimes X_{t-1}(\alpha)e_{2t}(\alpha,\gamma)$ 的列堆栈矩阵。令：

$$\begin{cases} N_1(\beta,\gamma) = I_2 \otimes X_1(\alpha,\gamma)'X_1(\alpha,\gamma) \\ N_2(\beta,\gamma) = I_2 \otimes X_2(\alpha,\gamma)'X_2(\alpha,\gamma) \\ \mathrm{K}_1(\beta,\gamma) = \theta_1(\alpha,\gamma)'\theta_1(\alpha,\gamma) \\ \mathrm{K}_2(\beta,\gamma) = \theta_2(\alpha,\gamma)'\theta_2(\alpha,\gamma) \\ \hat{R}_1(\beta,\gamma) = N_1(\alpha,\gamma)^{-1}\mathrm{K}_1(\alpha,\gamma)N_1(\alpha,\gamma)^{-1} \\ \hat{R}_2(\beta,\gamma) = N_2(\alpha,\gamma)^{-1}\mathrm{K}_2(\alpha,\gamma)N_2(\alpha,\gamma)^{-1} \end{cases} \tag{5-12}$$

式（5－12）中，I_2 为单位矩阵；$\hat{R}_1(\beta,\gamma)$ 和$\hat{R}_2(\beta,\gamma)$ 是 $\hat{B}_1(\beta,\gamma)$ 和$\hat{B}_2(\beta,\gamma)$ 协方差矩阵的估计量。*LM* 统计量可以表示为：

$$LM(\alpha,\gamma)=vec(\hat{B}_1(\beta,\gamma)-\hat{B}_2(\beta,\gamma))'\cdot(\hat{R}_1(\beta,\gamma)+\hat{R}_2(\beta,\gamma))^{-1} \tag{5-13}$$

式（5－13）中，vec 为矩阵向量化算子。当（α,γ）未知时，以原假设下的 $\tilde{\alpha}$ 作为 α 的估计值，此时有：

$$SupLM=\underset{\gamma_l\leqslant\gamma_u}{Sup}\,LM(\tilde{\alpha},\gamma) \tag{5-14}$$

特别地，当 β 为一已知向量 β_0 时，式（5－14）的检验统计量简化为如下形式：

$$SupLM^0=\underset{\gamma_l\leqslant\gamma_u}{Sup}\,LM(\beta_0,\gamma) \tag{5-15}$$

5.3　SupLM 统计量的渐进分布、检验水平与功效

5.3.1　渐进分布

为了给出 SupLM 统计量的渐近理论，首先给出相关的假设：

假设 H_1：$\{\beta'x_t,\Delta x_t\}$ 是 $L^{4r}(r>1)$ 有界的，是严平稳的。$\{u_t\}$ 为一鞅差序列（MDS），且 $\beta'x_t$ 是一个有界密度函数。

令"⇒"表示弱收敛，$B(r)$ 是［0,1］上的标准维 l 向量 Brown 运动，为方便起见，将 $B(r)$、$\int_0^1 B(r)dr$、$\int_0^1 B(r)dB'(r)$ 分别记为 B、$\int_0^1 B$、$\int_0^1 BdB'$。U 是协方差阵为 $\sum$ 的 Brown 运动，$W=\beta'\phi(1)^{-1}U$。

在给出协整向量未知的 SupLM 检验统计量的渐近分布前，先

给出协整向量为已知的 SupLM_0 检验统计量的渐近分布。

在原假设与假设 H_1 成立的条件下，有：

$$SupLM^0 \Rightarrow tr\left\{(\int_0^1 B_1 dB')'(\int_0^1 B_1 B_1')'(\int_0^1 B_1 dB')\right\} \quad (5-16)$$

其中：$B_1 = \begin{bmatrix} B_1 1\{B_1 \leqslant 0\} - \int_0^1 B_1 1\{B_1 \leqslant 0\} \\ B_1 1\{B_1 > 0\} - \int_0^1 B_1 1\{B_1 > 0\} \end{bmatrix}$

文献［69］证明了在原假设与假设 1 成立的条件下，协整向量未知的 SupLM 检验统计量与协整向量已知的 SupLM_0 检验统计量有相同的渐进分布。这意味着使用估计值 $\hat{\beta}$，而不是真实值 β，不会改变 SupLM 检验统计量的渐进分布。

5.3.2 渐进 p 值：残差 bootstrap 方法

由于 SupLM 检验统计量的分布是由未知函数决定的，这些未知函数主要由一些非平稳变量组成，此类泛函具有广泛不定的形式，通常无法获得临界值表。为此，本研究应用残差 bootstrap 方法模拟 SupLM 统计量的 p 值。由于 x_t 是非平稳时间序列，故采用 i. i. d. 的误差项序列 u_t 进行 bootstrap 重抽样生成 u_t^b，再将 u_t^b 回代模型迭代生成 x_t^b 的方法，来替代直接使用数据 x_t 本身进行 bootstrap 重抽样生成 x_t^b 的方法，称其为残差 bootstrap 方法。本研究又注意到 u_t 是不可观察的，于是利用第 5.2 节的参数估计算法中得到的 u_t 的值来代替，以用于生成新 bootstrap 样本 u_t^b。残差 bootstrap 方法具体步骤如下：第一，取第 5.2 节的参数估计算法

中得到的 u_t 的值来代替，以用于生成新 bootstrap 样本 u_t^b；第二，将生成的 u_t^b 回代模型迭代生成新样本，得到基于 bootstrap 方法的 $\{x_t^b\}$；第三，利用新的样本数据 $\{x_t^b\}$ 重构统计量：

$$supLM^b = \sup_{\gamma_l < \gamma_u} \{ vec(\hat{A}_1(\beta,\gamma) - \hat{A}_2(\beta,\gamma))' \cdot (\hat{V}_1(\beta,\gamma) + \hat{V}_2(\beta,\gamma))^{-1} \}$$

；第四，重复前三个步骤 S 次，并记录 SupLM^b 大于 SupLM 的百分比 prec(LM)；第五，重复第四步 L 次，记录小于名义水平的 prec(LM) 的百分数 p。

上述 p 值为模拟 SupLM 检验统计量 p 值。

5.3.3 Monte Carlo 实验：SupLM 检验统计量检验水平与功效

本部分利用蒙特卡洛模拟实验研究有限样本条件下的 SupLM 检验的检验水平与功效。

假设 $x_t = (x_{1t}, x_{2t})$，单机制假设 H_0 下的模型为：

$$\Delta x_t = \mu + \alpha(x_{1t-1} - \beta x_{2t-1}) + \phi \Delta x_{t-1} + u_t \tag{5-17}$$

两机制备择假设下的模型为：

$$\Delta x_t = A_1' X_{t-1}(\beta) d_{1t}(\beta,\gamma) + A_2' X_{t-1}(\beta) d_{2t}(\beta,\gamma) + u_t \tag{5-18}$$

我们的检验基于模型（5－18），测试在 $[\gamma_l, \gamma_u]$ 区间各取 40 个网格，对每一个网格按照模型（5－14）重复 200 次迭代计算。我们的结果是通过 100 次的模拟计算得出的。

对于两变量情形，本研究令 $\mu = (\mu_1, \mu_2)' = (0,0)'$，$\alpha_1 = -1$，$\alpha_1 = (0, -0.5, 0.5)$。$\phi$ 的取值为：

$$\phi_0 = \begin{bmatrix} 0 & 0 \\ 0 & 0 \end{bmatrix},\ \phi_1 = \begin{bmatrix} -0.2 & 0 \\ -0.1 & -0.2 \end{bmatrix},\ \phi_2 = \begin{bmatrix} -0.2 & -0.1 \\ -0.1 & -0.2 \end{bmatrix}$$

取样本数量 100 和 250，分别计算得出 SupLM 检验统计量在 5% 和 10% 水平上的检验水平，如表 5－1 所示。

表 5－1　　SupLM 检验统计量的检验水平

n	Statistic	5%			10%		
		ϕ_0	ϕ_1	ϕ_2	ϕ_0	ϕ_1	ϕ_2
100	ADF	0.037	0.055	0.044	0.090	0.099	0.101
	SupLM	0.039	0.038	0.045	0.087	0.096	0.086
	$SupLM^0$	0.035	0.045	0.043	0.091	0.096	0.093
250	ADF	0.048	0.047	0.044	0.089	0.101	0.122
	SupLM	0.048	0.042	0.045	0.094	0.108	0.112
	$SupLM^0$	0.045	0.037	0.048	0.089	0.105	0.102

从表 5－1 可以看出，SupLM 与 $SupLM^0$ 的检验水平非常相近，与传统的 ADF 单位根检验水平一致。

接下来，对该统计量的检验功效进行分析。数据的产生过程如下：

$$\Delta x_t = \alpha_1 \varepsilon_{t-1}\{\varepsilon_{t-1} \leqslant \gamma\} + \alpha_2 \varepsilon_{t-1}\{\varepsilon_{t-1} > \gamma\} + u_t \quad (5-19)$$

式中，$\gamma > 0$，分别取值 5，8，10。参数 $\alpha_1 = (-a, 0)'$，$\alpha_2 = (0, a)'$，分别取 $a = 0.1$ 和 0.8。不同取值下，SupLM 检验统计量的检验功效如表 5－2 所示。

表 5－2　　SupLM 检验统计量的检验功效（5%）

n	Statistic	$a=0.1$			$a=0.8$		
		$\gamma=5$	$\gamma=8$	$\gamma=10$	$\gamma=5$	$\gamma=8$	$\gamma=10$
100	ADF	0.302	0.288	0.202	0.703	0.692	0.391
	SupLM	0.324	0.281	0.235	0.715	0.648	0.518
	$SupLM^0$	0.325	0.275	0.241	0.712	0.625	0.501

续表

n	Statistic	$a=0.1$			$a=0.8$		
		$\gamma=5$	$\gamma=8$	$\gamma=10$	$\gamma=5$	$\gamma=8$	$\gamma=10$
250	ADF	0.891	0.610	0.390	0.985	0.799	0.505
	SupLM	0.911	0.891	0.721	1.000	0.987	0.954
	$SupLM^0$	0.902	0.902	0.711	1.000	0.986	0.934

表 5－2 给出了 5% 的显著性水平下不同的 γ 所对应的 SupLM 与 $SupLM^0$ 的拒绝概率。正如所料，SupLM（β 未知情况下）与 $SupLM^0$（β 已知情况下）的检验功效相似，但都高于 ADF 检验的功效，这表明 SupLM 检验统计量是适合检验阈值协整关系的。$SupLM^0$ 功效略高于 SupLM 检验统计量，但其差异可忽略不计。而且呈现两个特点：一个特点是当 γ 的值减小的时候，两者的检验功效呈现增大趋势；另一个特点是当 a 的值增大时，两个检验统计量的功效也呈现增大趋势。

通过对 SupLM 检验统计量检验水平和检验功效的分析，Monte Carlo 仿真实验表明，SupLM 检验统计量在检验阈值协整关系方面是有效的，可以用于相关的实证研究。

5.4　居民可支配收入与 CPI 的阈值协整关系实证分析

自 1978 年改革开放以来，伴随着经济水平的不断提高，我国社会价格水平也呈现波动上涨趋势。据国家统计局相关数据分析，截至2021年，我国居民消费价格指数（CPI）累计上涨了6.94倍，平均每年上涨近5%。影响物价水平的因素主要包括货币发放因素、社会实际需求水平、社会工资水平、劳动效率以及国际输入型成本拉动等。其中，社会实际需求水平、社会工资水平等因素与居民可支配收入息息相关。相对于居民工资收入，居民可支配收入统计口径更加广泛。因此，居民可支配收入常被用来衡量居民生活水平的变化情况，直接决定了消费者购买力水平，进而影响物价指数。反过来，物价指数的变化也会影响居民可支配收入的高低，以抵消物价上涨对居民实际购买力的影响。

对于居民可支配收入与物价水平之间的关系，王刚[70]重点分析了CPI和居民可支配收入中职工年均工资的相互影响关系，认为物价变动会直接受职工工资上涨的影响，物价上涨也会推升职工工资水平，并定性分析了两者的联动性；廖斌[71]则基于广西地区的数据，对物价变动与居民收入水平关系进行了实证分析，通过建立VAR模型并进行Granger因果检验，发现居民收入水平与物价指数之间存在协整性关系，并且居民收入水平的变动滞后于物价水平的变动；李建伟[72]重点分析了影响我国CPI上涨的影响因素，并对其贡献程度进行评估，认为居民工资水平的提高是导致CPI上涨的重要力量；李长江[73]则分析了通货膨胀对居民收入的影响及其途径，并采用收入补偿的方法衡量通货膨胀对居民收入带来的损失。

这些文献在研究方法的选择上多为定性研究，进行计量分析时也是在线性关系先验假设的前提下进行的。从实际的统计数据来看，我国自1978年改革开放以来，居民的可支配收入逐年提高，呈现显著的刚性上涨趋势，而 CPI 则属于波动上涨，个别年份一度出现下降情况。因此，从视觉直观检验来看，居民可支配收入与 CPI 之间可能不是线性关系，居民可支配收入的调整相对于 CPI 的变化更多呈现一种非对称的行为。对于非对称调整关系的研究，在线性协整理论基础上发展起来的非线性阈值协整（Threshold Vector Error Correction Model，TVECM）理论已经成为一个研究的重要方向。从现有文献来看，国内尚未有基于阈值协整理论的对居民可支配收入与 CPI 的非对称调整关系的研究。

鉴于此，本书将基于不同时期居民可支配收入与 CPI 的波动特征，采用非线性阈值协整理论，建立居民可支配收入与 CPI 的 TVECM 模型，并对两者之间是否存在非对称调整行为进行实证研究。由于本书实证样本为 1978—2021 年的年度数据，模型的估计与检验具有典型的小样本特征。因此，本书使用基于参数化残差的 Bootstrap 仿真试验，以实现居民可支配收入与 CPI 的 TVECM 模型的检验及估计。同时，将模型结果与线性协整假设下的检验结果进行分析比较。

5.4.1　变量及数据说明

在本书中，作为反映社会物价水平波动的经济指标，CPI 以变量 *CPI* 表示，居民可支配收入则以变量 *SR* 表示，两变量均取年度环比指数，数据来源于国家统计局定期发布的数据，样本时间范围为 1978—2021 年。详情如表 5－2 所示。

表 5-3　1978—2021 年居民人均可支配收入与 CPI 年度环比　单位:%

时间	居民人均可支配收入年度环比	CPI 年度环比	时间	居民人均可支配收入年度环比	CPI 年度环比
1978 年	100	100	2000 年	106.77	100.35
1979 年	121.05	101.9	2001 年	109.38	100.72
1980 年	119.32	107.5	2002 年	111.35	99.27
1981 年	112.96	102.5	2003 年	110.48	101.13
1982 年	116.85	102	2004 年	113.06	103.82
1983 年	111.96	102	2005 年	112.79	101.78
1984 年	116.16	102.7	2006 年	113.22	101.65
1985 年	112.97	109.3	2007 年	118.74	104.82
1986 年	112.94	106.5	2008 年	115.99	105.93
1987 年	110.72	107.3	2009 年	110.24	99.27
1988 年	118.36	118.8	2010 年	114.06	103.18
1989 年	100.42	118.25	2011 年	116.22	105.55
1990 年	126.97	103.05	2012 年	113.46	102.62
1991 年	107.96	103.56	2013 年	110.91	102.62
1992 年	115.27	106.35	2014 年	110.14	101.92
1993 年	123.11	114.61	2015 年	108.92	101.44
1994 年	135.02	124.26	2016 年	108.44	102
1995 年	126.36	116.79	2017 年	109.04	101.59
1996 年	119.09	108.31	2018 年	108.68	102.07
1997 年	109.10	102.79	2019 年	108.87	102.9
1998 年	105.99	99.23	2020 年	104.74	102.5
1999 年	107.10	98.6	2021 年	109.13	100.9

SR 与 *CPI* 的年度环比变化趋势如图 5－2 所示。

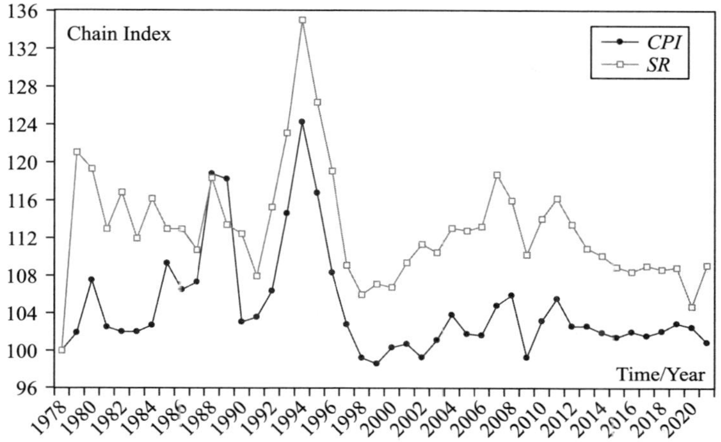

图 5－2　*SR* 与 *CPI* 的环比变化趋势

由图 5－2 可以发现，*SR* 与 *CPI* 的变化趋势有较强的相似性，根据图形初步推断两者可能具有协整关系。同时，本书发现在 2000 年、2008 年以及 2020 年前后，*CPI* 波动较大，且一度出现下跌趋势，而 *SR* 虽然个别年份增长速度变化较大，但一直处于上升态势。

5.4.2　居民可支配收入与 CPI 的 TVECM 模型的设定

由以上数据可以看出，居民可支配收入与 CPI 具有长期稳定的均衡关系，但在不同的时间范围内，居民可支配收入与 CPI 相对于均衡态的短期调整可能是非对称的。所以，本书将 *SR* 与 *CPI* 的 TVECM 模型设定如下：

$$SR_t = \alpha_0 + \alpha_1 \cdot CPI_t + u_t \tag{5-20}$$

$$
\begin{cases}
\Delta SR_t = (a_{10} + a_{11}u_{t-1}(\alpha) + \sum_{i=1}^{3} a_{1i}\Delta SR_{t-i} + \sum_{j=1}^{3} a_{1j}\Delta CPI_{t-i})e_{1t} \\
\qquad + (b_{10} + b_{11}u_{t-1}(\alpha) + \sum_{i=1}^{3} b_{1i}\Delta SR_{t-i} + \sum_{j=1}^{3} b_{1j}\Delta CPI_{t-i})e_{2t} \\
\qquad + \phi_{1t} \\
\Delta CPI_t = (a_{20} + a_{21}u_{t-1}(\alpha) + \sum_{i=1}^{3} a_{2i}\Delta SR_{t-i} + \sum_{j=1}^{3} a_{2j}\Delta CPI_{t-i})e_{1t} \\
\qquad + (b_{20} + b_{21}u_{t-1}(\alpha) + \sum_{i=1}^{3} b_{1i}\Delta SR_{t-i} + \sum_{j=1}^{3} b_{2j}\Delta CPI_{t-i})e_{2t} \\
\qquad + \phi_{2t} \\
e_{1t}(\beta,\gamma) = 1(u_{t-1}(\alpha) \leqslant 1) \\
e_{2t}(\beta,\gamma) = 1(u_{t-1}(\alpha) > 1)
\end{cases}
\tag{5-21}
$$

式中，协整向量 $\alpha=(\alpha_0,\alpha_1)$ 代表了变量 *SR* 与 *CPI* 之间的长期均衡关系；误差修正项 $u_{t-1}(\alpha)$ 作为转移变量对 TVECM 系统进行划分[6]；阈值为 γ；1(.) 表示示性函数，当 $u_{t-1}(\alpha)\leqslant\gamma$ 时，e_{1t}取 1，e_{2t}取 0；否则，e_{1t}取 0，e_{2t}取 1。考虑到样本空间与实际经济经验，将模型（2）的最大滞后阶数设定为 3。根据误差修正项 $u_{t-1}(\alpha)$ 的不同取值，可以将短期内 *SR* 与 *CPI* 的调节划分成两个机制，即对前一期均衡状态的偏离程度决定了当期 *SR* 与 *CPI* 处于哪一个机制，从而决定了当期 *SR* 与 *CPI* 如何调节。而误差调整系数 a_{i1}、b_{i1} 则分别反映了不同的机制下 *SR* 与 *CPI* 短期的偏离向长期均衡态的调节速度。当 $u_{t-1}(\alpha)\leqslant\gamma$ 时，系统处于第一种机制下，调整速度为 $A_1=(a_{11},a_{21})$；当 $u_{t-1}(\alpha)>\gamma$ 时，系统处于第二种机制下，调整速度为 $A_2=(b_{11},b_{21})$。因此，如果 A_1 与 A_2 差异较大，则表明居民可支配收入与 CPI 的短期调整存在差异，即居民可支配收入与 CPI 之间存在非对称调整行为。

5.4.3 居民可支配收入与 CPI 的 TVECM 模型的估计、检验

（1）SR 与 CPI 的协整关系存在性检验

在进行协整关系检验前，首先对 *SR* 与 *CPI* 的序列平稳性进行检验，两序列的 ADF 检结果如表 5－4 所示。

表 5－4　　*SR* 与 *CPI* 的 ADF 检验结果

变量	检验值	5% 临界值	p 值	结论
SR	－0.146	－2.933	0.627	拒绝
D(*SR*)	－4.629	－1.949	0.001	接收
CPI	－1.505	－2.939	0.520	拒绝
D(*CPI*)	－5.626	－1.950	0.000	接收

从表 5－4 可以看出，在 5% 的显著性水平上，变量 *SR*、*CPI* 的一阶差分序列通过了平稳性检验。因此，*SR*、*CPI* 均为单位根过程。在此基础上，进一步对 *SR*、*CPI* 序列开展 Johansen 协整检验。由于样本容量的限制，本书选择滞后阶数为 4 开始进行检验以获取最佳滞后阶数，结果如表 5－5 所示。

表 5－5　　滞后阶数的选择

Lag	LogL	LR	FPE	AIC	SIC	HQ
0	－233.9068	NA	454.6851	11.79534	11.87978	11.82587
1	－215.3019	34.41902	219.1825	11.06509	11.31843*	11.15669

续表

Lag	LogL	LR	FPE	AIC	SIC	HQ
2	-208.1089	12.58768*	187.2269	10.90545	11.32767	11.05811
3	-202.5262	9.211432	173.7884*	10.82631*	11.41742	11.04004*
4	-199.5352	4.636131	184.3197	10.87676	11.63676	11.15155

依据以上标准确定的最优滞后阶数为3，在此基础上进行Johansen检验，结果如表5-6所示。

表5-6　　Johansen协整最大特征根检验结果

原假设	特征根	最大特征根	5%临界值	p 值
0个协整向量	0.236830	10.81097	14.26460	0.1639
至多1个协整向量*	0.123429	5.269484	3.841466	0.0217

从检验结果可以看出，在“0个协整向量”的原假设下，最大特征根统计量约为10.811，小于5%临界值，拒绝该原假设；在“至多有1个协整向量”的原假设下，最大特征根统计量约为5.269，大于5%临界值，接受该原假设。由此可以看出，在长期中 *SR* 与 *CPI* 之间存在协整关系。

（2）*SR* 与 *CPI* 的阈值协整检验

通过协整存在性检验，*SR* 与 *CPI* 在长期中存在协整关系。但从前文对两者的变动趋势分析来看，这种关系在不同经济通胀水平下，可能为非线性的。因此，本书采用阈值协整检验与估计方法，对前文建立的 *SR* 与 *CPI* 之间的阈值协整模型（1）与模型（2）进行估计与检验。由于SupLM收敛于复杂的随机泛函，且研究对象属于小样本，因此本书在构建TVECM模型的参数化残差（Parametric Residual，PR）基础上，设计了Bootstrap试验[9]，

对 SR 与 CPI 之间的阈值协整检验统计量 SupLM 进行检验。基于 MATLAB 软件实现仿真试验方法及步骤如下：

第一，以研究对象的样本第 1 期至第 $1+k$ 期（k 为滞后阶数，本书 $k=3$。）数据作为初始值，即 $x_t=(SR_t,CPI_t)'$，$t=1,2,3,4$。

第二，使用本书构建的 $x_t=(SR_t,CPI_t)'$样本，在线性原假设下，对模型（5－20）、模型（5－21）进行估计，计算 $\tilde{u}_t$。

第三，由下列数据生成过程（Data Generating Processing，DGP）产生模拟数据：首先建立一个长度为 $n-4$ 的随机扰动序列 e。其中，n 为研究对象的样本长度，本书中 n 取值为 44；e 的均值为 0，方差为 1，且 $e\in G$，G 为独立同分布的未知函数。其次，通过对 $e\times n$ 取整，可获取一个随机的指针序列[11,17]。计算该随机指针序列对应的 $\tilde{u}_t$ 的值，在此基础上得到一个新的随机扰动。最后，将得到的新的随机扰动序列加入初始值 $x(:,4)$ 中，从而获得一个新的长度为 $n-4$ 的随机序列，并和初始值 $x(:,4)$ 最终生成一个新的 $2\times n$ 的序列 x^*。

第四，在线性原假设下，用 x^* 对模型（5－20）和模型（5－21）进行估计，将相关参数代入式中，生成一个对应 $2\times n$ 的序列 x^* 的 $SupLM^*$ 估计值。

第五，将第（3）步和第（4）步重复运算 5000 次，获得 5000 个与 x^* 对应的 SupLM* 值，把 5000 个 SupLM* 值按升序进行排列，可得到长度为 5000 的升序序列。将该序列的第 4750 个数值作为 SupLM 统计量的临界值，将估计值超过临界值的比例作为本实验的 p 值。检验结果如表 5－7 所示。

表 5-7　　SR 与 CPI 阈值协整的检验结果

统计量	估计值	临界值	p 值	结论
SupLM	736.535	11.712	0.003	拒绝原假设

从表 5-7 的检验结果可以看出，*SR* 与 *CPI* 的 TVECM 模型的 *SupLM* 检验统计量为 736.535，大于临界值 11.712，检验结果十分明确，拒绝了线性关系的原假设。检验结果表明，在长期中 *SR* 与 *CPI* 之间存在协整关系，但在短期的不同通胀水平下，两者的短期调整是非对称的。在不同调整机制中，SR 与 CPI 向其均衡态的调整速度因其所处调整机制的不同而有显著差异。

（3）SR 与 CPI 阈值协整模型估计结果分析

基于上述检验结果，长期协整关系公式中各参数估计如下所示，阈值 $\gamma=6.339$。

$$SR_t = -8.485 + 1.096 \times CPI_t + u_t \tag{5-22}$$

当 $SR_t \leqslant -8.485 + 1.816 \times CPI_t + 6.339$ 时，阈值协整关系处于第一调整机制，即居民可支配收入低于本期通胀水平时的均衡态、且偏离的值大于阈值 6.339，该机制下 CPI 处于较高的水平。处于第一调整机制的样本数量为 17 个，约占样本总数的 38.6%。当 $SR_t > -8.484 + 1.096 \times CPI_t + 6.339$ 时，阈值协整关系处于第二调整机制，即居民可支配收入高于本期通胀水平时的均衡态且偏离的值大于阈值 6.339，该机制下 CPI 处于较低水平。处于第二调整机制的样本数量为 27 个，约占样本总数的 61.4%。式（5-21）中各参数的估计结果如表 5-8 所示。

表 5-8　　式（5-21）中的参数估计结果

变量	第一调整机制		第二调整机制	
	ΔSR_t 参数估计	ΔCPI_t 参数估计	ΔSR_t 参数估计	ΔCPI_t 参数估计
u_{t-1}	-0.311 (0.233)	-0.192 (0.082)	0.451 (0.432)	0.940 (0.322)
常数项	-0.058 (1.604)	2.712 (0.645)	-4.824 (3.860)	-8.661 (2.679)
ΔSR_{t-1}	-0.240 (0.259)	0.911 (0.084)	-0.530 (0.239)	-0.284 (0.219)
ΔSR_{t-2}	-1.039 (0.220)	-0.652 (0.116)	0.338 (0.275)	0.212 (0.261)
ΔSR_{t-3}	0.006 (0.224)	0.044 (0.086)	-0.048 (0.419)	-0.220 (0.363)
ΔCPI_{t-1}	0.962 (0.239)	-0.662 (0.101)	-0.150 (0.610)	-0.135 (0.478)
ΔCPI_{t-2}	-1.146 (0.157)	-0.398 (0.056)	0.110 (0.210)	0.039 (0.161)
ΔCPI_{t-3}	0.915 (0.293)	1.053 (0.163)	-0.593 (0.177)	-0.425 (0.168)

从表 5-7 中各参数估计结果可以看出，在第一调整机制下，误差修正项 u_{t-1} 的系数分别为 -0.311 和 -0.192，说明居民可支配收入与 CPI 分别有 0.311 倍和 0.192 倍对均衡态的偏离值，在当期得到了调整；在第二调整机制下，误差修正项 u_{t-1} 的系数分别为 0.451 和 0.940，说明居民可支配收入与 CPI 分别有 0.451 倍和 0.940 倍对均衡态的偏离值，在当期得到了调整。在不同调整机制下，居民可支配收入与 CPI 的短期调整是非对称的，并且只有当对

均衡态的偏离值超过阈值后，才开始相关调整。对比两机制的调整速度，第二调整机制下的误差修正项的影响比较大。另外，在第一调整机制下，居民可支配收入向均衡态的调整速度要快于 CPI 向均衡态的调整速度；在第二调整机制下，情况恰好相反。由此，居民可支配收入与 CPI 构成了一种非线性的两机制阈值协整系统。

5.4.4 居民可支配收入与 CPI 之间的传导关系分析

居民可支配收入与 CPI 的阈值协整模型估计结果表明，在不同通胀水平下，居民可支配收入与 CPI 的调整速度不同，且各自调整速度也大小各异，这说明在不同调整机制下，居民可支配收入与 CPI 的影响关系可能存在较大差别。下面，本书采用 Granger 因果关系检验来分析居民可支配收入与 CPI 在不同的调整机制中的传导关系。同时，不考虑两者非线性协整关系，基于线性协整关系假设，对居民可支配收入与 CPI 的传导关系进行检验，随后开展对比分析。

（1）SR 与 CPI 的分机制传导关系分析

基于本书建立的 *SR* 与 *CPI* 的两机制 TVECM 模型，采用 Granger 因果关系检验方法，对两种机制下 *SR* 与 *CPI* 的因果关系进行检验。检验结果如表 5－9 所示。

表 5－9　　分机制传导关系检验结果

原假设	第一调整机制		第二调整机制	
	p 值	结论	p 值	结论
CPI 不是 *SR* 的 Granger 原因	0.046	拒绝	0.190	接受
SR 不是 *CPI* 的 Granger 原因	0.298	接受	0.035	拒绝

从表 5－9 的 Granger 检验结果可以看出，*SR* 与 *CPI* 在不同调整机制中存在不同的单向 Granger 因果关系。第一调整机制中 *CPI* 是 *SR* 的 Granger 原因，而第二调整机制中 *SR* 是 *CPI* 的 Granger 原因。

（2）*SR* 与 *CPI* 的单机制传导关系分析

根据 *SR* 与 *CPI* 的协整关系存在性检验结果，基于线性协整理论，建立两者滞后阶数为 3 的 VAR（3）模型，并对模型中 *SR* 与 *CPI* 之间的 Granger 因果关系进行检验，结果如表 5－10 所示。

表 5－10　　单机制传导关系检验结果

原假设	*p* 值	结论
CPI 不是 *SR* 的 Granger 原因	0.118	接受
SR 不是 *CPI* 的 Granger 原因	0.045	拒绝

从表 5－10 的 Granger 检验结果可以看出，*SR* 与 *CPI* 之间存在着 *SR* 向 *CPI* 单向传导的因果关系。

（3）传导关系结果的比较分析

从分机制的传导关系检验中可以看出，*SR* 与 *CPI* 在不同调整机制中存在不同的单向 Granger 因果关系。结果说明：在较高的通胀水平下，CPI 是居民可支配收入变化的原因，较高的物价水平会推高居民可支配收入，以抵消高物价对居民消费能力所带来的负面影响，以维持居民生活水平；在较低的通胀水平下，居民可支配收入是 CPI 变化的原因，不断提高的居民可支配收入会提高居民消费能力，进而影响物价水平，即较高的可支配收入水平，通过消费等活动拉动 *CPI* 温和回调。

而在单机制调整机制下，居民可支配收入与 CPI 之间存在着居民可支配收入向 CPI 单向传导的因果关系，且没有阈值效应。该检验结果无法解释居民可支配收入与 CPI 之间存在的非线性调整的事实。

5.5 本章小结

阈值协整是非线性协整的一种特殊情形，本章主要讨论了阈值协整模型的检验和估计方法，并在协整向量和阈值参数未知的条件下，提出了基于残差 Bootstrap 的阈值协整检验方法，构建了 SupLM 统计量，并通过 Monte Carlo 模拟得到了该检验统计量的检验水平与功效，实现了小样本情况下的阈值协整模型的检验和估计。以此为基础，对我国居民可支配收入与 CPI 的非对称调整关系进行实证研究，得出了不同通胀水平下两者的不同影响关系。

第6章

非线性非平稳时间序列的非线性协整检验与建模

对于非线性非平稳时间序列的协整关系检验，本研究在第 5 章采用了阈值协整理论开展了分析。阈值协整是非线性协整的一种特殊情形，即不同宏观经济变量之间在长期表现为线性协整，而在不同阶段其协整关系又各不相同，表现为两机制调整或三机制调整等，主要针对的是宏观经济变量之间因不完全信息、不对称调整成本等原因呈现的非对称调整关系。例如，前文所分析的居民可支配收入与物价指数之间的相互影响关系。而在现实的经济环境中，众多的经济变量之间往往会体现更为一般的非线性的长期均衡关系。对于非线性非平稳经济时间序列的非线性协整关系检验及其建模研究，也成为近年来协整理论研究的重要方向之一。

6.1　非线性协整关系的估计与检验

6.1.1　非线性协整关系

协整的含义中隐含了两个基本条件，一是各时间序列为整数维，二是具有相同的单整阶数，这是线性协整理论研究的基础。而对于具有非线性特性的经济系统，单个时间序列如果不是整数维单整序列，而是分数维或者整数维数不同，这意味着单个时间序列本身具有非线性和分形特性，序列之间的均衡关系往往也是非线性的。对于非线性系统，线性协整理论不再适用，而应建立非线性协整理论，以研究时间序列之间的非线性均衡关系。文献［74］给出了非线性协整的定义：

对于向量时间序列 $X_t=(x_{1t},x_{2t},\cdots,x_{nt})^T$，$\{X_t\}$ 的分量序列称为非线性协整（Nonlinear Cointegrated）的，如果①$x_{it}(i=1,\cdots,p)$ 是依均值长记忆（Long Memory in Mean，LMM）或者 I(1) 序列，$i=1,2,\cdots,n$；②存在一个非线性函数 $f(\cdot)$，使 $y_t=f(x_{1t},x_{2t},\cdots,x_{nt})$ 是一个均值为常数（Short Memory in Mean，SMM）的序列；则函数 $f(\cdot)$ 称为非线性协整函数（Nonlinear Cointegrating Function）。如果非线性协整函数关于自变量具有线性性质，即

$$f(x_{1t},x_{2t},\cdots,x_{nt})=\alpha_1x_1+\alpha_2x_2+\cdots+\alpha_nx_n \tag{6-1}$$

其中 $\alpha=(\alpha_1,\alpha_2,\cdots,\alpha_n)$ 是 R 中的向量，并且 $\{X_t\}$ 中分量

序列的长期记忆性表现为序列的单整性，那么非线性协整就简化为线性协整关系。因此，非线性协整的定义是线性协整概念的推广，线性协整是非线性协整的一种特例。

对于向量时间序列 $X_t=(x_{1t},x_{2t},\cdots,x_{nt})^T$，如果分量序列都是 LMM 序列（单整时间序列都是 LMM 序列，如果 LMM 序列是单整，其单整阶数没有必要相等），并且存在一个非线性函数 $f(\cdot)$ 使 $f(x_{1t},x_{2t},\cdots,x_{nt})$ 是一个零均值的 SMM 序列，那么 $\{X_t\}$ 称为非线性协整的。

由非线性协整关系定义可以看出，各分量时间序列经过非线性变化后，将产生一个 SMM 序列，非线性协整关系反映了分量之间的一种长期均衡关系。在非线性经济系统中，线性协整理论及所建立的线性协整向量，无法揭示各时间序列之间的共同趋势，进而无法建立线性 VAR 或 ECM 模型。因此，只有通过非线性协整函数 $f(\cdot)$ 来刻画系统内部的非线性均衡特性。相对于线性系统而言，非线性系统更具一般性，因此非线性协整具有更强的适用性。

6.1.2　非线性协整关系的估计和检验

文献［74］采用神经网络方法，对向量时间序列进行非线性协整关系的检验。以 $X_t=(x_{1t},x_{2t},\cdots,x_{nt})^T$ 的分量序列作为网络的输入变量，以 $d_t(i=1,2,\cdots,T)$ 为网络输出层的序列。通过神经网络算法，得到非线性协整函数 $f(\cdot)$ 的估计，以此描述 $\{X_t\}$ 分量序列之间的非线性关系。通过计算，得到残差序列 $\hat{u}_t=d_t-\hat{f}(x_{1t},x_{2t},\cdots,x_{nt};\hat{\theta})(t=1,2,\cdots,T)$。

根据非线性协整的定义，不能确认 $f(\cdot)$ 是非线性协整函数的估计，还须检验残差序列 $\{\hat{u}_t\}$ 是否为 SMM 序列。如果序列 $\{\hat{u}_t\}$ 是 SMM 序列，那么通过神经网络估计出来的 $f(\cdot)$ 是非线性协整函数的估计，并且说明 $\{X_t\}$ 的分量序列之间存在非线性协整关系。$\hat{u}_t$ 的检验过程如下：

（1）单位根检验

原假设为 H_0：$\{\hat{u}_t\}$ 中存在一个单位根；备择假设为 H_1：$\{\hat{u}_t\}$ 中不存在一个单位根。如果接受原假设 H_0，那么 $\{\hat{u}_t\}$ 是一个 LMM 序列，则表示系统 $\{X_t\}$ 的分量序列之间不存在非线性协整关系。如果接受备择假设 H_1，那么 $\{\hat{u}_t\}$ 不存在单位根，但不能确定其属于 SMM 序列，还需要对 $\{\hat{u}_t\}$ 进行序列记忆性的检验。

（2）序列记忆性检验

计算序列 $\{\hat{u}_t\}$ 的自相关函数序列 $\{\rho_k\}$，即 $\gamma_k = Cov(\hat{u}_t, \hat{u}_{t-k})(k=1,2,\cdots)$，$\rho_k = \gamma_k/\gamma_0$。

时间序列记忆性主要从自相关函数 ρ_k 的收敛速度上进行判断。对于短记忆时间序列，其自相关函数 ρ_k 随着 $k\to\infty$ 而依负指数的速度下降，即 $\rho_k \sim ca^{-k}(k=1,2,\cdots)$。其中 $a>1$，$c>0$ 是常数。对于长记忆时间序列，其自相关函数 ρ_k 随着 $k\to\infty$ 而依负幂指数的速度下降，即 $\rho_k \sim ck^{-2d-1}(k\to\infty)$。其中 $d<0.5$。因此，当时间序列的自相关函数下降速度越快时，其属于短记忆时间序列的可能性就越大。

对于时间序列的记忆性检验的定量方法，目前有 R/S 检验、修正 R/S 检验、KPSS 检验、LM 检验等。

6.1.3 非线性协整误差修正模型的建模

与线性协整派生的误差修正模型（ECM）类似，对于向量时间序列 $X_t=(x_{1t},x_{2t},\cdots,x_{nt})^T$，当其各分量序列之间存在非线性协整关系时，所派生的非线性误差修正模型 NECM 为[75]：

$$\Delta X_t = \Gamma_0 + \sum_{j=1}^{k-1}\Gamma_j\Delta X_{t-j} + \Gamma_k f(X_{t-k};\theta) + \varepsilon_t \tag{6-2}$$

其中 $f(\cdot)$ 为非线性协整函数，θ 为参数向量，$\varepsilon_t=(\varepsilon_{1t},\varepsilon_{2t},\cdots,\varepsilon_{nt})^T$ 为随机误差序列，$\Gamma_j(j=0,1,2,\cdots,k)$ 为 $n\times 1$ 的系数矩阵，k 为滞后阶数。

则 $\{X_t\}$ 系统第 i 个分量的非线性误差修正模型 NECM 为：

$$\Delta x_{it} = \gamma_{i0} + \sum_{j=1}^{k}\gamma_j\Delta x_{i(t-j)} + \gamma_{ik} f(X_{t-k};\theta) + \varepsilon_t \tag{6-3}$$

对式（6-3）中各个参数进行估计，将参数估计结果代入原式中，则可以得到各分量对应的 NECM。利用模型可以对各个分量序列进行预测，其中第 i 个分量的第 h 步预测模型为：

$$\Delta x_{i(t+h)|t} = \hat{\gamma}_{i0} + \sum_{j=1}^{k}\hat{\gamma}_j\Delta x_{i(t+h-j)} + \hat{\gamma}_{ik} f(X_{t+h-k};\hat{\theta}) + \varepsilon_t,$$

$$i = 1,2,\cdots,n \tag{6-4}$$

$$x_{i(t+h)|t} = x_{i(t+h-j)} + \Delta x_{i(t+h)|t},\ i=1,2,\cdots,n \tag{6-5}$$

NECM 中非线性函数的估计 $f(X_{t-k};\hat{\theta})$ 是 $\{X_t\}$ 在 $t-k$ 时刻的均衡误差，其作用是修正差分序列值，与线性协整中误差修正项的作用相同。随 h 的不同，非线性协整函数的估计 $f(X_{t+h-k};\hat{\theta})$

也就不同。所以，NECM 对变量的不同时期的预测是相互独立的。

6.2　基于 PSO 优化 LS - SVM 的非线性协整关系检验方法

在非线性协整关系检验中，非线性函数 $f(\cdot)$ 估计是重点和难点。目前，对于非线性函数 $f(\cdot)$ 的研究，主要方法有神经网络算法、小波神经网络方法等。这些方法对于检验的样本在数量和质量上有一定的要求，容易出现过拟合现象、模型泛化能力不佳等问题。舰船维修费指数样本数量较少，根据舰船维修费指数与各物价指数间的非线性协整关系，对舰船维修费指数进行预测是本书研究的一个重要目的。鉴于此，本书选用具有出色学习性能和强大泛化能力的最小二乘支持向量机（Least Squares Support Vector Machine，LS - SVM）[76]，作为对小样本的舰船维修费指数与各物价指数间非线性协整关系进行检验的方法。

6.2.1　LS - SVM 模型及核函数的选取

支持向量机（Support Vector Machine，SVM）是近年来发展起来的一种有效的非线性问题处理工具[77]，SVM 建立在统计学习理论的基础上，基于结构风险最小化的优化准则，克服了神经网络和传统参数方法的诸多缺点，不需要特定问题的先验知识，在有限的训练样本情况下，可以很好地控制学习机器的推广能力，对于解决小样本、非线性以及高维问题具有很大的优越性。LS－SVM 是标准 SVM 的一种扩展形式，具有很好的鲁棒性，同时需要优化的参数较少，应用较为广泛[78～81]。

（1） LS－SVM 模型

LS－SVM 是将标准 SVM 算法中的不等式约束转化为等式约束而得到的，它是 SVM 在二次损失函数下的一种形式[82]。对非线性回归问题，设学习样本为$(x_1,y_1),\cdots,(x_n,y_n)\in R^m\times R$，非线性回归函数为：

$$f(x)=w^T\varphi(x)+b \tag{6-6}$$

LS－SVM 在优化目标中的损失函数为误差 ξ_i 的二次项。故优化问题为：

$$\begin{aligned}\min\quad & \frac{1}{2}\|w\|^2+\gamma\frac{1}{2}+\gamma\frac{1}{2}\left[\sum_{i=1}^{n}\xi_i^2\right]\\ \text{s. t.}\quad & y_i=w^T\varphi(x_i)+b+\xi_i\\ & \xi_i\geqslant 0\quad (i=1,2,\cdots,n)\end{aligned} \tag{6-7}$$

求解式（6－7）的优化问题，可以引入 Lagrange 函数：

$$L=\frac{1}{2}\|w\|^2+\gamma\frac{1}{2}\left[\sum_{i=1}^{n}\xi_i^2\right]-\sum_{i=1}^{n}a_i(w^T\varphi(x_i)+b+\xi_i-y_i) \tag{6-8}$$

式中：a_i 为 Lagrange 乘子；参数 $\gamma>0$，它控制对超出误差的样本的惩罚程度。最优的 a_i、b 可以根据 KKT（Karush－Kuhn－Tucker）条件得到：

$$\left.\begin{aligned}&\frac{\partial L}{\partial w}=0\rightarrow w=\sum_{i=1}^{n}a_i\varphi(x_i)\\&\frac{\partial L}{\partial b}=0\rightarrow\sum_{i=1}^{n}a_i=0\\&\frac{\partial L}{\partial \xi}=0\rightarrow a_i=\gamma\xi_i\\&\frac{\partial L}{\partial a}=0\rightarrow w^T\varphi(x_i)+b+\xi_i-y_i=0(i=1,\cdots,n)\end{aligned}\right\}\qquad(6-9)$$

由式（6－9），优化问题转化为求解如下的线性方程：

$$\begin{bmatrix}0&1&\cdots&1\\1&K(x_1,x_1)+\frac{1}{\gamma}&\cdots&K(x_1,x_n)\\\cdots&\cdots&\cdots&\cdots\\1&K(x_n,x_1)&\cdots&K(x_n,x_n)+\frac{1}{\gamma}\end{bmatrix}\begin{bmatrix}b\\a_1\\\cdots\\a_n\end{bmatrix}=\begin{bmatrix}0\\y_1\\\cdots\\y_n\end{bmatrix}\qquad(6-10)$$

其中，a_i、b 均可由式（6－10）求解出。不为零的 a_i 的对应样本为支持向量。$K(x_i,x_j)$ 为核函数。核函数是满足 Mercer 条件的任意对称函数，它的目的是从原始空间中抽取特征，将原始空间中的样本映射为高维特征空间中的一个向量，以解决原始空间中线性不可分的问题。

（2）核函数的选取

在 LS－SVM 建模中，核函数的选取一直是一个较为困难的问题，至今尚没有较为完善的理论方面的指导。核函数的作用相当于使样本投影到一个很高维的空间中，将其转化为一个线性回归问题，然后再构造最优回归曲线。因此，核函数的选取直接影响曲线的泛化能力。

选择不同的核函数，可以构造不同的 LS－SVM 模型。常用的核函数有下面四种：

①多项式核函数：$K(x,y)=(x^Ty)^d$ 或 $K(x,y)=(x^Ty+l)^d$，$d=1,2,\cdots$；

②Sigmoid 核函数：$K(x,y)=\tanh(x^Ty-\theta)$；

③Spline 核函数：$K(x,x^T)=1+x\cdot x^T+\frac{1}{2}x\cdot x^T\min(x,x^T)-\frac{1}{6}\min(x,x^T)^3$；

④径向基（Radial Basis Function，RBF）核函数：$K(x,y)=\exp\left(-\frac{\|x-y\|_2^2}{2\sigma^2}\right)$。

核函数的选取包括核函数形式的确定和核参数的确定两个方面。考虑到 RBF 核函数泛化能力较强[83,84]，本章选取 RBF 核函数来进行建模研究。

6.2.2 基于 PSO 的 LS－SVM 模型参数的优化

选定 RBF 作为 LS－SVM 核函数之后，需要选择的参数有 2 个，即正则化参数 γ 和核参数 σ^2。其中，γ 对应于标准向量机中的惩罚因子 C，是权衡拟合曲线光滑度并使拟合误差最小化的参数，决定了训练误差的大小和泛化能力的强弱；σ^2 反映了训练样本数据的分布或范围特性，σ^2 增大会使拟合曲线更光滑。这两个参数在很大程度上决定了 LS－SVM 的学习能力和预测能力，因此需要寻找到 γ 和 σ^2 的最优组合。

目前，对于 LS – SVM 参数的最佳取值，一般的选择方法是网格搜索法，通过不断实验来得到满意的结果。而这种方法相当耗时，效率低。有学者提出使用梯度下降法选择 LS – SVM 的参数[85]，但该方法受核函数必须可导的限制，且在搜索过程中容易陷入局部极小。也有学者尝试用免疫算法来优化 LS – SVM 的参数[86]，以减少参数选择的盲目性，提高 LS – SVM 的预测精度，但该方法的实现较复杂。还有学者提出采用遗传算法确定 LS – SVM 参数[87]，但是遗传算法需要进行交叉（crossover）以及变异（mutation）操作，需要调整许多参数，计算复杂且效率较低。

粒子群优化算法（Particle Swarm Optimization，PSO）是一种新型的基于群体智能的随机优化算法。同遗传算法类似，也是一种基于群体的随机搜索优化工具，但是并没有遗传算法的交叉以及变异操作，而是粒子在解空间追随最优的粒子进行搜索，具有并行处理特征，鲁棒性好、简单容易实现、计算效率较高、能以较大的概率找到优化问题的全局最优解等优点。目前已广泛应用于函数优化、神经网络训练、模糊系统控制以及其他遗传算法等应用领域。

因此，本书选用 PSO 算法来优化 LS – SVM 的参数，并基于 PSO 优化 LS – SVM 对舰船维修费指数与各物价指数间的非线性协整关系进行检验。

（1）PSO 算法

PSO 是由 Eberhart 博士和 Kennedy 博士[88]受鸟群觅食行为的启发于 1995 年提出的，是一种依照鸟群觅食原理而设计的简单而有效的群体智能算法。PSO 算法模拟鸟集群飞行觅食的行为，通过鸟之间的集体协作使群体达到最优。在 PSO 系统中，每个备选解被称为一个“粒子”（particle），多个粒子共存、合作寻优，每个粒子根据它自身的“经验”和相邻粒子群的最佳“经验”在问题空间中向更好的位置“飞行”，搜索最优解。粒子群中每一个粒子代表了系统的一个潜在解，每个粒子用 3 个指标来表征：位置、速度、适应度。粒子群算法的数学表示如下[89]：

假设在一个 n 维搜索空间中，有 m 个粒子组成一个群体，其中 $X_i=(X_{i1},X_{i2},\cdots,X_{im})$ 为粒子 i 的当前位置；$V_i=(V_{i1},V_{i2},\cdots,V_{im})$ 表示粒子 i 的当前飞行速度；$P_i=(P_{i1},P_{i2},\cdots,P_{im})$ 表示粒子 i 所经历过的具有最好适应值的位置，称为个体最优位置；$P_g=(P_{g1},P_{g2},\cdots,P_{gm})$ 表示为整个粒子群中所有粒子迄今为止搜索到的最优适应度值的位置，称为全局最优位置。每个粒子的位置按如下公式进行变化：

$$V_i(k+1)=w\cdot V_i(k)+c_1\cdot rand_1()\cdot[P_i-X_i(k)]+c_1\cdot rand_2()\cdot[P_g-X_i(k)] \tag{6-11}$$

$$X_i(k+1)=X_i(k)+V_i(k+1) \tag{6-12}$$

其中，k 表示进化的第 k 代；w 为惯性权值，表明粒子原先的速度能在多大程度上得到保留，较大的 w 全局收敛能力较好，而较小的 w 则有较强的局部收敛能力，为减缓粒子的运动过程，防止粒子向 P_g 靠拢过程时产生振荡现象，一般将 w 设定为随进化而线性减小[90]；c_1、c_2 为两个正的学习因子，c_1 为调节粒子飞向个体最优位置方向的步长，c_2 为调节粒子向全局最优位置方向的步长，取值越大，则粒子飞向 P_i 和 P_g 的加速度就越大，一般取值为 2.0。$rand_1()$ 和 $rand_2()$ 是在 [0,1] 范围内的随机数。

同时，为了减少在进化过程中粒子离开搜索空间的可能性，V_i 通常限定在一定范围内，即 $V_i \in [-V_{max}, V_{max}]$。$V_{max}$ 是常数，一般情况下，如果问题的搜索空间限定在 $[-X_{max}, X_{max}]$ 内，则可设定 $V_{max} = \alpha \cdot X_{max}$，一般 $0.1 \leqslant \alpha \leqslant 1.0$。另有以下一些参数及相应经验设置。

粒子数 m：一般取 20～40。

粒子的长度 n：由优化问题决定，就是问题解的长度。

粒子的范围：由优化问题决定，每一维可设定不同的范围。

中止条件（适应度）：最大循环数以及最小误差要求，也可由具体的问题而定。

PSO 算法的基本步骤如下[91]：

第 1 步：初始化一群粒子（群体规模为 m），包括随机位置和速度，同时设定迭代次数；

第 2 步：计算每个粒子的适应度；

第 3 步：对每个粒子，将其适应度与其经历过的最好位置 P_i 作比较，如果较好，则将其作为当前的最好位置 P_i；

第 4 步：对每个粒子，将其适应度与全局所经历的最好位置 P_g 作比较，如果较好，则重新设置 P_g 的索引；

第 5 步：根据式（6－11）和式（6－12）变化粒子的速度和位置，从而产生新的粒子（即新解）；

第 6 步：如未达到结束条件（通常为足够好的适应度，或达到一个预设最大迭代数），则返回第 2 步。

（2）PSO 优化 LS－SVM

本书 LS－SVM 选用的核函数为 RBF，需要优化的参数为 γ

和 σ^2。因此，设定 PSO 中粒子长度为 2。粒子适应度则选取 LS－SVM 目标值与输出值的均方误差（MSE），其函数形式为：

$$MSE = \frac{1}{n}\sum_{i=1}^{n}(y_i - \hat{y}_i)^2 \qquad (6-13)$$

式（6－13）中，n 为训练样本个数，y_i 为 LS－SVM 的目标值，$\hat{y}_i$ 为输出值。粒子适应度越小，则代表当前粒子位置越优。

依据 PSO 算法的基本原理和步骤，对 LS－SVM 的参数 γ 和 σ^2 选择进行优化的逻辑流程如图 6－1 所示。优化步骤为：

第 1 步：PSO 初始化，设定粒子群数为 m；最大迭代次数为 T；惯性权重 w 初始值设为 0.9，并使其随迭代次数的增大而线性递减，$w(t)=0.9-t/T\times0.5$；设定最大速度 V_{max}；随机初始化粒子群中各个粒子位置和速度，即 $t=0$，记 $X_i(0)=[\gamma_i(0),\sigma_i^2(0)]$，$V_i(0)=[V_{\gamma i}(0),V_{\sigma^2 i}(0)]$，$i=1,2,\cdots,m$。

第 2 步：计算每个粒子的适应度。将当前每个粒子位置中包含的 γ_i 和 σ_i^2 值，代入 LS－SVM 模型中，得到模型输出值 $\hat{y}_i$，与目标值 y_i 比较，计算每个粒子适应度。

第 3 步：对每个粒子，将其适应度与其经历过的最好位置 P_i 的适应度作比较，如果较好，则将作为其当前的最好位置 P_i。

第 4 步：对每个粒子，将其适应度与全局所经历的最好位置 P_g 作比较，如果较好，则重新设置 P_g 的索引。

第 5 步：根据式（6－11）和式（6－12）变化粒子的速度和位置，从而产生新的粒子。

第 6 步：检查是否达到结束条件，如否，则返回第 2 步。

第 7 步：获得最优粒子信息，将 γ 和 σ^2 的最优组合赋予 LS－SVM 模型。

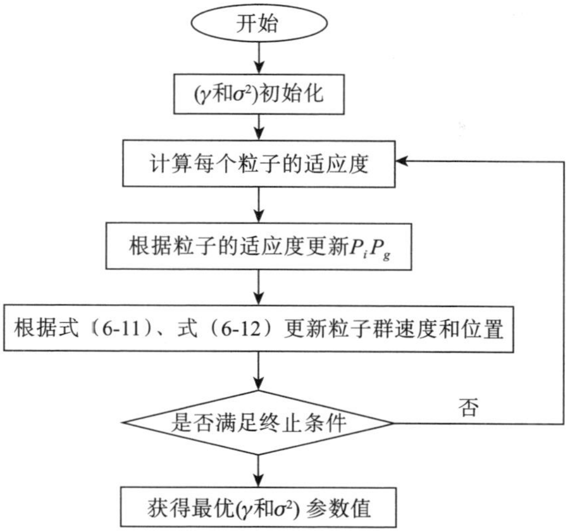

图 6－1　PSO 优化 LS－SVM 参数的逻辑流程

6.2.3　非线性协整关系的检验步骤

采用基于 PSO 优化 LS－SVM 的方法对宏观经济时间序列变量间的非线性协整关系进行检验，基本步骤如下：

第 1 步：检验各宏观经济时间序列是否具有线性协整关系，方法是计算各序列的分整阶数，分整阶数不同，则说明各宏观经济时间序列不具有线性协整关系。

第 2 步：基于 PSO 优化 LS－SVM 的方法，对各宏观经济时间序列间非线性协整关系进行检验，估计和检验非线性协整函数 $f(\cdot)$。LS－SVM 的输入为各宏观经济时间序列值；目标值为均值为常数的短记忆时间序列。采用目标值与输出值的均方误差（MSE）的最小化为训练目标，基于 PSO 算法对 LS－SVM 的核函数进行优化，得到优化模型。

第3步：对优化后的LS-SVM的输出序列进行记忆性检验。记忆性检验方法采用Lo[92]提出的修正R/S统计量Q_n^*，Q_n^*的分布函数为：

$$F(v) = 1 + 2\sum_{k=1}^{\infty}(1 - 4k^2v^2)e^{-2k^2v^2} \tag{6-14}$$

其中，v为分位数，$F(v)$为累计概率，即$F(v) = p(Q_n < v)$。$F(v)$越大，说明序列属于长记忆序列的概率越大。当v为3时，$F(v) \approx 0.99999$。

当长记忆不显著时，LS-SVM的输出序列为短记忆时间序列，说明各宏观经济时间序列存在非线性协整关系，而$f(\cdot)$为各宏观经济时间序列的非线性协整函数。

利用获取的非线性协整函数$f(\cdot)$，可以建立各宏观经济时间序列的非线性误差修正模型（NECM），进而可以对各宏观经济时间序列进行预测分析。

6.3 舰船维修费指数与物价指数的非线性协整关系的估计和检验

6.3.1 研究对象的确定与样本数据的选择

舰船维修费是舰船全寿命周期内实施修理所耗费全部维修资源的货币表现，包括日常保养与维护费用、计划性修理费用和临抢修费用等。在计划经济时代，舰船维修费的管理具有指令计划性质，对市场环境的变化敏感性并不强。改革开放以后，随着社会主义市场经济体制逐步建立和完善，市场的开放性、资源配置方式的变化和人员观念的转变，导致经济波动幅度变大，物价变化剧烈。特别是在军民融合程度逐步提高的大背景下，舰船维修费管理受到了更大影响和冲击，突出表现在维修费受物价变化的影响越来越大。因此，在对舰船维修费进行需求分析、计划制订以及使用管理时，必须考虑物价变化的影响。同时，在合同制的条件下，大型舰船的高级别修理往往都需要跨年度才能完成，涉及经费数额较大，合同的审价、定价等工作也必须充分考虑物价变化的影响，以科学的态度对待物价变化对舰船维修费的影响，才能尽可能地避免产生费用风险等问题。

我国部分学者从20世纪八九十年代起开始了此类问题的研究，通过简单线性回归方法建立了舰船维修费与物价指数的线性关系式，分析物价变化对舰船维修费的影响规律。本书认为，对此类问题进行建模分析，需要慎重考虑变量的平稳性问题，避免直接线性回归而导致“伪回归”。同时，普通线性回归分析方法也无法研究经济变量之间存在的传递时滞和累积效应，无法揭示短期和长期的影响机制。基于此，本研究在对舰船维修费指数与各物价指数序列分析的基础上，引入非线性协整研究方法，对它们之间的内在关联进行研究。

以2000—2021年舰船维修费指数（Ship Maintenance Price Index，SMPI）与居民消费价格指数（Consumer Price Index，CPI），工业品出厂价格指数（Product Price Index，PPI），工业原材料、燃料、动力购进价格指数（Materials，fuels and power Purchasing Price Index，MPI）共22组数据为实证分析样本，各指数变化趋势如图6－2所示。

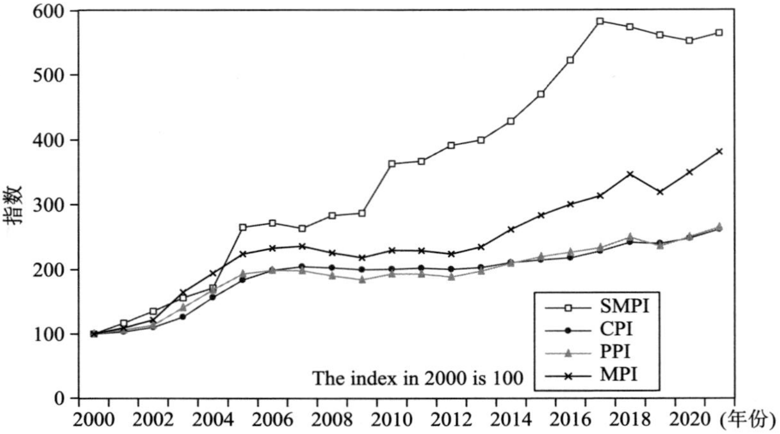

图6－2　SMPI与CPI、PPI、MPI变化趋势

采用基于PSO优化LS－SVM的方法，对SMPI与CPI、PPI、MPI间的非线性协整关系进行检验，并根据非线性协整函数$f(\ )$建立SMPI的NECM预测模型。

6.3.2　协整关系类型的判断

按照序列记忆性和分整阶数的计算方法，对SMPI与CPI、PPI、MPI在样本区间内的记忆性进行检验，各指数的修正的R/S统计量Q_n^*如表6－1所示。

表6－1　各指数的修正的R/S统计量

统计量	SMPI	CPI	PPI	MPI
Q_n^*	9.225	8.473	7.866	8.489
$F(Q_n^*)$	1	1	1	1

从表 6－1 的检验结果来看，SMPI 与 CPI、PPI、MPI 的修正的 R/S 统计量 Q_n^* 均远大于 3，长记忆性显著，属于长记忆时间序列。下面对各指数分整阶数进行计算，以 SMPI 为例。

取 m 值分别为 1、2、3、4、5，求 SMPI 对应的修正的 R/S 统计量 Q_n^*，结果如表 6－2 所示。

表 6－2　　SMPI 的修正的 R/S 统计量

m 值	1	2	3	4	5
Q_n^*	9.225	6.478	3.579	3.192	3.140

以 SMPI 的修正的 R/S 统计量 Q_n^* 和对应的 m 值，代入式（6－2）。基于 Eviews 6.0 软件，进行最小二乘回归得到 H_{SMPI} = 0.941。因此，SMPI 序列分整阶数 $d = H_{SMPI} - 0.5 = 0.441$。

采用同样的方法和步骤，对 CPI、PPI、MPI 分别求取分整阶数，结果如表 6－3 所示。

表 6－3　　各指数的分整阶数

指数	SMPI	CPI	PPI	MPI
d	0.441	0.391	0.288	0.487

由 SMPI 与 CPI、PPI、MPI 的修正的 R/S 统计量 Q_n^* 检验结果，以及各指数的分整阶数计算可知，各指数均属于长记忆时间序列，且各指数序列的分整阶数均不相同。因此，SMPI 与 CPI、PPI、MPI 之间不存在线性协整关系，它们之间是否存在非线性协整关系，还需作进一步检验。

6.3.3 非线性协整关系的估计和检验

按照基于PSO优化LS-SVM的非线性协整关系检验的步骤，选取2000—2017年18组数据作为训练样本，对非线性函数关系进行估计，并优化模型参数。采用滚动验证方式，分别将2018—2021年SMPI与CPI、PPI、MPI作为测试样本，代入优化后的LS-SVM模型，对19、20、21、22个输出序列估计修正的R/S统计量Q_n^*，检验其是否属于短记忆序列。

（1）模型参数的设定

设定PSO优化算法的一些关键参数：粒子数为20；粒子长度为2，需要优化的参数为γ和σ^2，参数γ的搜索范围为$(0,40000]$，σ^2的搜索范围为$(0,10000]$；学习因子c_1、c_2为2；最大迭代次数为5000；惯性权重w初始值设为0.9，并使其随迭代次数的增大而线性递减至0.4；最大速度V_{max}为10；随机初始化粒子群中各个粒子位置和速度，即$t=0$，记$X_i(0)=(\gamma_i(0),\sigma_i^2(0))$，$V_i(0)=(V_{\gamma_i}(0),V_{\sigma_i^2}(0))$，$i=1,2,\cdots,20$。考虑到PSO算法是一种随机搜索算法，本书对设定的情况运行30次，并取其中误差最小的一次作为最终的训练结果。

（2）模型优化结果

根据上述的设定，计算得到最佳的粒子个体为$\gamma=35472.23$，$\sigma^2=5.311$，与目标值最终的误差为-0.0232，平均的误差为-0.0258。计算过程中的迭代情况和最终迭代时的粒子分布情况分别如图6-3、图6-4所示。

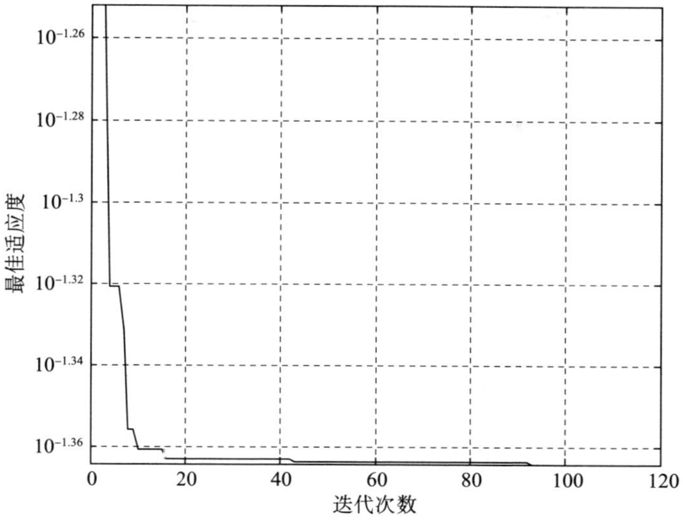

图 6-3　收敛曲线

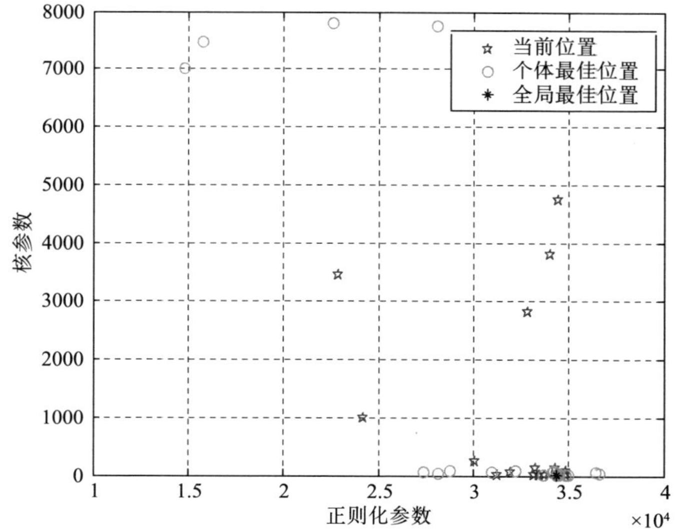

图 6-4　最终迭代时的粒子分布图

（3）非线性关系的检验

分别将 2018—2021 年测试样本代入 PSO 算法优化后的 LS-SVM 模型中，对 4 个输出序列利用修正 R/S 统计量 Q_n^* 进行长记忆检验，表 6－4 中给出统计检验结果。

表 6－4　　测试样本记忆性检验

测试样本	19	20	21	22
Q_n^*	0.7429	0.8128	0.8036	0.8532
$F(Q_n^*)$	0.0079	0.0263	0.0229	0.0453

从表 6－4 中看出检验结果都不显著，证明 4 个输出序列为短记忆序列，由 LS－SVM 模型确定的非线性函数为 SMPI 与 CPI、PPI、MPI 的非线性协整函数。

6.4　基于 NECM 模型的 SMPI 的预测

基于 SMPI 与 CPI、PPI、MPI 的非线性协整关系检验结果，本书建立 SMPI 的 NECM 预测模型。

6.4.1　模型的设定

设：$X_t=(SMPI_t, CPI_t, PPI_t, MPI_t)'$，SMPI 与 CPI、PPI、MPI 间非线性协整函数为 $f(X_t)$。模型设定如下：

$$\Delta SMPI_t = \alpha_{10} + \sum_{j=1}^{k_1}\alpha_{1j}\Delta SMPI_{t-j} + \sum_{j=1}^{k_2}\alpha_{2j}\Delta CPI_{t-j} + \sum_{j=1}^{k_3}\alpha_{3j}\Delta PPI_{t-j} + \sum_{j=1}^{k_4}\alpha_{4j}\Delta MPI_{t-j} + \alpha_5 f(X_t) \quad (6-15)$$

根据 AIC、SC 准则，确定式（6－15）中滞后阶数为：k_1 =

1，$k_2=3$，$k_3=k_4=1$。由 NECM 模型的性质可知，式（6－11）中非线性函数 $f(X_t)$ 的估计与系统所处时刻有直接关系。随着 t 的不同，非线性协整函数的估计也就不同。t 时刻 SMPI 的变化 $\Delta SMPI_t$ 受 $t-1$ 时刻系统偏离均衡值 $f(X_{(t-1)})$ 估计结果的影响。因此，非线性函数估计中滞后阶数 k_5 取 1。

6.4.2　模型参数的估计

基于 NECM 模型预测 SMPI，需要对不同时刻系统的 $f(X_t)$ 进行估计。然后，将估计结果代入式（6－11），估计方程参数。因此，本书同样利用 2000—2017 年数据作为训练样本，基于 PSO 优化的 LS－SVM 模型参数，对非线性函数关系进行估计，将输出作为 $f(X_{(2007)})$ 估计结果，并采用最小二乘法对式（6－11）进行估计，得到 2018 年的 $\Delta SMPI_{2018}$。然后，通过 $SMPI_t=SMPI_{t-1}+\Delta SMPI_t$ 得到 2018 年 SMPI 预测值，并与实际值进行误差分析。按照同样的思路，采用滚动预测验证方式，对 2019—2021 年 SMPI 进行预测，并与实际值进行比较。在 2018—2021 年各 $\Delta SMPI_t$ 预测模型构建中，通过 PSO 算法优化 LS－SVM 模型，对 SMPI 与 CPI、PPI、MPI 间非线性协整函数进行估计，得到 LS－SVM 模型中参数 γ 与 σ^2 的结果，如表 6－5 所示。

表 6－5　　　LS－SVM 模型中参数 γ 与 σ^2 结果

参数	2017 年	2018 年	2019 年	2020 年
γ	35472.230	33672.230	31148.780	33468.540
σ^2	5.311	5.211	5.897	4.856

通过各组 PSO 优化的 LS－SVM 模型，分别得到$f(X_{(t)})$（$t=2017,2018,2019,2020$）序列结果。将各指数变化值的历史数据与$f(X_{(t)})$（$t=2017,2018,2019,2020$）序列结果代入式（6－11）中，采用 Eviews 软件对模型参数进行最小二乘估计。以 2018 年$\Delta SMPI_{2018}$模型为例，参数估计结果如表 6－6 所示。

表 6－6　$\Delta SMPI_{2018}$模型参数统计分析结果

参数	估计值	标准差	t 检验值	概率
α_{10}	－38.469	11.058	－3.479	0.010
α_{11}	－0.876	0.580	－1.511	0.175
α_{21}	0.972	0.905	1.074	0.319
α_{22}	0.276	1.480	0.186	0.858
α_{23}	－0.065	0.798	－0.082	0.937
α_{31}	0.941	1.669	0.564	0.590
α_{41}	－0.917	1.148	－0.798	0.451
α_{51}	129.967	27.992	4.643	0.002
R^2	0.966	Mean dependent var		9.050
调整后的 R^2	0.932	S. D. dependent var		13.927
S. E. of regression	4.209	Akaike info criterion		7.093
Sum squared resid	13.749	Schwarz criterion		7.471
Log likelihood	45.197	Hannan－Quinn criter.		7.089
F－statistic	16.465	Prob（F－statistic）		0.000

6.4.3　模型预测结果的分析比较

根据表 6－6 的参数估计结果，利用式（6－11）得：

$\Delta SMPI_{2018} = -7.469$，将上述结果与 2017 年舰船维修费指数代入 $SMPI_t = SMPI_{t-1} + \Delta SMPI_t$ 中，可得 $SMPI_{2018} = 575.235$（以 2000 年为基年），与 2018 年舰船维修费指数实际值误差为：0.26%。按同样思路，可得 2019—2021 年舰船维修费指数预测结果及与实际值误差，如表 6－7 所示。

表 6－7　　**SMPI 预测结果及误差**　　$SMPI_{2000} = 100$

指数		2018 年	2019 年	2020 年	2021 年
SMPI	预测值	580.235	558.054	548.425	570.858
	实际值	577.719	562.58	552.458	564.75
	误差	0.44%	－0.80%	－0.73%	1.08%

为比较基于 NECM 模型的 SMPI 预测效果，本书以 2000—2021 年样本，构建了 SMPI 与 CPI、PPI、MPI 的线性 VAR 模型，对 SMPI 进行预测，并将结果与基于 NECM 模型的 SMPI 预测结果比较。SMPI 预测的 VAR 模型设定如下：

$$SMPI_t = c_{10} + \sum_{j=1}^{k_1} c_{1j} SMPI_{t-j} + \sum_{j=1}^{k_2} c_{2j} CPI_{t-j} + \sum_{j=1}^{k_3} c_{3j} PPI_{t-j} + \sum_{j=1}^{k_4} c_{4j} MPI_{t-j} \quad (6-16)$$

式（6－16）中各变量滞后阶数设定与式（6－15）中设定相同。将 2000—2017 年样本代入式（6－16）中，采用最小二乘法对模型参数进行估计。根据模型参数估计结果，对 2018—2021 年建成维修费指数进行预测，结果如表 6－8 所示。

表 6-8　$SMPI$ 的 VAR 模型预测结果及误差　$SMPI_{2000}=100$

指数		2018 年	2019 年	2020 年	2021 年
SMPI	预测值	705.475	887.752	945.856	1125.582
	实际值	577.719	562.58	552.458	564.75
	误差	22.11%	57.80%	71.21%	99.31%

由表 6-8 结果可知，与基于 NECM 模型的 SMPI 预测结果相比，VAR 模型预测效果较差，无法进行有效预测，这也证明了舰船维修费指数与各物价指数间线性影响关系并不显著。

6.5　本章小结

对更为一般的非线性的长期均衡关系，在非线性协整关系估计与检验理论分析的基础上，本章针对小样本情况，提出了基于 PSO 优化 LS-SVM 的非线性协整关系检验方法，设计了非线性协整检验流程及步骤。以此为基础，对我国舰船维修费指数与物价指数的非线性协整关系进行实证研究。

第7章

总结与展望

经济学理论以及大量的实证研究表明，许多经济和金融变量的时间序列都是非平稳的，并且不少变量之间存在着非线性的长期均衡关系。近年来，有学者在非线性分析理论中引入了时间序列分析，取得了众多的研究成果，得到了广泛的应用，并进一步相互融合，形成时间序列分析的新的研究领域。但是，基于非线性非平稳的时间序列分析以及在其基础上建立起来的非线性协整理论研究也正在起步，成为当前研究的热点问题。特别是非参数检验与估计的方法研究，成为非线性协整研究的重要方向。本书的研究能够进一步填补相关不足，厘清理论的脉络，提供一个较为完整的非线性协整的非参数分析框架，并进一步丰富和完善非线性协整的非参数检验和估计的方法、技术。同时，将本书理论方法与技术研究成果应用到大量的实证研究中，能够更清楚地揭示经济发展过程中各种变量之间的长期相互依赖关系和相互作用机制，揭示由于随机冲击导致的失衡出现时各种经济变量的短期动态调整机制，发现一些新的规律。

7.1　研究的主要内容及创新点

7.1.1　主要内容

本书主要对时间序列的非线性检验、非线性时间序列的平稳性检验、时间序列线性协整的检验与建模、非线性时间序列阈值协整的非参数检验与建模和非线性非平稳时间序列的非线性协整检验与建模等内容分别开展了相关理论方法与技术的研究和实证应用研究。

（1）理论研究部分

一是时间序列的非线性检验。主要介绍了时间序列的非线性的非参数检测方法，包括 BDS 检验方法、平方残差的 Q 检验方法以及双谱检验方法，对检验方法的原理与计算步骤进行了分析。

二是非线性时间序列的平稳性检验。针对具有非线性特征的时间序列平稳性检验方法中，传统单位根检验方法检验水平与功效不佳的情况，本书引入了基于长记忆性的非平稳性检验方法和推广的单位根检验方法。

三是时间序列线性协整的检验与建模。线性协整是协整理论的起源和发展的基础，本书主要介绍了协整的定义、表现形式和线性协整系统的估计、检验，以及基于 VAR 模型的协整系统动态分析方法。

四是非线性时间序列阈值协整的非参数检验与建模。阈值协整是非线性协整的一种特殊情形，主要讨论了阈值协整模型的检验和估计方法，并在协整向量和阈值参数未知的条件下，提出了基于残差 Bootstrap 的阈值协整检验方法，构建了 SupLM 统计量，并通过 Monte Carlo 模拟得到了该检验统计量的检验水平与功效，实现了小样本情况下的阈值协整模型的检验和估计。

五是非线性非平稳时间序列的非线性协整检验与建模。对更为一般的非线性的长期均衡关系，本书的第 6 章在非线性协整关系估计与检验理论分析的基础上，针对小样本情况，提出了基于 PSO 优化 LS－SVM 的非线性协整关系检验方法，设计了非线性协整检验流程及步骤。

（2）实证分析部分

一是采用非线性非参数检验方法，对我国证券市场时间序列非线性特征进行检验，实证结果表明，上证综合指数和深证成份指数均存在明显的非线性特征，对其进行分析须采用非线性理论。

二是基于非线性时间序列平稳性检验方法，对我国人民币汇率、金融股价格指数的平稳性进行检验分析，实证结果表明，我国人民币汇率、金融股价格指数具有非平稳性特征，并且具有典型的长记忆特点，对开展人民币汇率与资本市场传导机制具有重要的意义。

三是基于季节性调整后的月度环比价格指数，利用 VAR 模型对我国的价格传导机制进行了研究。通过对我国 MPI、PPI、CPI 月度指数实证分析，得出以下结论：我国价格传导具有成本推动的特点，MPI 向 PPI 传导、PPI 向 CPI 传导的效应显著，但传导都有一定的时滞。结论表明，目前我国市场价格受上游原材料市场影响较大，生产领域价格的波动会对整个社会产业链价格产生冲击和影响，应该重视上游市场价格波动带来的社会价格波动风险。

四是基于 1978—2021 年我国居民可支配收入与 CPI 年度样本数据，针对不同时期居民可支配收入与 CPI 的不同变化趋势，提出采用非线性阈值协整理论构建居民可支配收入与 CPI 的 TVECM 模型，并基于参数化残差的 Bootstrap 仿真试验，实现了小样本情况下的该模型的检验和估计，并在此基础上分析了不同调整机制下居民可支配收入与 CPI 的 Granger 关系，与单机制下的传导关系进行对比。实证研究发现，居民可支配收入与 CPI 构成了一种非线性的两机制阈值协整系统，在不同调整机制下，居民可支配收入与 CPI 的短期调整是非对称的，并且只有当对均衡态的偏离值超过阈值后，系统才开始调整。在不同调整机制下，居民可支配收入与 CPI 存在不同的单向传导关系。在第一调整机制（即处于较高的通胀水平）下，CPI 是居民可支配收入变化的 Granger 原因，较高的物价水平会推高居民可支配收入，以抵消高物价对居民消费能力所带来的负面影响，以维持居民生活水平；在第二调整机制（即在较低的通胀水平）下，居民可支配收入是 CPI 变化的 Granger 原因，不断提高的居民可支配收入会提高居民消费能力，进而影响物价水平，即较高的可支配收入水平，通过消费等活动拉动 CPI 温和回调。

五是受 CPI、PPI、MPI 等物价指数的交织影响，舰船维修费指数呈现出复杂性、非线性的变化特点，从而与各物价指数形成了一个非线性的、复杂的经济系统。针对研究对象的小样本特点，提出了一种基于 PSO 优化 LS－SVM 的非线性协整关系检验方法，设计了舰船维修费指数与各物价指数的非线性协整检验流程及步骤。在对研究对象间协整关系类型进行判断的基础上，采用基于 PSO 优化 LS－SVM 的非线性协整关系检验方法，对舰船维修费指数与各物价指数的非线性协整关系进行了实证检验，并估计非线性协整函数。在舰船维修费指数与各类物价指数非线性协整关系检验的基础上，采用滚动优化的预测方法，建立了舰船维修费指数的动态 NECM 预测模型，并通过与线性协整假设下的 VAR 模型预测效果比较，表明本研究所提预测模型具有更好的效果。

7.1.2 主要创新点

第一，建立了非线性协整的非参数检验和估计的理论与实证研究的基本框架。在详细梳理非线性协整的非参数检验和估计理论有关研究成果的基础上，本书从经济时间序列的非线性、非平稳性检验，到非线性协整的非参数检验、非线性协整模型结构的估计，进行了系统的研究，并开展了大量的实证分析，基本梳理清楚研究脉络，建立了非线性协整的非参数检验和估计的理论与实证研究的基本框架。

第二，丰富和发展了非线性协整的非参数检验和估计方法和技术。协整关系的检验和估计方法是非线性协整研究领域的重要方向和研究热点，对非参数检验和估计方法，从理论到实际应用还有大量的工作和问题需要完善和解决。本书研究了时间序列非线性存在性检验、非平稳性检验以及非线性协整检验和非线性协整结构估计中存在的一些方法和技术问题，是对非线性协整的非参数检验和估计方法和技术的丰富和发展。

第三，提出了一种基于季节性调整月度环比数据与 VAR 模型的价格传导机制分析方法。针对以往各类物价指数传导机制研究中选用指数类型不合理、无季节性调整、建模方法不科学等问题，本书提出了一种基于季节性调整月度环比数据与 VAR 模型的价格传导机制分析方法。由于 CPI、PPI 与 MPI 之间传导时间远小于一年，而各物价月度同比指数对比基期为上年同一时期，无法反映物价水平的短期连续波动情况；因此，根据同比指数与环比指数的转换计算方法，将物价指数的月度同比数据转换为月度环比数据。同时，本书针对月度数据存在季度性因素影响的问题，基于 X - 12 - ARIMA 原理对样本数据进行季节性调整。随后，本书在对各物价指数序列进行线性协整检验的基础上，采用 VAR 模型建立了价格传导方程，并进行 Granger 因果关系检验和脉冲响应函数分析，对我国物价指数间的价格传导机制进行分析，揭示了我国价格传导机制具有成本推动的特点，应该重视上游市场价格波动带来的社会价格波动风险。

第四，研究了小样本条件下的非参数检验、估计方法的样本性质。目前，对于非线性协整关系检验与模型估计的方法，主要集中在大样本情况下。传统的检验统计量在小样本条件下的检验水平、检验功效等并不理想，并且对其协整关系的检验和估计是建立在协整向量已知的条件下。为此，本书将协整向量扩展为未知条件，并针对小样本情况，设计检验统计量，并通过 Monte Carlo 模拟验证检验统计量的检验水平与功效，得到了小样本情形下的非参数检验、估计方法的样本性质，为开展小样本非线性协整关系检验和估计研究奠定了基础。

第五，本书研究了小样本条件下的非线性协整模型构建与参数估计方法。目前，非平稳时间序列的非线性协整函数结构估计的非参数方法，主要有 ACE 法、局部核权最小二乘法和神经网络法。以上方法对非线性结构的估计带有显著的不确定性，序列间非线性关系的解析缺乏理论保证，以及对于检验的样本在数量和质量上有一定的要求，容易出现过拟合现象、模型泛化能力不佳等问题。对此，本书利用基于粒子群优化最小二乘支持向量机的方法，对小样本非线性协整关系检验与非线性误差修正模型建模进行研究，设计了该方法的逻辑流程。在协整关系类型判断的基础上，实现了小样本非线性协整关系的检验。

7.2 研究不足及后续研究展望

本书对时间序列非线性协整的非参数检验估计方法进行了系统研究，但研究内容较多且复杂，本书还有以下不足尚需改进：

一是非线性时间序列的平稳性检验的方法较多，本书在对主要方法进行分析的基础上，主要进行了 R/S 检验的实证分析。目前，开展平稳性检验的方法还有神经网络算法等，此类方法与本书的方法对比，其检验水平与功效如何，是否存在检验扭曲等问题，还需进一步研究。

二是当前对于时间序列的非平稳性和非线性协整的检验问题，在构建相关统计量方面出现了基于混沌与分形理论的研究。

本书认为混沌与分形理论的研究对象一般为确定性的动力系统。而金融市场时间序列的随机性特征较为明显，使用此类方法构建检验统计量，其理论推导比较复杂。在后续研究中，需要进一步深入探讨此类问题。

三是本书研究小样本条件下的非线性协整模型构建与参数估计方法时，采用了基于 PSO 优化 LS－SVM 的非线性协整关系检验方法，从实证研究来看，具有较好的效果，但并没有与其他类型的神经网络算法进行对比分析。在后续研究中，通过探讨它们的区别，可以更好地发展优化小样本条件下的非线性协整模型构建与参数估计。

参考文献

［1］ Piet, Sercu, Raman, et al. The Exchange Rate in the Presence of Transaction Costs: Implications for Tests of Purchasing Power Parity［J］. Journal of Finance, 2012, 77 (4): 1309 – 1319.

［2］ Suah J L. Veiled Expectations: The Heterogeneous Impact of Exchange Rate Shocks at the Sectoral – Level［R］. MPRA Paper, No. 109086, 2021.

［3］ Baqaee D, Economics J, King R G, et al. Asymmetric inflation expectations, downward rigidity of wages, and asymmetric business cycles［J］. Journal of Monetary Economics, 2020, 114: 174 – 193.

［4］ Colombo V, Paccagnini A. Has the credit supply shock asymmetric effects on macroeconomic variables?［R］. Dipartimento Scienze Economiche, Universita' di Bologna, 2020.

［5］ Karatas C, Unal G. Co – movement, fractal behaviour and forecasting of exchange rates［J］. International Journal of Dynamics and Control, 2021, 9: 1818 – 1831.

［6］ Chugunov V, Fomin S. Effect of adsorption, radioactive decay and fractal structure of matrix on solute transport in fracture［J］. Philosophical Transactions of The Royal Society A Mathematical Physical and Engineering Sciences, 2020 (2172).

[7] 赵春艳，文新雷. 非线性时间序列计量经济学研究新进展 [J]. 统计与决策，2020 (21)：32 – 37.

[8] 谢成兴，王丰效，聂僮. 半参数可加自回归模型在我国 GDP 预测中的应用 [J]. 兰州文理学院学报（自然科学版），2021 (5)：30 – 36.

[9] Dong – wei XU，Yong – dong WANG，Li – min JIA. Real – time road traffic state prediction based on ARIMA and Kalman filter [J]. Frontiers of Information Technology & Electronic Engineering，2017，18 (2)：287 – 303.

[10] Hendry D E，Mizon G E. Serial Correlation as a Convenient Simplification Not a Nuisance：a Comment on a Study of the Demand for Money by the Bank of England [J]. Economic Journal，1978，88：549 – 563.

[11] Granger C W J. Some Properties of some Series Data and Their Use in Econometric Model Specification [J]. Journal of Econometrics，1981，23：121 – 130.

[12] Granger C W J，Weiss A A. Time Series Analysis of Error – correction Models，Studies in Econometrics，Time Series，and Multivariate Analysis [M]. Academic Press，New York，1983：255 – 278.

[13] Abadir K M，Taylor A M R. On the definitions of cointegration [J]. Journal of Time Series Analysis，1999，20：129 – 137.

[14] Tong H. Non – linear Time Series：A Dynamical Systems Approach [M]. Oxford University Press，Oxford，1990.

[15] Tong H. A personal over view of non – linear time series analysis from a chaos perspective (with discussion) [J]. Scandinavi-

an Journal of Statistics, 1995, 22: 399 - 445.

[16] Balke N, Fomby T. Threshold Cointegration [J]. International Economic Review, 1997, 38: 627 - 645.

[17] Seo M. Bootstrap Testing for the Null of No Cointegration in a Threshold Vector Error Correction Model [J]. Journal of Econometrics, 2006, 34: 129 - 150.

[18] Yang Z, Zheng T Z, Yuan Z. Small Sample Improvements in the Threshold Cointegration Test Using Residual - based Moving Block Bootstrap [J]. Mathematics and Computers in Simulation, 2008, 78 (4): 507 - 513.

[19] 欧阳志刚. 面板数据非线性阈值协整的检验方法 [J]. 数量经济技术经济研究, 2012, 3: 20 - 27.

[20] Engle R F, Granger C W J. Cointegration and Error Correction: Represention, Estimation and Testing [J]. Econometric, 1987, 55: 251 - 276.

[21] Hondroyiannis G, Papapetrou E. Macroeconomic influences on the stock market [J]. Journal of Economics and Finance, 2011, 25 (1): 33 - 49.

[22] Dibooglu S, Kenc T. Welfare Cost of Inflation in a Stochastic Balanced Growth Model [J]. Economic Modelin, 2009, 26: 650 - 658.

[23] Stutzer M J. Chaotic Dynamics and Bifurcations in a Macro Model [J]. Journal of Economic Dynamics and Control, 1980, 4 (3): 353 - 376.

[24] Thorne B, T Jüngling, Small M, et al. Parameter extrac-

tion with reservoir computing: Nonlinear time series analysis and application to industrial maintenance [J]. Chaos, 2021, 31 (3): 33 - 122.

[25] Rahmatinia M, Hadei M, Hopke P K, et al. Relationship between ambient black carbon and daily mortality in Tehran, Iran: a distributed lag nonlinear time series analysis [J]. Journal of Environmental Health Science and Engineering, 2021, 19 (13): 907 - 916.

[26] N Marwan, N Marwan, Donges J F, et al. Nonlinear time series analysis of palaeoclimate proxy records [J]. Quaternary Science Reviews, 2021, 274: 107 - 245.

[27] Kawatsu K, Yamanaka T, J Patoèka, et al. Nonlinear time series analysis unravels underlying mechanisms of interspecific synchrony among foliage - feeding forest Lepidoptera species [J]. Population Ecology, 2020, 62 (1): 5 - 14.

[28] 彭海伟，卢祖帝．金融系统的非线性分析：交易量对股价波动的非线性影响 [J]．系统科学与数学，2009，29 (11)：1527 - 1541.

[29] 陈耀辉．非线性自回归模型的非参数方法及应用 [M]．北京：科学出版社，2013.

[30] 马薇，葛通，肖凯．非线性协整的非参数识别 [J]．统计与决策，2018 (24)：10 - 14.

[31] Nam K. Nonlinear Cointegrating Regression of the Earth's Surface Mean Temperature Anomalies on Total Radiative Forcing [J]. Econometrics, 2021, 9 (1): 1 - 25.

[32] Wang Q, Phillips P. Optimal Bandwidth Selection in Nonlinear Cointegrating Regression [J]. Econometric Theory, 2020: 1 - 13.

[33] Wang Q, Phillips P, Kasparis I. Latent Variable Nonparametric Cointegrating Regression [M]. Cambridge: Cambridge University Press, 2021, 37 (1): 38 - 168.

[34] Kai Y W, Shu K L, Chan A. Food price convergence in Canada: A nonparametric nonlinear cointegration analysis [J]. Economics Bulletin, 2020, 40 (3): 2361 - 2371.

[35] Ahmed M I, Farah Q F, Kunst R M, et al. Adjustment dynamics between broker - dealer leverage and stock market: a threshold cointegration analysis [J]. Empirical Economics 2021, 61: 121 - 144.

[36] Ciferri D, D'Errico M C, Polinori P. Cointegration Analysis of the Convergence Process in the European Electricity Markets [J]. SSRN Electronic Journal, 2019, 1: 1 - 36.

[37] Ghosh S. Impact of economic growth volatility on income inequality: ASEAN experience [J]. Quality & Quantity, 2020, 54 (3): 807 - 850.

[38] 张贤达. 时间序列分析一高阶统计量方法 [M]. 北京: 清华大学出版社, 1996: 31 - 45.

[39] Engle, R. E., Granger, C W J. Coiniegration and Error Correction: Representation, Estimation and Testing [J]. Econometrica, 1987, 55: 251 - 276.

[40] Liu X, Rastgoftar H. Boundary Control of Traffic Conges-

tion Modeled as a Non – stationary Stochastic Process [J]. IEEE, 2021, 10: 1 –8.

[41] Hsing T. A note on the asymptotic independence of the sum and of strongly mixing stationary random variables [J]. The Annals of Probability, 1995, 23: 938 –947.

[42] Kim K, Schmidt P. Unit root tests with conditional heteroskedasticity [J]. Journal of Econometrics, 2015, 59 (3): 287 –300.

[43] 李子奈，潘文卿．高等计量经济学 [M]．北京：高等教育出版社，2010：329 –332.

[44] 田行宇，李传金．PP 检验对异方差时间序列的伪检验 [J]．统计与决策，2018 (17)：74 –76.

[45] Sowell, F. B. The fractional unit root distribution [J]. Economica, 1990, 58: 495 –505.

[46] Aparicio, F. M., A. Escribano, and A. E. Sipols. Rang Unit – Root (RUR) Test: Robust Against Nonlinearities, Error Distributions, Structural Break and Outliers [J]. Journal of Time Series Analysis, 27 (4): 545 –576.

[47] Alhodiry A, H Rjoub, Samour A. Impact of oil prices, the U. S interest rates on Turkey's real estate market. New evidence from combined co – integration and bootstrap ARDL tests [J]. PLOS ONE, 2021, 16 (1): e0242672.

[48] 李玻，卞家涛．基于 E – G 两步法协整检验对中美贸易顺差的因素分析 [J]．南华大学学报：社会科学版，2008，9 (3)：26 –30.

［49］余湄，张堃，汪寿阳，等．外汇储备与金融脆弱性关系研究——基于金砖五国的实证分析［J］．管理评论，2020，32（1）：3－12.

［50］Cipollini A，Kunst R M，Soest A，et al. Financial distress and real economic activity in Lithuania：a Granger causality test based on mixed－frequency VAR［J］．Empirical Economics，2021，61（2）：855－881.

［51］Luck R，Liu Y. Continuous－Time and Discrete－Time Singular Value Decomposition of an Impulse Response Function［J］．Applied Mathematics，2021，12（4）：336－347.

［52］左芊．基于VAR模型的城镇居民消费与收入关系研究［J］．统计与决策，2019（5）：146－149.

［53］朱健明．于PPI与CPI传导机制的实证分析［J］．商场现代化，2009，4：379－380.

［54］陈贝．CPI和PPI相互关系的实证分析［J］．特区经济，2008，8：270－271.

［55］李瑞．CPI与PPI传导关系的实证分析［J］．现代商业，2009，7：192－193.

［56］陈践，梅梅．中国2003－2008年CPI与PPI相互关系的统计研究［J］．经济师，2009，3：86－87.

［57］孙坚强，崔小梅，蔡玉梅．PPI和CPI的非线性传导：产业链与价格预期机制［J］．经济研究，2016，1：54：68.

［58］程建华，黄德龙，杨晓光．我国物价变动的影响因素及其传导机制的实证研究［J］．统计研究，2008，1：30－34.

［59］沈利生．同比价格指数与环比价格指数辨析［J］．统

计研究，2008，25（1）：21－24.

［60］杜子芳．关于我国统计指标消除季节医素影响方法的探讨［J］．统计研究，2009，26（10）：19－24.

［61］Shiskin J，Young A H，Musgrave J C. The X－11 Variant of the Census Method Seasonal Adiustment Program［R］. Technical Paper No. 15 U. S. Department of Commerce，Bureau of Economic Analysis，1967.

［62］Dagum E B. The X－11－ARIMA seasonal adjustment method［R］. Statistics Canada，1980.

［63］David F，Brian C M. New Capabilities and Methods of X－12－ARIMA Seasonal Adiustment Program［J］. Journal of Business and Economic Statistics，1998，16：23－34.

［64］王晓芳，王永宁，李洁．国际大宗商品期货价格与中国CPI 波动关系的经验研究［J］．财贸经济，2011，6：114－121.

［65］Balke N，Fomby T. Threshold Cointegration［J］. International Economic Review，1997，38：627－645.

［66］王灿杰．基于门限协整和状态空间模型的统计套利策略实证研究［D］．广州：华南理工大学，2018.

［67］Li Chao，Hayes，Dermot J. Price Discovery on the International Soybean Futures Markets：A Threshold Co－Integration Approach［J］. Journal of Futures Markets，2017，37（1）：52－70.

［68］Farrukh Mahmood，Muhammad Zakaria. Testing the Threshold Asymmetric Co－Integration Interest Rate Pass－Through in the Presence of Stylised Properties：Evidence from Pakistan［J］. The Pakistan Development Review，2021，60（1）：17－26.

[69] Hansen B E, Seo B. Testing for Two - regime Threshold cointegration in Vector Error Correction Models [J]. Journal of Econometrics, 2002, 110 (2): 293 - 318.

[70] 王刚. 对我国 CPI 和工资收入联动关系的思考 [J]. 价格理论与实践, 2012, 7: 59 - 60.

[71] 廖斌. 广西产业结构、物价变动与收入水平关系的实证研究 [J]. 经济研究参考, 2016, 47: 88 - 92.

[72] 李建伟. 我国居民消费价格上涨的影响因素及其贡献评估 [J]. 经济学动态, 2012, 8: 12 - 21.

[73] 李长江. 我国通货膨胀对居民收入的影响研究 [D]. 兰州: 兰州商学院, 2011.

[74] 张洁. 阈值协整的参数估计问题及其应用研究 [D]. 武汉: 华中科技大学, 2009.

[75] 杜军岗, 魏汝祥, 刘宝平. 基于 PSO 优化 LS - SVM 的小样本非线性协整检验与建模研究 [J]. 系统工程理论与实践, 2014, 34 (9): 2322 - 2331.

[76] 向玲, 邓泽奇. 基于改进经验小波变换和最小二乘支持向量机的短期风速预测 [J]. 太阳能学报, 2021, 42 (2): 97 - 103.

[77] Varma A K, Mitra D. Statistical Feature - Based SVM Wideband Sensing [J]. IEEE Communications Letters, 2020, 24 (3): 581 - 584.

[78] H Zhang, Yang Y, Zhang Y, et al. A combined model based on SSA, neural networks, and LSSVM for short - term electric load and price forecasting [J]. Neural Computing and Applications,

2021，33（4）：773 – 788.

［79］Sun S，Fu J，Li A，et al. A new compound wind speed forecasting structure combining multi – kernel LSSVM with two – stage decomposition technique［J］. Soft Computing，2021，25（11）：1479 – 1500.

［80］Ge Q，Guo C，Jiang H，et al. Industrial Power Load Forecasting Method Based on Reinforcement Learning and PSO – LSSVM［J］. IEEE Transactions on Cybernetics，2020（99）：1 – 13.

［81］Xu L，Wu R，Zhu X，et al. Intelligent analysis of maleic hydrazide using a simple electrochemical sensor coupled with machine learning［J］. Analytical Methods，2021，13：4662 – 4673.

［82］Huang Z Y，Yu Q，Li G H. Online LSSVM model to predict temperatures of furnace system in Chinese Space Station［J］. Journal of Instrumentation，2021，16（7）：20.

［83］翟莹莹，左丽，张恩德．基于参数优化的 RBF 神经网络结构设计算法［J］. 东北大学学报：自然科学版，2020，41（2）：176 – 181，187.

［84］Yanbing Liu，Jinzhe Zhao，Yunpeng Xiao. C – RBFNN：A user retweet behavior prediction method for hotspot topics based on improved RBF neural network［J］. Neurocomputing，2018，275：733 – 746.

［85］李克文，谢鹏，路慎强．基于不平衡数据类分布学习的特征选择方法［J］. 计算机与数字工程，2019，47（9）：2257 – 2261，2272.

［86］周德强．估计灰色 Verhulst 模型参数的 LS – SVM 方法

及应用［J］. 中国管理科学，2022，30（3）：280－286.

［87］王红瑞，魏豪杉，胡立堂，等．基于遗传算法的SVM－AR改进模型与应用［J］. 河海大学学报：自然科学版，2020，48（6）：488－497.

［88］Kennedy J，Eberhart R C. Particle swarm optimization［C］. Proceeding of 1995 IEEE International Conferenceon Neural Networks. New York，USA：IEEE，1995：1942－1948.

［89］吕振肃，侯志荣，Lu，Z. S. 自适应变异的粒子群优化算法［J］. 电子学报，2004，32（3）：416－420.

［90］黄建华，钟敏，胡庆春．基于改进粒子群算法的LSTM股票预测模型［J］. 华东理工大学学报（自然科学版），2021，48：1－12.

［91］杜军岗，魏汝祥，闫翊彬．粒子群优化算法在舰船维修费用分配中的应用［J］. 中国修船，2008，21（3）：51－54.

［92］Lo W. Long－term Memory in Stock Market Prices［J］. Econometrica，1991，59（5）：1279－1313.

［93］刘印旭．基于门限协整系统的预测方法研究［D］. 天津：天津大学，2006.

［94］胡进．门限协整两步检验法的研究与应用［D］. 武汉：华中科技大学，2007.

［95］李美洲．门限及分数维协整分析及其在经济中的应用［D］. 厦门：暨南大学，2008.

［96］刘汉中．阈值自回归、非对称单位根和阈值协整：估计与检验［D］. 武汉：华中科技大学，2008.

［97］王少平，欧阳志刚．中国城乡收入差距对实际经济增

长的阈值效应［J］. 中国社会科学，2008，2：54－66.

［98］刘汉中，王少平. Caner&Hansen 方法在协整检验中的应用研究［J］. 系统工程理论与实践，2008，7：61－67.

［99］欧阳志刚. 非线性误差校正模型中的阈值协整检验［J］. 数量经济技术经济研究，2009，1：140－150.